Diogenes Taschenbuch 24564

de
te
be

Gefährliche Ferien – Kanada

Ausgewählt von
Christine Stemmermann

Diogenes

Mitarbeit: Marie Hesse
Nachweis am Schluss des Bandes
Covermotiv: Foto von Brayden Hall

Originalausgabe

www.diogenes.ch
100/20/44/1
ISBN 978 3 257 24564 6

Inhalt

STEWART O'NAN

Wahrscheinlichkeit, dass ein amerikanischer Tourist die Niagarafälle besucht: 1:195

Getrieben von hohen Schulden, von Unschlüssigkeit und, törichterweise, mehr oder weniger insgeheim, von der unterschwelligen Erinnerung an ihre Untreue, flohen Art und Marion Fowler am letzten Wochenende ihrer Ehe aus dem Land. In den Norden, nach Kanada. »Wie die Sklaven«, hatte Marion zu ihrer Schwester Celia gesagt. Sie wollten ihre letzten Tage und Nächte als Mann und Frau genau wie die ersten vor fast dreißig Jahren in Niagara Falls verbringen, als könnten sie auf der anderen Seite der Grenze, in diesem legendären, brodelnden Kessel des Neuanfangs, weit weg von allen häuslichen, alltäglichen Anforderungen, wieder zueinanderfinden. Das erhoffte sich jedenfalls Art. Marion hoffte nur, es mit Würde zu überstehen, um dann nach Hause zurückzukehren und sich dem Papierkram zu widmen, der sie erstmals in ihrem Leben zu einer einzeln veranlagten Steuerzahlerin machen würde.

Ihrer Tochter Emma sagten sie, sie unternähmen eine zweite Hochzeitsreise.

»Außerdem findet hier wieder eine Hausbesichtigung statt, und deshalb ...«, stellte Marion am anderen Apparat klar.

Sie waren keine guten Lügner, hatten bloß Angst vor der Wahrheit und allem, was diese Wahrheit über sie aussagen mochte. Als Mittelständler unterlagen sie der Tyrannei des äußeren Scheins und dessen, was sie sich leisten oder was sie riskieren konnten, das war Teil ihres Problems. Sie waren zu etabliert und pragmatisch für das, was sie vorhatten, Verzweiflungstaten bereiteten ihnen Unbehagen. Selbst unter vier Augen fiel es ihnen schwer, über ihren Plan zu reden, als könnte er sich, bei Licht betrachtet, in Luft auflösen.

Gegenüber Jeremy genügte es zu sagen, dass sie das neue Casino sehen wollten, eine Frank-Gehry-Kopie, die auf den Titelseiten sonntäglicher Reisebeilagen oder auf Bordzeitschriften abgebildet war. Er war beeindruckt davon, wie wenig das Ganze kosten sollte. Art hatte das Internet durchforstet, um ein günstiges Angebot zu finden.

»Dein Vater, der High Roller«, witzelte Marion.

Es nannte sich Valentinstag-Spezial: 249 Dollar, einschließlich der Mahlzeiten und eines Gutscheins im Wert von fünfzig Dollar für einen der Spieltische.

Sie nahmen den Bus, weil die Fahrt im Preis inbegriffen war, doch jetzt, wo sie sich, umgeben von wesentlich jüngeren Leuten – darunter auch, im Licht entgegenkommender Autos stroboskopisch erstarrt, ein dralles Paar in Harleymontur, das auf der anderen Seite des Gangs knutschte –, irgendwo am Stadtrand von Buffalo durch einen dunklen Windkanal aus Schneegestöber kämpften, wünschten beide, sie wären mit dem eigenen Wagen gefahren.

Ihre Argumente hatten sie schon zu Hause ausgetauscht, deshalb hatte es keinen Sinn, alles noch einmal durchzugehen. Art, von jeher das Matheass, das alles auf die dürftige

Realität von Zahlen reduziert, hatte gesagt, so würden sie fünfzig Dollar Benzinkosten sparen, ganz zu schweigen von den Parkgebühren, was Marion absurd, aber typisch fand. Sie waren weit über das Stadium hinaus, in dem fünfzig Dollar noch helfen konnten – genauso wenig wie dieses lächerliche Glücksspiel, bei dem ihre Ehe im Grunde genommen von der Drehung eines Rades abhing –, und doch klammerte er sich an seine alte Wer-den-Pfennig-nicht-ehrt-ist-des-Talers-nicht-wert-Buchführung und vergaß, dass ihre Bilanz voll roter Zahlen war. Dass sie den Bus nahmen, stellte einen weiteren Kontrollverlust dar und legte ihr Leben in die Hand des Schicksals oder zumindest eines unausgeschlafenen Fahrers. Abgesehen davon, dass sie nicht streiten wollte, hatte sie sich nur deshalb darauf eingelassen, weil sie so keine Angst haben musste, dass Art bei diesem Wetter ständig zu dicht auffuhr, doch das sagte sie natürlich nicht.

Außerdem sollte der Bus ihnen Schutz bieten, als wären sie, grau und mittleren Alters, noch nicht unsichtbar genug. Von Anfang an hatte Art sich den Ausflug als Geheimmission ausgemalt, als phantastische, da im allerletzten Moment gelungene Flucht vor den Fallstricken ihres wahren Lebens, und obwohl sich Marion weigerte, an diese Möglichkeit zu glauben, so wie sie sich anfangs geweigert hatte, an den Ernst ihrer Lage zu glauben, wusste sie doch, dass ihnen die Alternativen ausgegangen waren. Das Haus stand seit über einem Jahr zum Verkauf, ohne dass jemand zugegriffen hätte. Sie würden es verlieren – hatten es, um ehrlich zu sein, schon verloren. Die Frage war, wie viel es sie kosten würde.

Alles, falls kein Wunder geschah. Art hatte die Zahlen bereits errechnet, und nach einer notwendigen Zeit des Leugnens hatte Marion sich mit ihnen abgefunden, weshalb sie jetzt, der Eriesee hinterm Fenster ein schwarzes Nichts, auf der I-90 nach Norden brausten.

Art wollte einfach nur ankommen. Die mit dem Logo des anzüglich grinsenden Häuptlings Wahoo bedruckte Indians-Sporttasche auf seinem Schoß machte ihn nervös, als wären die wie Ziegelsteine darin gestapelten Bündel Zwanziger Diebesgut. Er würde sich erst entspannen können, wenn er sie, zusammen mit dem Ring, den er vor Marion geheim hielt, im Safe eingeschlossen hatte. Egal, was sie sagen würde, in Liebesdingen war er nicht knauserig. In einem weiteren Anfall von Verschwendung hatte er für einen Aufpreis von fünfundsiebzig Dollar pro Nacht eine der Hochzeitssuiten im Obergeschoss mit Blick auf den Wasserfall reservieren lassen, und trotz der Zusicherung, dass man ihnen das Zimmer auch bei verspätetem Eintreffen freihalten werde, befürchtete er, an der Rezeption könnte man seine Bitte vergessen oder ignoriert und das Zimmer anderweitig vergeben haben.

Neben ihm ließ Marion ihren Krimi sinken und massierte ihren Hals, als hätte sie einen steifen Nacken.

»Ich sterbe vor Hunger«, sagte sie. »Du nicht?«

Es war der einzige Bus an diesem Tag, aber da er alles geregelt hatte, trug er auch die Verantwortung, und es war seine Schuld, dass so dichter Verkehr herrschte, dass das Wetter scheußlich und es inzwischen dunkel war.

»Ich könnte auch was zwischen die Zähne gebrauchen«, pflichtete er ihr bei. Wie bei allem an diesem Wochenende wollte er, dass sie auf derselben Seite standen, sie beide gegen den Rest der Welt.

»Für wann hast du den Tisch reserviert?«

»Vor halb acht war nichts zu machen.«

»Und wie spät ist es jetzt?«

»Kurz nach sechs. Es sind nur noch dreißig Kilometer.«

»Ich hätte einen Müsliriegel mitnehmen sollen. Ich muss mein Kleid noch bügeln. Hoffentlich gibt's ein Bügeleisen.«

»Müsste es eigentlich.«

»Müsste, wenn man's wüsste«, sagte sie.

Das war ein Running Gag zwischen ihnen, eine spöttische Anerkennung der Tatsache, dass sich auch auf die schlichteste Hoffnung nicht bauen ließ, war eine spontan geäußerte Phrase wie so viele andere, die, in Lieblingsfilmen oder Fernsehsendungen aufgeschnappt, als mechanischer Ersatz für Gespräche dienten und sie beide wie eingesperrte Zwillinge zusammenschweißten, von denen jeder des anderen bester und zumeist einziger Zuhörer war. Obwohl sie es im Lauf der Jahre schon Hunderte Male zueinander gesagt hatten, unterwegs zu Abschlussfeiern, Hochzeiten oder Beerdigungen, und Marions Skepsis eine alte, ziemlich gedankenlos ausgesprochene Gewohnheit war, nahm er es an diesem Abend persönlich, weil er es als seine Aufgabe ansah, durch eine forsche, gewagte Tat alles wiederzuerlangen, was sie verloren hatten. Er redete sich gern ein, Marion habe, als er sie kennenlernte und sie ihm noch völlig fremd, ja richtiggehend rätselhaft war, eine ernste blonde Soziologiestudentin, die gerade in Wooster ihr Examen gemacht hatte, mit einer Omabrille und den wohlgeformten Beinen einer Tennisspielerin, einer mädchenhaften Liebe zu James Taylor und Dan Fogelberg und, in ihrem Zimmer, einer Zederntruhe voll pastellfarbener Pullover und einem Regal nackter Trollpuppen mit neonfarbigem Haar, damals an etwas geglaubt – an Glück, an das Gute im Menschen, an die unerschöpflichen Möglichkeiten des Lebens – und ihre jetzige Enttäuschung sei kein Urteil über die Welt, sondern über ihn und ihr gemeinsames Leben. Falls es in dem Zimmer kein Bügeleisen gab, würde er die Rezeption anrufen und es, wenn nötig, selbst holen. Sie mochten Montag früh pleite sein und die Scheidung einreichen, doch er würde nie aufhören, Vorsorge für ihr Glück zu tragen, auch wenn das völlig unmöglich schien.

Marion wandte sich wieder ihrem Krimi zu, hielt ihn in den von der Dachkonsole herabfallenden Lichtstrahl. Sie las zwei oder drei davon pro Woche, sodass der Stapel zerfledderter, vergilbter Taschenbücher auf ihrem Nachttisch schrumpfte, während der auf dem Marmortisch neben der Haustür wuchs, bis es Zeit wurde, alles an der Bücherbörse einzutauschen. »Ich lese«, sagte sie, wenn sich seine Hand unter der Decke näherte, und dann zog er sie zurück.

Auf der anderen Seite des Gangs hielten sich die beiden Biker in flackernder Bildfolge umklammert wie zwei auf die Erde zustürzende Fallschirmspringer, und Art wurde sich des Abstands bewusst, der ihn von Marion trennte. Er ließ die Hand von der Sporttasche gleiten und legte sie auf ihren in Blue Jeans gehüllten Schenkel, eine Geste aus Middle-School-Zeiten. Er knetete das weiche Fleisch ihres Beins, strich darüber, tätschelte es. Es war schon wochenlang her, dass sie zum letzten Mal miteinander geschlafen hatten, und es war eine Enttäuschung gewesen, von ihrer

Seite her oberflächlich, von seiner handwerklich routiniert. Er hatte sie dazu überreden müssen, hatte sich ihrer beider Ekstase vorgestellt, ihre Vertrautheit, hatte sich ausgemalt, wie die liebliche Fülle ihres Körpers alle Sorgen aus seinen Gedanken verscheuchen würde, doch plötzlich war es ihm wie Arbeit vorgekommen, und er hatte sich bemüht, es zu Ende zu bringen, hatte sich widerwillig das zu stark geschminkte Mädchen vor Augen geführt, das in den Morgennachrichten die Verkehrsmeldungen bekanntgab. In der kommenden Nacht, die tosenden Wasserfälle unter ihrem Fenster, würde er beweisen, dass seine Liebe zu ihr so stark war wie eh und je, obwohl sie beide ein Alter erreicht hatten, in dem die Leidenschaft mitunter abflaute. Merkte sie es denn nicht? Das Geld, das Haus, all das spielte keine Rolle. Seit sie sich kannten, mit Ausnahme jener wenigen qualvollen Monate, die er schon lange bereute, war sie alles, was er wollte. So kitschig es auch klingen mochte, er konnte es mit aufrichtigem Gesichtsausdruck sagen: Solange sie einander hatten, waren sie reich.

Marion hielt seine Hand fest, bedeckte sie mit ihrer eigenen und las weiter. Wenn er sich im Urlaub auf nichts konzentrieren musste, dürstete er immer nach Aufmerksamkeit, genau wie er ihr seit dem Verlust seines Arbeitsplatzes den ganzen Herbst durchs Haus gefolgt war. Er war eifrig – eigentlich sogar übereifrig –, und normalerweise konnte sie ihn mit einer Liste kleiner Aufgaben auf andere Gedanken bringen. Sie übertrug ihm die Verantwortung für das Laub und kontrollierte ihn heimlich vom Badezimmerfenster aus, wie sie es früher bei Emma und Jeremy getan hatte, froh, eine Stunde für sich zu haben. Eines ihrer

Bedenken im Hinblick auf dieses Wochenende war, wie viel Zeit sie allein verbringen würden. Zu Hause konnte sie Besorgungen machen oder das Abendessen zubereiten, sich auf Facebook herumtreiben, fernsehen oder sich im Bett hinter ihrem Krimi verstecken. Hier würde er mehr von ihr wollen, als wäre es tatsächlich eine zweite Hochzeitsreise.

Bei ihr verhielt es sich anders. Mit jedem weiteren Kilometer näherte sie sich wieder dem Ort, an dem sie vor dreißig Jahren ein anderer, vermutlich besserer Mensch gewesen war – zwar naiv und ein bisschen dumm, doch ziemlich unberührt von den großen Sorgen des Lebens, von denen später einige das Resultat ihrer eigenen Entscheidungen sein sollten, weil sie ihre Wünsche über ihre Pflichten stellte, nur um zu erkennen, dass sie sich in allem geirrt hatte, auch darin, wer sie war. Der Gedanke an diese jüngere, untadelige Marion stimmte sie nachdenklich, als müsste sie sich, sobald sie angekommen wären, mit ihr treffen und ihr Bedauern noch einmal ausdrücklich überprüfen.

Das Geld war ihr egal. Sie trauerte um das Haus und bemitleidete Art, doch die Kinder waren ausgezogen, und sie und Art konnten irgendwo anders hinziehen. So schrecklich es auch klingen mochte, insgeheim war sie froh, sich eine kleine Wohnung nehmen und noch einmal von vorn anfangen zu können, zumindest sagte sie sich das, denn manchmal, allein im Auto an einer Ampel oder bei geschlossener Tür auf der Toilette, hatte sie Momente einer tranceartigen Leere, in denen sie ins Nichts starrte und sich auf die Innenseite ihrer Wange biss, als versuchte sie, ein nicht zu bewältigendes Problem zu lösen.

Sie war nicht in ihn verliebt, jedenfalls nicht so, wie sie es von sich erwartete. Sie war auch nicht mehr in Karen verliebt, falls das je so gewesen sein sollte. Sie war in niemanden verliebt, schon gar nicht in sich selbst. Irgendwann, nachdem die Wechseljahre sie ihres körperlichen Verlangens beraubt hatten, war sie zu der Überzeugung gelangt, dass die großen Regungen in ihrem Leben der Vergangenheit angehörten, und sie hatte sich der Trägheit der mittleren Jahre überlassen – anscheinend verfrüht. Während Art die Scheidung als juristische Formalität betrachtete, als zweckmäßigen Schutz für die Vermögenswerte, die ihnen vielleicht noch bleiben würden, hatte sie die Vorstellung von Anfang an ernst genommen, hatte ihre Möglichkeiten und Verpflichtungen abgewogen – letztlich ihr Herz ergründet – und vergeblich versucht, den Geist von Wendy Daigle aus der Gleichung herauszuhalten.

Wie viel einfacher alles wäre, wenn Wendy Daigle nicht mehr leben würde. Aber sie lebte noch. Wider jegliche Gerechtigkeit lebte Wendy Daigle mit ihrem zweiten Mann in Lakewood, gleich auf der anderen Seite von Cleveland, in einem hellbraunen doppelstöckigen Haus in einer Sackgasse, ein Aufstellpool hinten im Garten und in der Einfahrt ein selbstgebautes Eishockeytor. Ihre E-Mail-Adresse und Telefonnummer waren nirgends hinterlegt, doch Marion hatte das Kennzeichen ihres Suburban in winzigen Druckbuchstaben an den unteren Rand der allerletzten Seite ihres alten Adressbuchs geschrieben, wo es ihr gelegentlich ins Gedächtnis rief, für wie dumm Art sie gehalten hatte.

Sie wusste nicht mehr, bis wohin sie gelesen hatte, las denselben Satz noch einmal und rieb seufzend ihre Halsmuskeln.

»Soll ich dir den Nacken massieren?«, fragte Art.

»Ich kann bloß nicht mehr sitzen.« Sie setzte sich anders hin, vertiefte sich wieder in ihr Buch und schenkte ihm keine Beachtung mehr.

An diese kleinen Zurückweisungen würde er sich nie gewöhnen. Vor Jahren hatte er sich damit abgefunden, dass er, wie lammfromm er in Zukunft auch sein mochte, gleich einem Mörder immer im Unrecht sein würde, verurteilt durch seine eigene Hand, und doch war er jedes Mal überrascht und verletzt, wenn sie ihn zurückwies. Freundlich vielleicht, aber kategorisch, direkt ins Gesicht, als wäre er ein Bediensteter, dessen Hilfe nicht mehr benötigt wurde. Während er sich sagte, dass er kein Recht darauf hatte, gekränkt zu sein, und sein Blick kurz auf das Bikerpaar fiel und dann weiterhuschte, knallte es vorn, als wäre eine Bombe explodiert – sein erster Gedanke kein Auto, sondern dieses imaginäre Schreckgespenst: Terroristen –, der erdbebenartige Aufprall schleuderte sie nach vorn, schwindelerregend wie auf einer Drehscheibe geriet das Heck ins Rutschen, und als der Fahrer zu stark gegenlenkte, um den Bus wieder geradezuziehen, brach er seitlich aus.

YANN MARTEL

Schiffbruch mit Tiger

Warum ziehen Leute fort? Was bringt sie dazu, ihre Wurzeln auszureißen und alles Vertraute zurückzulassen, aufzubrechen zu einem großen Unbekannten jenseits des Horizonts? Warum den Mount Everest der Behörden besteigen und sich wie ein Bettler dabei fühlen? Warum in einen fremden Dschungel gehen, wo alles neu, anders und gefährlich ist?

Die Antwort ist überall die gleiche: Sie ziehen fort, weil sie auf ein besseres Leben hoffen.

Die mittleren 1970er waren sehr schwierige Jahre in Indien. Das sah ich an den tiefen Furchen, die auf Vaters Stirn erschienen, wenn er die Zeitung las. Oder aus dem, was ich von den Gesprächen zwischen ihm und Mutter und Mamaji und anderen mitbekam. Nicht dass ich diesen Gesprächen nicht hätte folgen können – sie interessierten mich nur einfach nicht. Die Orang-Utans waren nach wie vor versessen auf Chapattis, den Affen war das Neueste aus Delhi immer noch egal, Nashörner und Ziegen lebten weiterhin in Eintracht miteinander, die Vögel zwitscherten, die Wolken brachten Regen, die Sonne schien, die Erde atmete. Gott war da – es war alles in Ordnung mit der Welt.

Schließlich hielt mein Vater Mrs Gandhi nicht mehr aus.

Im Februar 1976 stürzte Delhi die Regierung von Tamil Nadu, die Mrs Gandhi mutiger als andere kritisiert hatte. Premierminister Karunanidhi »bat« um seine Entlassung, und was macht die Absetzung einer Lokalregierung schon für einen Unterschied, wenn ohnehin seit acht Monaten die Verfassung des ganzen Landes suspendiert ist? Aber für Vater hatte sich Mrs Gandhi damit nun vollends zum Diktator über ganz Indien aufgeschwungen. Keiner hatte den Kamelen im Zoo ein Haar gekrümmt, und doch brachte dieser Vorfall für Vater das Fass zum Überlaufen.

»Bald kommt sie zu uns und erzählt uns, ihre Gefängnisse sind voll«, brüllte er, »sie braucht mehr Platz. Können wir bitte Desai zu den Löwen stecken?«

Morarji Desai war ein Oppositionspolitiker. Nicht gerade ein Freund von Mrs Gandhi. Es quälte mich, wie die Sorgen an Vater nagten. Meinetwegen hätte Mrs Gandhi persönlich den Zoo in die Luft jagen können, wenn nur Vater wieder froh geworden wäre. Wenn er nur nicht so gelitten hätte. Es ist schlimm für einen Sohn, wenn er sieht, dass sein Vater krank vor Sorge ist.

Aber Sorgen machte er sich nun einmal. Kein Geschäft ohne Risiko, und je kleiner das Geschäft, desto mehr riskiert man das Hemd am Leibe. Ein Zoo ist eine Kulturinstitution. Wie eine öffentliche Bibliothek, wie ein Museum dient er der Volkserziehung und der Wissenschaft. Und ist gerade deswegen kein allzu profitables Unternehmen, denn Gemeinwohl und volle Kassen vertragen sich, sehr zum Kummer meines Vaters, nicht gut. Wir waren eben keine reiche Familie, jedenfalls bestimmt nicht nach kanadischen Maßstäben. Wir waren eine arme Familie, der durch Zufall eine Menge Tiere ins Haus gekommen war, und zwar in ein Haus, das ihr nicht gehörte. Das Leben eines Zoos hängt genauso am seidenen Faden wie das Leben der Tiere in der Wildnis. Er ist kein so großer Betrieb, dass er auf das Gesetz nicht angewiesen wäre, aber auch kein so kleiner, dass er sich durchmogeln könnte. Damit ein Zoo wächst und gedeiht, braucht er eine demokratische Regierung, freie Wahlen, Redefreiheit, Pressefreiheit, Versammlungsfreiheit, Rechtsstaatlichkeit und alles, was sonst noch in der indischen Verfassung festgeschrieben ist. Ohne das kann keiner einen Zoobesuch genießen. Schlechte Politik, noch dazu wenn sie auf unabsehbare Zeit schlecht bleiben wird, ist schlecht fürs Geschäft.

Leute ziehen fort, weil sie die Unsicherheit nicht mehr aushalten. Weil das Gefühl sie zermürbt, dass sie sich noch so abmühen können und trotzdem nichts erreichen werden, dass das, was sie in einem Jahr aufbauen, andere in einem Tag wieder einreißen werden. Weil sie nicht mehr an die Zukunft glauben, nicht für sich und schon gar nicht für ihre Kinder. Weil sie zu dem Schluss gekommen sind, dass sich nie etwas ändern wird und dass Glück und Wohlstand nur anderswo zu finden sind.

Das Neue Indien in Vaters Kopf wurde brüchig, und schließlich fiel es ganz auseinander. Mutter willigte ein. Wir würden uns davonmachen.

Die Ankündigung kam beim Abendessen. *Kanada!* Andhra Pradesh, unser Nachbar im Norden, wäre schon Ausland gewesen, Sri Lanka, ein Katzensprung übers Meer, die Rückseite des Mondes. Da kann man sich ausmalen, wie uns Kanada vorkam. Kanada war schlicht und einfach unvorstellbar. Es war wie Timbuktu, ein Name, der nichts anderes bedeutete als unendlich weit fort.

Vater sagte: »Wir stechen in See wie Kolumbus!«

»Aber der wollte nach Indien«, wandte ich grimmig ein.

Wir verkauften den Zoo, vom ersten bis zum letzten Tier. An ein neues Land, ein neues Leben. Die Transaktion sollte nicht nur unserer Menagerie eine glückliche Zukunft sichern, sondern auch die Auswanderung finanzieren, und es sollte noch eine gute Summe übrig bleiben, mit der wir in Kanada neu anfangen konnten (obwohl es, wenn ich heute daran denke, lächerlich wenig war – was lassen wir uns doch vom Mammon blenden!). Wir hätten unsere Tiere auch an indische Zoos verkaufen können, aber die amerikanischen zahlten besser. CITES, die *Convention on International Trade in Endangered Species,* war eben in Kraft getreten, und damit war es mit dem Fangen von Tieren in freier Wildbahn vorbei. Die Zukunft der Zoos lag nun bei anderen Tiergärten. Der Zoo von Pondicherry machte genau im richtigen Augenblick zu. Die Leute rissen sich um unsere Tiere. Am Ende gingen die meisten an den Lincoln Park Zoo in Chicago und den eben erst aufgebauten Tierpark von Minnesota. Aber ein paar sollten auch nach Los Angeles, Louisville, Oklahoma City und Cincinnati.

Und zwei kamen in den Kanada-Zoo. So sahen jedenfalls Ravi und ich es. Wir wollten nicht fort. Wir wollten nicht in ein Land, über das ständig Stürme fegten und in dem im Winter astronomische Minusgrade herrschten. Keiner hatte je von einer kanadischen Cricketmannschaft gehört. Allerdings hatten wir Zeit, uns an den Gedanken zu gewöhnen, denn die Vorbereitungen dauerten über ein Jahr. Nicht für uns, meine ich. Für die Tiere. Wenn man bedenkt, dass Tiere ja weder Kleider noch Schuhe haben, keine Möbel, keine Bettwäsche, kein Geschirr, keine Toilettenartikel, dass ihnen die Nationalität nichts bedeutet, dass sie sich den Teufel um Pässe, Geld, Arbeitserlaubnis, Schulen, Mieten, Krankenhäuser kümmern – wenn man also, kurz gesagt, bedenkt, wie leicht ihr Leben ist, dann ist es schon erstaunlich, wie schwierig es ist, sie an einen anderen Ort zu bringen. Mit einem Zoo umziehen, das ist, als wolle man mit einer ganzen Stadt umziehen.

Der Verwaltungsaufwand war kolossal. Literweise Wasser wurde allein für das Anfeuchten von Briefmarken gebraucht. *Sehr geehrter Mister So-und-so* Hunderte von Malen geschrieben. Man machte Angebote. Hörte Seufzer. Brachte Zweifel zum Ausdruck. Nörgelte. Legte Entscheidungen an höherer Stelle vor. Einigte sich über Preise. Besiegelte per Handschlag. Unterzeichnete auf der gestrichelten Linie. Gratulierte. Brauchte Herkunftsnachweise. Brauchte Gesundheitszeugnisse. Brauchte Exportgenehmigungen. Brauchte Importgenehmigungen. Holte Auskünfte über Quarantänebestimmungen ein. Organisierte den Transport. Gab ein Vermögen für Telefongespräche aus. Es ist ein alter Witz im Zoogewerbe, dass der Papierberg, der notwendig ist, um eine Spitzmaus zu verschicken, größer ist als ein Elefant, der Berg für einen Elefanten größer als ein Wal und dass man niemals, unter keinen Umständen, einen Wal verschicken darf. Manchmal hatte ich das Gefühl, die kleinlichen Bürokraten stünden Schlange von Pondicherry über Delhi und Washington bis nach

Minneapolis, jeder mit seinem Formular, seinem Einwand, seiner Verzögerung. Hätten wir die Tiere auf den Mond schicken wollen, hätte es wohl kaum schwieriger sein können. Vater raufte sich die Haare, bis er fast keine mehr auf dem Kopf hatte, und ein paar Mal hätte er die ganze Sache beinahe doch noch abgeblasen.

Manches überraschte uns. Die meisten Vögel und Reptilien, unsere Lemuren, Nashörner, Orang-Utans, Mandrills, Löwenschwanzmakaken, Giraffen, Ameisenbären, Tiger, Leoparden, Geparden, Hyänen, Zebras, Himalaja- und Faulbären, die indischen Elefanten, die Bergziegen und so weiter waren rasch vergeben, doch andere, Elfie zum Beispiel, ernteten nur ein Schulterzucken. »Eine Augenoperation!«, rief Vater und wedelte mit dem Brief. »Sie nehmen sie, wenn wir den grauen Star am rechten Auge operieren lassen! An einem Nilpferd! Was kommt als Nächstes? Nasenkorrektur beim Rhinozeros?« Manche unserer Tiere galten als »nicht selten genug«, die Löwen und Paviane zum Beispiel. Vater hatte sie weise gegen einen zusätzlichen Orang-Utan aus dem Zoo von Mysore und einen Schimpansen aus Manila getauscht. (Und Elfie verbrachte ihren Lebensabend im Zoo von Trivandrum.) Einer unserer Abnehmer bestellte für den Kinderzoo eine »echte heilige Kuh«. Vater ging hinaus in den städtischen Dschungel von Pondicherry und kaufte eine Kuh mit feuchten dunklen Augen, einem ordentlichen dicken Bauch und Hörnern so gerade und rechtwinklig, dass man denken konnte, sie hätte die Zunge in eine Steckdose gesteckt. Vater ließ die Hörner leuchtend orange bemalen und kleine Plastikglöckchen anbringen, damit sie umso echter aussah.

Eine dreiköpfige Abordnung kam aus Amerika. Das war lustig – nie im Leben hatte ich leibhaftige Amerikaner gesehen. Sie waren rotgesichtig, fett und freundlich, kannten sich gut aus und schwitzten entsetzlich. Sie untersuchten unsere Tiere. Den meisten verabreichten sie ein Betäubungsmittel, und dann hielten sie ihnen ihr Stethoskop ans Herz, untersuchten Urin und Fäkalien, als wollten sie das Horoskop daraus lesen, zapften mit Nadeln Blut ab und analysierten es unter dem Mikroskop, betasteten Warzen und Knoten, klopften an die Zähne, leuchteten mit Taschenlampen in kniepende Augen, kniffen Häute, fuhren über Fell und zerrten an Haaren. Die armen Tiere. Es muss ihnen vorgekommen sein wie die Musterung zur Aufnahme in die Army. Die Amerikaner zeigten beim Lächeln ihre Zähne und drückten einem die Hände, dass die Knochen knackten.

Und so bekamen die Tiere, genau wie wir, ihre Aufenthaltserlaubnis. Sie würden Yankees werden und wir Kanadier.

ALICE MUNRO

Das gefundene Boot

Am Ende der Bell Street, der McKay Street, der Mayo Street begann die Flut. Es war der Wawanash River, der in jedem Frühjahr über die Ufer trat. In manchem Frühjahr, sagen wir, in einem von fünf, bedeckte er die Straßen auf dieser Seite der Stadt, überspülte die Felder und bildete einen flachen, kabbeligen See. Das vom Wasser zurückgeworfene Licht machte alles so hell und kalt, wie es in einer Stadt am Ufer der großen Seen ist, und weckte oder erneuerte in den Menschen bestimmte vage Hoffnungen auf eine Katastrophe. Hauptsächlich am späten Nachmittag und am frühen Abend gab es Leute, die hinauspilgerten, um das Wasser zu betrachten und zu erörtern, ob es noch stieg und ob diesmal die Stadt überschwemmt werden könnte. Im Allgemeinen waren sich jene unter fünfzehn und über fünfundsechzig am sichersten, dass dieser Fall eintreten würde.

Eva und Carol fuhren auf ihren Fahrrädern hinaus. Sie verließen die Straße – es war das Ende der Mayo Street, hinter allen Häusern – und radelten geradewegs auf eine Wiese, über einen Drahtzaun hinweg, der vom Gewicht des Schnees im Winter völlig plattgedrückt worden war. Sie rollten noch ein Stück, bis das lange Gras sie aufhielt, dann legten sie ihre Fahrräder hin und gingen ans Wasser.

»Wir müssen uns einen Baumstamm suchen und drauf reiten«, sagte Eva.

»Spinnst du, wir werden uns die Beine abfrieren.«

»Spinnst du, wir werden uns die Beine abfrieren!«, sagte einer der Jungen, die auch am Rand des Wassers waren. Er sprach in beleidigtem, weinerlichem Tonfall, so, wie Jungen Mädchen nachahmten, obwohl Mädchen überhaupt nicht so redeten. Die Jungen – sie waren zu dritt – gingen alle in dieselbe Schulklasse wie Eva und Carol und waren ihnen namentlich bekannt (sie hießen Frank, Bud und Clayton), aber Eva und Carol, die sie von der Straße aus gesehen und erkannt hatten, würdigten sie keines Wortes oder Blickes, verrieten auch mit keinem Zeichen, dass sie ihre Anwesenheit überhaupt bemerkt hatten. Die Jungen schienen dabei zu sein, ein Floß zu bauen, aus Treibholz, das sie aus dem Wasser gefischt hatten.

Eva und Carol zogen Schuhe und Strümpfe aus und wateten hinein. Das Wasser war so kalt, dass ihre Beine schmerzten, als schössen blaue elektrische Funken durch ihre Adern, aber sie gingen weiter, zogen den Rock hoch, von hinten durch die Beine und vorn gebündelt, damit sie ihn halten konnten.

»Sieh mal die Enten da watscheln.«

»Enten mit fetten Ärschen.«

Eva und Carol ließen sich natürlich nicht anmerken, das gehört zu haben. Sie angelten sich einen Baumstamm, kletterten hinauf und nahmen zwei Bretter, die auf dem Wasser trieben, als Paddel. In der Flut schwamm immer alles Mögliche – Äste, Zaunpfähle, Baumstämme, Straßenschilder, altes Bauholz; manchmal Heizkessel, Waschzuber,

Töpfe und Pfannen oder sogar ein Autositz oder ein Sessel, als wäre die Flut irgendwo in eine Müllkippe geraten.

Sie paddelten vom Ufer weg auf den kalten See hinaus. Das Wasser war vollkommen klar, sie konnten das braune Gras am Grund sehen. Angenommen, das ist das Meer, dachte Eva. Sie dachte an versunkene Städte und Länder. Atlantis. Angenommen, sie fuhren in einem Wikingerschiff – Wikingerschiffe auf dem Atlantik waren zerbrechlicher und schmaler als dieser Baumstamm auf der Flut –, und sie hatten Meilen von klarem Meerwasser unter sich, dann eine Stadt mit vielen Türmen, unversehrt wie ein Juwel, unerreichbar auf dem Grund des Ozeans.

»Das ist ein Wikingerschiff«, sagte sie. »Ich bin die Schnitzerei vorne dran.« Sie drückte die Brust vor und reckte den Hals, versuchte eine Kurve zu bilden, sie zog eine Fratze und streckte die Zunge heraus. Dann drehte sie sich um und nahm zum ersten Mal Notiz von den Jungen.

»He, ihr Flaschen!«, rief sie ihnen zu. »Ihr traut euch nicht, so weit rauszukommen, das Wasser ist zehn Fuß tief!«

»Du lügst«, antworteten die uninteressiert und hatten recht.

Die Mädchen steuerten den Baumstamm um eine Baumreihe, wichen schwimmendem Stacheldraht aus und gelangten in eine kleine Bucht, die durch eine natürliche Senke im Boden entstanden war. Dort, wo jetzt die Bucht war, würde später im Frühling ein Tümpel voller Frösche sein, und zur Mitte des Sommers würde überhaupt kein Wasser mehr zu sehen sein, nur niedriges Gestrüpp aus Schilf und Büschen, grün, was zeigte, dass der Schlamm um ihre

Wurzeln immer noch feucht war. Größere Sträucher und Weiden wuchsen am steilen Ufer dieses Tümpels und ragten immer noch teilweise aus dem Wasser. Eva und Carol ließen den Baumstamm hineintreiben. Sie sahen eine Stelle, an der sich etwas verfangen hatte.

Es war ein Boot oder ein Teil davon. Ein altes Ruderboot, dem eine Seite fast ganz fehlte, das Sitzbrett baumelte lose. Es hing zwischen den Zweigen, auf der Seite, falls es eine gehabt hätte, mit dem Bug nach oben.

Der Einfall kam ihnen beiden gleichzeitig, ohne Beratung:

»He, Jungs! He, ihr da!«

»Wir haben ein Boot für euch gefunden!«

»Hört mit eurem blöden Floß auf und kommt her und seht euch das Boot an!«

Als Erstes überraschte sie, dass die Jungen wirklich kamen, sie rannten stolpernd über Land und rutschten den Abhang herunter, um es zu sehen.

»Wo denn?«

»Wo ist es, ich sehe kein Boot.«

Als Zweites überraschte sie, dass die Jungen, als sie endlich sahen, was für ein Boot gemeint war, dieses alte, von der Flut zerschmetterte, von den Zweigen gehaltene Wrack, nicht begriffen, dass sie hereingelegt, für dumm verkauft worden waren. Sie ließen sich kein bisschen Enttäuschung anmerken, sondern schienen sich über die Entdeckung zu freuen, als wäre das Boot in Ordnung und neu. Sie waren schon barfuß, weil sie ins Wasser gewatet waren, um Bauholz herauszufischen, und so wateten sie ohne zu zögern hier hinein, umringten das Boot und kümmerten sich überhaupt nicht mehr, nicht einmal auf abfällige Art, um Eva und Carol, die auf ihrem Baumstamm wippten. Eva und Carol mussten sie ansprechen.

»Wie wollt ihr das denn flottbekommen?«

»Das schwimmt sowieso nicht.«

»Wie kommt ihr auf die Idee, dass es schwimmt?«

»Es wird sinken. Blub-blub-blub, ihr werdet alle ertrinken.«

Die Jungen antworteten nicht, denn sie waren zu beschäftigt damit, um das Boot herumzugehen und vorsichtig daran zu ziehen, um zu sehen, wie sie es mit möglichst geringem Schaden befreien konnten. Frank, der belesenste, beredteste und ungeschickteste der drei, begann von dem Boot als von einer »sie« zu sprechen, eine Afferei, die Eva und Carol mit einer verächtlichen Schnute quittierten.

»Sie hängt an zwei Stellen fest. Ihr müsst aufpassen, ihr kein Loch in den Boden zu reißen. Sie ist schwerer, als ihr denkt.«

Es war Clayton, der hochkletterte und das Boot losmachte, und es war Bud, ein großer, dicker Junge, der es mit dem Rücken hochstemmte, damit es ins Wasser glitt und sie es ans Ufer hieven konnten. All das dauerte einige Zeit. Eva und Carol verließen ihren Baumstamm und wateten aus dem Wasser. Sie gingen über Land zu ihren Schuhen und Strümpfen und Fahrrädern. Sie brauchten nicht zu der Stelle zurückzukommen, aber sie kamen. Sie standen oben auf dem Hügel und lehnten sich auf ihre Fahrräder. Sie fuhren nicht nach Hause, aber sie setzten sich auch nicht hin und schauten offen zu. Sie standen sich mehr oder weniger gegenüber, blickten aber zum Wasser hinunter und zu den

Jungen, die sich mit dem Boot abmühten, als hätten sie aus Neugier nur für einen Augenblick angehalten und blieben nun länger als beabsichtigt, um zu sehen, was aus diesem nicht sehr viel versprechenden Unternehmen wurde.

Gegen neun Uhr oder als es fast dunkel war – dunkel für die Menschen in den Häusern, aber draußen noch nicht ganz – kehrten alle in die Stadt zurück, gingen in einer Art Prozession die Mayo Street entlang. Frank, Bud und Clayton trugen das Boot mit dem Kiel nach oben, Eva und Carol liefen hinterher und schoben ihre Fahrräder. Die Köpfe der Jungen verschwanden fast im Dunkel des umgekehrten Bootes mit seinem Geruch nach nassem Holz und kaltem morastigem Wasser. Die Mädchen konnten nach vorn schauen und die Straßenlaternen mit ihren Blechreflektoren sehen, eine Lichterkette die Mayo Street hinauf bis hoch zum Wasserturm. Sie bogen in die Burns Street zu Claytons Haus, denn das war das nächstgelegene ihrer Häuser. Auch dies war für Eva und Carol nicht der Heimweg, aber sie gingen weiter mit. Die Jungen waren vielleicht zu sehr davon in Anspruch genommen, das Boot zu tragen, um ihnen zu sagen, sie sollten abhauen. Ein paar kleinere Kinder waren noch draußen und spielten auf dem Bürgersteig Hopse, obwohl sie kaum noch etwas sehen konnten. Zu dieser Jahreszeit war der schneefreie Bürgersteig immer noch etwas Neues und Erfreuliches. Diese Kinder gaben den Weg frei und sahen das Boot mit widerwilligem Respekt passieren; sie riefen ihm Fragen nach, wollten wissen, wo es herkam und was mit ihm passieren sollte. Niemand antwortete ihnen. Eva und Carol wie auch die Jungen weigerten sich, ihnen zu antworten oder sie auch nur anzusehen.

Die fünf gelangten auf Claytons Hof. Die Jungen verlagerten die Last, als wollten sie das Boot abladen.

»Besser, ihr bringt es nach hinten, wo keiner es sehen kann«, sagte Carol. Das war das Erste, was einer von ihnen gesagt hatte, seit sie in der Stadt waren.

Die Jungen sagten nichts, gingen aber weiter, folgten einem Sandweg zwischen Claytons Haus und einem schiefen Bretterzaun. Sie luden das Boot im Hinterhof ab.

»Das Boot ist gestohlen, wisst ihr«, sagte Eva hauptsächlich wegen der Wirkung. »Es muss jemandem gehört haben. Ihr habt es gestohlen.«

»Dann wart ihr es, die's gestohlen haben«, sagte Bud außer Puste. »Ihr habt's zuerst gesehen.«

»Ihr habt's genommen.«

»Dann waren wir's alle. Wenn einer von uns dran ist, dann sind wir alle dran.«

»Wirst du irgendwem was von ihnen sagen?«, fragte Carol, als sie mit Eva nach Hause fuhr, auf den Straßen, die jetzt zwischen den Laternen dunkel waren und vom Winter voller Schlaglöcher.

»Liegt bei dir. Ich sag nichts, wenn du nichts sagst.«

»Und ich sag nichts, wenn du nichts sagst.«

Sie fuhren schweigend weiter, gaben etwas auf, waren aber nicht unzufrieden.

Der Bretterzaun auf Claytons Hinterhof hatte in Abständen Pfähle, die ihn stützten oder es versuchten, und auf diesen Pfählen verbrachten Eva und Carol mehrere Abende, saßen darauf in feschen, aber reichlich unbequemen Stellungen. Sonst lehnten sie sich einfach an den Zaun, während die Jungen an dem Boot arbeiteten. An den ersten beiden Abenden versuchten Kinder aus der Nachbarschaft, die das Hämmern anlockte, auf den Hof zu gelangen, um zu sehen, was da los war, aber Eva und Carol verstellten ihnen den Weg.

»Wer hat gesagt, ihr dürft hier rein?«

»Wir dürfen eben hier auf den Hof.«

Diese Abende wurden länger, die Luft milder. Auf den Bürgersteigen fing das Seilspringen an. Weiter unten an der Straße stand eine Reihe von Zuckerahornbäumen, die angezapft worden waren. Kinder tranken den Saft so schnell, wie er in die Eimer tropfen konnte. Der alte Mann und die alte Frau, denen die Bäume gehörten und die hofften, daraus Sirup zu gewinnen, kamen aus dem Haus gerannt und machten Geräusche, als versuchten sie, Krähen zu verscheuchen. Schließlich trat wie jeden Frühling der alte Mann auf die Veranda und feuerte mit seiner Schrotflinte in die Luft, und dann hörten die Diebstähle auf.

Keiner von denen, die am Boot arbeiteten, gab sich damit ab, Saft zu stehlen, obwohl alle es im letzten Jahr getan hatten.

Das Holz für die Reparatur des Bootes wurde hier und da aufgesammelt, entlang der Wege zwischen den Hinterhöfen. Zu dieser Jahreszeit lag vieles herum – alte Bretter und Äste, durchweichte Wollhandschuhe, Löffel, die mit dem Spülwasser ausgeschüttet worden waren, Deckel von Puddingschüsseln, die zum Abkühlen in den Schnee gestellt worden waren, all der Krempel, der verloren gehen und den Winter überstehen kann. Die Werkzeuge kamen aus Claytons Keller – sie stammten wahrscheinlich aus der

Zeit, als sein Vater noch lebte –, und obwohl sie niemanden hatten, der sie beriet, schienen die Jungen mehr oder weniger dahinterzusteigen, wie Boote gebaut oder repariert werden. Frank war derjenige, der mit schematischen Darstellungen in Büchern und Exemplaren der Zeitschrift *Popular Mechanics* ankam. Clayton betrachtete diese Abbildungen, ließ sich von Frank die Anweisungen dazu vorlesen und beschloss dann, auf seine eigene Art vorzugehen. Bud konnte am besten sägen. Eva und Carol beobachteten alles vom Zaun aus, übten Kritik und dachten sich Namen aus. Die Namen für das Boot, die ihnen einfielen, waren: Seerose, Seepferdchen, Flutkönigin und Caro-Eve, nach ihnen, weil sie es gefunden hatten. Die Jungen sagten nicht, welcher dieser Namen, falls überhaupt einer, ihnen gefiel.

Das Boot musste geteert werden. Clayton machte einen Topf mit Teer auf dem Küchenherd heiß, kam damit heraus, setzte sich rittlings auf das umgedrehte Boot und strich es langsam in seiner gründlichen Art an. Die anderen Jungen sägten ein Brett für einen neuen Sitz zurecht. Während Clayton arbeitete, kühlte der Teer ab und verdickte sich, so dass er den Pinsel nicht mehr bewegen konnte. Er wandte sich an Eva, hielt ihr den Topf hin und sagte: »Du kannst mal reingehen und den auf dem Herd heiß machen.«

Eva nahm den Topf und ging die hinteren Stufen hoch. Die Küche kam ihr stockfinster vor nach dem Licht draußen, aber sie musste hell genug sein, um etwas zu sehen, denn Claytons Mutter stand am Bügelbrett und bügelte. Sie tat das, um den Lebensunterhalt zu verdienen, nahm Wäsche zum Waschen und Bügeln an.

»Darf ich den Topf auf den Herd stellen?«, fragte Eva,

die dazu erzogen worden war, zu Eltern höflich zu sein, sogar, wenn es Waschfrauen waren, und der aus irgendeinem Grunde viel daran lag, auf Claytons Mutter einen guten Eindruck zu machen.

»Dann musst du das Feuer schüren«, sagte Claytons Mutter, als bezweifelte sie, dass Eva wusste, wie man das macht. Aber Eva konnte jetzt etwas sehen, sie hob die Herdplatte mit dem Heber, nahm den Feuerhaken und schürte die Glut zu Flammen. Sie rührte den Teer um, als er weich wurde. Sie fühlte sich bevorzugt. In diesem Augenblick und noch danach. Vor dem Einschlafen kam ihr ein Bild von Clayton in den Sinn; sie sah ihn rittlings auf dem Boot sitzen und den Teer verstreichen, konzentriert und sorgfältig, ganz davon in Anspruch genommen. Sie dachte daran, wie er sie angesprochen hatte aus seiner Abgeschiedenheit, in einem so normalen, friedlichen, selbstverständlichen Tonfall.

Am vierundzwanzigsten Mai, einem schulfreien Tag mitten in der Woche, wurde das Boot aus der Stadt hinausgetragen, was jetzt ein weiter Weg war, von der Straße hinunter über die Wiesen und Zäune, die ausgebessert worden waren, bis dahin, wo der Fluss in seinen normalen Ufern strömte. Eva und Carol, ebenso wie die Jungen, wechselten sich beim Tragen ab. Es wurde an einer von Kühen platt getrampelten Stelle zwischen frisch ergrünten Weidenbüschen zu Wasser gelassen. Die Jungen kletterten als Erste hinein. Sie johlten triumphierend, als das Boot tatsächlich schwamm, als es erstaunlicherweise auf der Strömung dahinglitt. Das Boot war außen schwarz und innen grün angestrichen, mit gelben Sitzen und außen einem gelben Streifen ringsherum. Es stand nun doch kein Name darauf. Die Jungen konnten sich nicht vorstellen, dass es einen Namen brauchte, um sich von allen anderen Booten auf der Welt zu unterscheiden.

Eva und Carol rannten am Ufer entlang, beladen mit Taschen voll mit Sandwiches mit Erdnussbutter und Marmelade, sauren Gurken, Bananen, Schokoladenkuchen, Kartoffelchips, Grahamkeksen mit Maissirup dazwischen und fünf Flaschen Limo, die im Flusswasser gekühlt werden sollten. Die Flaschen schlugen gegen ihre Beine. Sie schrien, weil sie auch an die Reihe kommen wollten.

»Wenn sie uns nicht ranlassen, sind sie Schweine«, sagte Carol, und sie schrien zusammen: »Wir haben's gefunden! Wir haben's gefunden!«

Die Jungen antworteten nicht, aber nach einer Weile brachten sie das Boot an Land, und Carol und Eva stürzten keuchend die Uferböschung hinunter.

»Leckt es?«

»Nein, noch nicht.«

»Wir haben eine Schöpfdose vergessen«, jammerte Carol, stieg aber trotzdem mit Eva ein, und Frank stieß sie ab, mit dem Ruf: »Ab geht's in ein feuchtes Grab!«

Und das Sonderbare daran, in einem Boot zu sein, war, dass es nicht auf dem Wasser wippte wie ein Baumstamm, sondern sich ins Wasser schmiegte, so dass man sich darin fühlte, als sei man nicht auf etwas im Wasser, sondern im Wasser selbst. Bald fuhren alle im Boot in gemischter Reihenfolge, zwei Jungen und ein Mädchen, zwei Mädchen und ein Junge, ein Mädchen und ein Junge, bis alles so durcheinander war, dass sich nicht mehr feststellen ließ, wer als Nächster an die Reihe kam, und es ohnehin allen egal war. Sie fuhren flussabwärts – die, die nicht im Boot saßen, rannten am Ufer entlang, um Schritt zu halten. Sie kamen unter zwei Brücken durch, eine aus Eisen, eine aus Beton. Einmal sahen sie einen großen Karpfen, der sich einfach ausruhte, er schien ihnen in dem von einer Brücke verdunkelten Wasser zuzulächeln. Sie wussten nicht, wie weit sie auf dem Fluss gelangt waren, aber die Gegend hatte sich verändert – das Wasser war flacher, das Land platter geworden. Am anderen Ende einer nicht eingezäunten Wiese sahen sie ein Gebäude, das wie ein verlassenes Haus aussah. Sie zogen das Boot aufs Ufer, banden es fest und machten sich auf den Weg über die Wiese.

»Das ist der alte Bahnhof«, sagte Frank. »Das ist Pedder Station.« Die anderen hatten diesen Namen schon einmal gehört, aber er war derjenige, der Bescheid wusste, denn sein Vater war der Bahnhofsvorsteher in der Stadt. Er sagte, das war ein Bahnhof an einer Nebenstrecke, die aufgelassen worden war, und hier hatte ein Sägewerk gestanden, aber vor langer Zeit.

Im Bahnhof war es dunkel und kühl. Alle Fenster waren zerbrochen. Glas lag in Scherben und in größeren Stücken auf dem Boden. Sie gingen umher auf der Suche nach den großen Scherben und zertraten sie, es war wie die Eisschicht auf Pfützen eintreten. Einige Aufbauten waren noch da, man konnte sehen, wo der Fahrkartenschalter gewesen war. Eine umgekippte Bank lag da. Jemand war hier gewesen, es sah aus, als ob andauernd welche herkamen, obwohl es so weit fort von allem war. Bierflaschen und Limoflaschen lagen herum, auch leere Zigarettenschachteln, Kaugummi-

und Bonbonpapier, die Verpackung von einem Laib Brot. Die Wände waren bedeckt mit verblassten und frischen Bleistift- und Kreidekritzeleien und Messerritzungen.

ICH LIEBE RONNIE COLES

ICH WILL FICKEN

KILROY WAR HIER

RONNIE COLES IST EIN ARSCHLOCH

WAS MACHST DU HIER?

WARTE AUF EINEN ZUG

DAWNA MARY-LOU BARBARA JOANNE

Es war aufregend, in diesem großen, dunklen, leeren Gebäude zu sein, mit dem Lärm des zerbrechenden Glases und ihren Stimmen, die vom Dach zurückgeworfen wurden. Sie hoben die alten leeren Bierflaschen an den Mund. Das erinnerte sie daran, dass sie Hunger und Durst hatten, also räumten sie eine Stelle in der Mitte frei, setzten sich hin und aßen. Sie tranken die Limo so lauwarm, wie sie war. Sie aßen alles auf, was da war, und leckten dann die Reste von Erdnussbutter und Marmelade von dem Papier ab, in das die Sandwiches eingewickelt gewesen waren.

Sie spielten Wahrheit oder Wagemut.

»Wagst du, an die Wand zu schreiben, ich bin ein blödes Arschloch, und dann deinen Namen darunter?«

»Sag die Wahrheit – was ist die schlimmste Lüge, die du je erzählt hast?«

»Hast du je ins Bett gemacht?«

»Hast du je geträumt, dass du völlig nackt über die Straße gehst?«

»Wagst du, rauszugehen und auf das Eisenbahnsignal zu pinkeln?«

Es war Frank, der das tun musste. Sie konnten ihn nicht sehen, nicht mal seinen Rücken, aber sie wussten, dass er es machte, sie hörten das zischende Geräusch seiner Pisse. Sie saßen alle ganz still, verdutzt, unfähig, sich die nächste Mutprobe auszudenken.

»Wagt ihr es«, sagte Frank vom Eingang her, »wagt ihr es alle?«

»Was?«

»Eure Sachen auszuziehen.«

Eva und Carol kreischten.

»Jeder, der das nicht machen will, muss … ja, muss auf Händen und Knien auf dem Boden herumkriechen.«

Alle schwiegen, bis Eva beinahe selbstgefällig fragte: »Was zuerst?«

»Schuhe und Strümpfe.«

»Dann müssen wir rausgehen, hier liegen zu viele Scherben rum.«

Sie zogen sich im Eingang Schuhe und Strümpfe aus, geblendet vom plötzlichen Sonnenlicht. Die Wiese vor ihnen war hell wie Wasser. Sie rannten dorthin, wo früher die Gleise verlaufen waren.

»Nicht so schnell, nicht so schnell«, rief Carol. »Da sind Disteln!«

»Oben! Alle ziehen aus, was sie oben anhaben!«

»Mach ich nicht! Machen wir nicht, was, Eva?«

Aber Eva wirbelte in der Sonne auf dem ehemaligen Gleisbett herum. »Wer's nicht tut, hat keinen Mut! Wahrheit oder Wagemut!«

Sie knöpfte ihre Bluse auf, während sie herumwirbelte, als wüsste sie nicht, was ihre Hand tat, und schleuderte sie fort.

Carol zog ihre auch aus. »Das mach ich nur, weil du's gemacht hast!«

»Unten!«

Diesmal sagte niemand ein Wort, alle beugten sich vor und zogen sich aus. Eva, als Erste nackt, rannte über die Wiese, und dann rannten alle los, alle fünf rannten sie durch das kniehohe warme Gras auf den Fluss zu. Ohne Angst davor, erwischt zu werden, machten sogar mit Sprüngen und Schreien auf sich aufmerksam, als wäre irgendjemand da, der sie hören oder sehen könnte. Sie fühlten sich, als würden sie gleich von einer Klippe springen und fliegen. Sie fühlten, dass ihnen etwas widerfuhr, das anders war als alles, was ihnen bislang widerfahren war, und es hatte etwas mit dem Boot zu tun, mit dem Wasser, dem Sonnenlicht, dem dunklen, kaputten Bahnhof und mit ihnen allen. Sie dachten voneinander jetzt kaum noch als Namen oder Personen, sondern als hallende Schreie, Lichtspiegelungen, alle wagemutig und weiß und laut und schamlos, schnell wie Pfeile. Sie rannten ohne innezuhalten ins kalte Wasser, und als es ihnen fast über die Beine reichte, ließen sie sich hineinfallen und schwammen. Was sie zum Schweigen brachte. Stille und Staunen kamen über sie. Tauchend, schwebend, jeder für sich, glitten sie durchs Wasser, geschmeidig wie Nerze.

Eva richtete sich mit tropfenden Haaren auf, Wasser lief ihr übers Gesicht. Es reichte ihr bis zur Taille. Sie stand auf glatten Steinen, die Füße breit auseinander, mit der Strömung zwischen den Beinen. Ungefähr einen Meter weit fort richtete Clayton sich ebenfalls auf, beide blinzelten sich das Wasser aus den Augen, schauten einander an. Eva wandte sich nicht ab, versuchte auch nicht, sich zu verstecken; sie zitterte von dem kalten Wasser, aber auch vor Stolz, Scham, Waghalsigkeit und Übermut.

Clayton schüttelte heftig den Kopf, als wollte er etwas daraus vertreiben, dann bückte er sich und nahm einen Mundvoll Flusswasser. Er richtete sich mit vollen Backen auf, formte mit den Lippen ein kleines Loch und schoss mit dem Wasser auf sie, als käme es aus einem Schlauch, traf sie genau, erst auf eine Brust, dann auf die andere. Wasser aus seinem Mund lief ihr über den Körper. Er johlte, als er es sah, ein lautes, selbstbewusstes Geräusch, das niemand von ihm erwartet hätte. Die anderen schauten von ihren Stellen im Wasser auf und kamen näher, um zu erfahren, was los war.

Eva ging in die Knie und glitt ins Wasser, tauchte völlig unter. Sie schwamm, und als sie flussabwärts den Kopf aus dem Wasser hob, sah sie Carol hinter sich herkommen, die Jungen waren schon am Ufer, rannten ins Gras, zeigten ihre mageren Rücken, ihre weißen, flachen Hinterteile. Sie lachten und riefen sich Dinge zu, aber Eva konnte nichts hören wegen des Wassers in ihren Ohren.

»Was hat er gemacht?«, fragte Carol.

»Nichts.«

Sie krochen an Land. »Lass uns im Gebüsch bleiben, bis sie weg sind«, sagte Eva. »Ich hasse sie sowieso. Und wie. Du nicht auch?«

»Klar«, sagte Carol, und sie warteten, nicht sehr lange,

bis sie die Jungen immer noch laut und aufgeregt zu der Stelle ein bisschen flussaufwärts hinunterlaufen sahen, wo sie das Boot gelassen hatten. Sie hörten sie hineinspringen und losrudern.

»Die haben es auf dem Rückweg jetzt richtig schwer«, sagte Eva, schlang die Arme um sich und zitterte heftig. »Aber was soll's? Es war sowieso nie unser Boot.«

»Was, wenn sie uns verpetzen?«, fragte Carol.

»Wir werden sagen, es ist alles gelogen.«

Eva hatte nicht an diesen Ausweg gedacht, bis sie ihn aussprach, aber sowie sie das tat, fühlte sie sich beinahe wieder unbeschwert. Er war so leicht, so spöttisch, dass beide kichern mussten, sie schlugen sich auf die Schenkel, und als sie aus dem Wasser tapsten, entwickelten sie einen dieser Lachkrämpfe, bei denen, sobald die eine Zeichen von Erschöpfung zeigte, die andere ächzte und wieder anfing, so dass sie hilflose – und bald wirklich hilflose – Grimassen zogen, sich krümmten und umklammerten, als litten sie schlimmste Schmerzen.

BRIAN MOORE

Schwarzrock

Es schneite. Nicht wie es an den Tagen zuvor geschneit hatte, vielmehr trieb ein starker Nordwind eine undurchdringliche weiße Wand vor sich her, so dass die ganze Luft ringsum toste und heulte und die Kanus auf der Stelle festhielt wie Spielzeug. Sie mussten ans Ufer. Sie legten an einer dicht bewaldeten Stelle an, wo die Bäume bis ans Wasser reichten. Dort schleiften sie die Kanus durch tiefen Schnee, in dem sie bis über die Knie versanken, bis sie ihre Schneeschuhe anlegten. Der Sturm peitschte die Bäume, und ihr Knacken klang wie Kanonenschüsse. Die Hunde rannten ängstlich jaulend die Uferböschung hinauf und versteckten sich im Wald. Aber Schutz gab es dort auch nicht, selbst nicht unter dem großen Gewölbe der Birken und Fichten. Mit der müden Verbissenheit von Sträflingen bei der Zwangsarbeit schleiften die Wilden ihre Dachmatten heran, hieben Äste und räumten hastig, aber doch planvoll eine flache Stelle von Schnee frei. Dann, zu einer menschlichen Mauer zusammengedrängt, zündeten sie mitten im wirbelnden Schnee ein Feuer an. Die Stangen wurden halbwegs kreisförmig eingerammt und die Birkenrinde zu einem behelfsmäßigen Dach darübergeworfen und festgebunden. Bis es dunkel wurde, saßen sie alle in der unzulänglichen Unterkunft um das Feuer gedrängt. Draußen heulte der Wind, und die Bäume ächzten unter der Schneelast und schwankten und zitterten, bis ihre dicken Äste brachen und in die weiße Stille unter ihnen stürzten. Gegen Morgen flaute der Sturm ab. Im Morgengrauen gebar eine Frau vier Monate vor der Zeit ihr Kind. Das Kind kam unter dem Stöhnen der aufgeweckten Schläfer in dem beengten Wigwam zur Welt, und man hielt seinen blutbeschmierten Körper, nachdem er von der Nabelschnur getrennt war, über das wärmende Feuer, während die Mutter ihm halbherzig einen Klaps gab, um zu sehen, ob es lebte. Es lebte nicht. Sie kroch zum Ausgang, ging in den Wald und legte den schleimigen kleinen Leichnam in eine hohe Astgabel, wo die Hunde nicht herankamen. Als sie zur Hütte zurückging, begegnete ihr der Schwarzrock. Sie dachte, er sei zum Pinkeln herausgekommen, doch als sie sich umdrehte, sah sie ihn zu dem Baum gehen, in den sie ihr Kind gelegt hatte. Er nahm den Leichnam herunter, steckte eine Handvoll Schnee in den Mund, spuckte sich das Schneewasser auf die Hand und ließ es über das kleine Gesichtchen laufen. Dabei hörte sie ihn in der Normannensprache etwas sagen.

Sie beobachtete das Kind. Es war tot. Er nahm den Leichnam und legte ihn dahin zurück, wo sie ihn hingetan hatte. Dann fasste er sich mit der Hand an die Stirn und danach an die eine und die andere Schulter. Er sah krank aus, als würde er gleich umfallen. Sie drehte sich um und ging in den Wigwam zurück. Als sie sich zu ihrem Mann legte, erzählte sie ihm, was sie gesehen hatte. Zusammen beobachteten sie den Schwarzrock, wie er in den Wigwam zurückkam und sich neben den Zauberer legte. Hatte der

Schwarzrock sie verhext, damit ihr Kind vor der Zeit kam? Sie fragte ihren Mann danach, aber er antwortete nicht. Sie fühlte sich ganz leer und war müde und voll Angst. Ihr Mann nahm sie in die Arme. Wenig später hörten sie den Ruf zum Aufstehen und Weiterziehen.

Draußen vor dem Wigwam gab Chomina, einer der beiden Häuptlinge, allen Männern, Frauen und Kindern je ein kleines Stück geräuchertes Fleisch. Sie bauten den Wigwam ab und schleiften die Kanus zum Wasser. Während Laforgue dabei half, kam Daniel zu ihm und nahm ihn beiseite.

»Seid Ihr krank, Père Paul?«

»Ich hatte Fieber«, sagte Laforgue. »Aber heute Nacht ist es abgeklungen. Es geht mir wieder besser.«

»Heute wird hart gepaddelt«, sagte Daniel. »Ich habe Ougebemat sagen hören, dass wir jetzt vier Tage lang durch ein gefährliches Gebiet fahren. Das bedeutet feindliche Wilde. Sie wollen da so schnell wie möglich durch.«

»Welches Volk lebt denn an diesem Flussabschnitt?«

»Das weiß ich nicht. Es tut mir leid, was ich zu Euch gesagt habe, Père Paul. Wenn wir in Gefahr geraten, dürfen wir keine Feinde sein.«

»Wir sind nicht Feinde«, sagte Laforgue. »Aber wir müssen über diese Dinge reden. Es gibt nichts Wichtigeres als das.«

»Wir können jetzt nicht reden. Außerdem wüsste ich nicht, was ich sagen sollte.« Plötzlich starrte der Junge Laforgue an. »Père Paul, was ist los?«

»Mein Ohr«, sagte Laforgue. Er hielt sich die Hand über das rechte Ohr, dann klappte er vornüber und fiel in den Schnee. Auf dem Boden liegend drehte er sich um und sah zu dem Jungen auf. Daniel bewegte die Lippen. O mein Gott, sagte Laforgue bei sich. Bin ich jetzt vollends taub geworden? Das Brausen im Ohr übertönte alle anderen Geräusche, während der Junge ihm aufhalf.

Und ebenso plötzlich, wie es begonnen hatte, verstummte das Brausen wieder. Laforgue hörte den Jungen sagen: »Père Paul? Père Paul?«

»Es ist schon gut«, sagte Laforgue. »Solche Anfälle habe ich manchmal. Sie vergehen auch wieder.«

»Ihr seid krank. Ihr könnt nicht reisen.«

»Ich bin stärker, als du glaubst«, sagte Laforgue.

Er hörte seinen Namen rufen, den ihm die Algonkin gegeben hatten. »Nicanis? Nicanis?«

»Versucht nicht zu paddeln«, sagte der Junge. »Es ist zu viel für Euch. Ich sage Neehatin, dass Ihr krank seid.«

»Nein, das tust du nicht. Ich werde paddeln. Sag ihm nichts.« Laforgue drehte sich um und lief zu dem wartenden Kanu, raffte seine Soutane und watete ins eisige Wasser. Als das Kanu ablegte und sich in die Schlange einreihte, die auf den Fluss hinausglitt, hörte er wieder das verräterische Brausen. Er sah den Zauberer an, der mit den Kindern zwischen dem aufgeschichteten Gepäck in der Mitte des Kanus saß. Der Zauberer redete mit den Kindern, aber Laforgue konnte ihn nicht hören. Das Brausen verstummte. Er hörte wieder deutlich Stimmen und das Klatschen seines Paddels im Wasser. Es war, als ob ein Furunkel in seinem Ohr geplatzt sei. Er hörte so gut wie schon seit Wochen nicht mehr. Und in diesem Moment der Erlösung sah er Häuptling Neehatin, im vorderen Kanu sich halb aufrichten und ein Zeichen geben. Die Wilden verstummten und steigerten so sehr ihr Tempo, dass Laforgue der Schweiß ausbrach. Aber es war der Schweiß der Arbeit. Das Fieber war gebrochen. Sein Gehör war wiederhergestellt. ›O Herr‹, betete er, ›Du hast mir mein Gehör zurückgegeben und meine Kraft. Du hast mir gezeigt, dass ich durch Deine Hand zu Leistungen fähig bin, die ich in diesem meinem Körper nicht vermutet hätte. So es Dein Wille sei, dass ich in den vor uns liegenden Tagen noch mehr Entbehrungen leiden soll, will ich sie gern auf mich nehmen. Du hast mir dieses Kreuz zu Deiner Ehre und zur Errettung dieser armen Barbaren auferlegt. Ich danke Dir.‹

Und hier im leisen Rauschen des Flusses, dem Klatschen der Paddel, dem kalten Morgennebel, durch den die Kanus dahinglitten, erfüllte ihn eine sonderbare Beglückung. Zu Hause in Frankreich hatte er dieses Gefühl hin und wieder auch gekannt, im Kloster nach einer langen, beschwerlich im Gebet durchwachten Nacht, oder wenn er in den Küchen und Krankenstuben des Ordens niedere und widerwärtige Arbeiten leistete. Es gab auf dieser Erde gleichsam keinen Paul Laforgue mehr, sondern nur noch einen Körper und Geist, der für Jesus gemacht war und Jesu Willen tat. Und heute Morgen erschien ihm dieser früher gekannte Friede als ein Nichts im Vergleich zu dem Glück, das er jetzt in dieser Wildnis empfand, umgeben von Wilden, die wie besessen den Fluss hinaufpaddelten. Alles, was er tat, alles, was er litt, tat und litt er als Jesuit und zur Ehre Gottes. Gott hatte ihn geprüft und würde ihn weiter prüfen. Gott hatte ihm sein Gehör wiedergegeben, um ihn daran zu gemahnen, dass er nicht allein war.

Gott ist mit mir. Gott beehrt mich mit dieser Aufgabe.

Am dritten Tag ihrer rasenden Fahrt durch das Land der Finsternis sah Neehatin den Berg des Weißen Gesichts. Er hatte seine Leute hart angetrieben. Heute Abend verlangte er, dass die Männer ebenso wie die Frauen beim Bau des Wigwams mit anfassten. Alle bewegten sich wie Greise, so müde waren sie vom Paddeln. Aber der Wigwam war gut gebaut. Nachdem das letzte geräucherte Elchfleisch zum Abendessen verzehrt war, saßen sie alle schläfrig um die Feuer herum. Heute würden sie früh schlafen gehen. Neehatin winkte die Ältesten zu sich und brachte Tabak zum Vorschein.

»Beim Hundeköttel«, sagte Amantacha. »Wo hast du den gefunden?«

Alle lächelten. Tabak war so beliebt wie Essen.

»Ich hatte ihn vergessen«, log Neehatin. »Ich habe ihn zwischen die Biberfelle gelegt und dann vergessen.« Er füllte ihnen die Pfeifen, dann gab er den restlichen Tabak weiter an die älteren Frauen und die jungen Männer. Er bot auch dem jungen Normannen eine Pfeife an, doch der lehnte ab, genau wie der Schwarzrock. Der Zauberer, der aus einer selbst gemachten krummen Pfeife rauchte, setzte sich wie ein Kind zu Neehatins Füßen, während Neehatin über die qualmenden Feuer blickte und sich vergewisserte, dass der Normannenjunge nicht in Hörweite war. Dann fragte er den Zauberer: »Hast du mir etwas Neues über meinen Traum zu sagen?«

»Es wurde mir noch nicht gesagt«, antwortete der Zauberer.

»Dann weißt du noch nicht, wer der Fisch ist?«

Er wollte eine Antwort aus dem kleinen Stinker herausquetschen, denn er kannte den Buckligen. Der wollte warten, bis Neehatin gesprochen hatte, und dann seine Weisheit für sich in Anspruch nehmen.

»Nein«, sagte der Zauberer. »Es ist mir noch nicht gesagt worden, wer der Fisch ist.«

»Wann wirst du es wissen?«, fragte Neehatin. Alle sollten das hören, auch Chomina.

»Es kommt noch«, antwortete der Zauberer.

»Bärendreck«, sagte Ougebemat. Er war glücklich.

»Der Tabak ist gut.«

»Ich rauche«, sagte der alte Awandouie. Es war seine Art, sich zu bedanken. Die anderen schlossen sich mit »Ho, ho« an.

Neehatin lächelte. Er war froh, dass er diesen Tabak in Reserve gehalten hatte. Jetzt waren sie dankbar und würden auf seinen Rat hören.

»In dem Traum«, sagte Neehatin, »kam der Fisch zu mir geschwommen und führte mich ans andere Ufer. Morgen Abend werden wir dieses Ufer erreichen.«

»Aber wer ist der Fisch?«, fragte der Bucklige. »Das ist die Frage.«

»Du bist der Fisch«, sagte Neehatin. »Darum wusstest du auch die Antwort nicht.«

»Wovon redest du da?«, fragte Chomina. Er lag auf dem Rücken, die Knie angezogen, und sog mit langen, dankbaren Zügen an seiner Pfeife.

»Mestigoit ist der Fisch, den wir mit uns durch das Land der Dunkelheit nehmen. Er hat den Dämon aus dem Schwarzrock getrieben. Der Schwarzrock hat seine Macht verloren. Er kann keinen Bann mehr auf uns legen.«

»Aber woher weißt du das?«, fragte Chomina. Er drehte sich um und sah Neehatin bei dieser Frage an.

»Als ich heute mein Kanu paddelte«, sagte Neehatin, »hat der Wald gesprochen. Er hat gesagt: ›Mestigoit ist der Fisch, der uns hilft. Er hat uns aus der Gefahr gerettet‹, sagte er.« Neehatin sah auf den Buckligen hinunter, der zu seinen Füßen kauerte. »Wir müssen dir ein schönes Geschenk geben, du kleiner Hasenarsch«, sagte er lachend.

»Aber wir sind noch immer in Gefahr.«

»Nicht mehr lange. Morgen Abend erreichen wir die Großen Schnellen«, warnte Chomina.

»Zu den Großen Schnellen ist es mehr als noch ein Tag zu paddeln.«

»O nein«, sagte Neehatin. »Wir sind schon am Berg des Weißen Gesichts vorbei. Jetzt sind wir noch in Gefahr, aber bei den Großen Schnellen verlassen wir den Jungen und den Schwarzrock und schicken sie allein weiter. Wir selbst fahren über den Fluss ans andere Ufer und ziehen in die Winterjagdgründe. Dort sind wir sicher.«

»Allein weiterschicken?«, meinte der alte Awandouie. »Allein werden die Normannen sterben. Die Portage über die Großen Schnellen schaffen sie nie.«

»Der Schwarzrock ist stärker, als er aussieht«, sagte Neehatin. »Letzte Nacht ist er in meinem Traum ganz allein in ein Dorf im Huronenland gegangen.«

»Du träumst dir einen schönen Bärendreck zusammen«, sagte Chomina, und die anderen lachten.

»Ich habe es geträumt«, versetzte Neehatin. Er lächelte nicht. In der verräucherten Hütte bellte ein Hund, ein Kind schrie. Die Ältesten sagten nichts.

»Er ist in ein Dorf gegangen«, sagte Neehatin. »Das Dorf war leer. Keine Menschen. Überhaupt keine Menschen.«

Wieder bellte ein Hund.

»Wenn du es geträumt hast, wird es so kommen«, sagte Ougebemat. »Aber wird der Normannenhäuptling uns unser Versprechen erlassen, wenn du ihm sagst, dass du geträumt hast?«

»Sie haben uns lumpige sechs Musketen und ein bisschen Pulver gegeben«, sagte Neehatin. »Und vier Äxte und ein paar Ahlen. Bunte Perlen und anderen Fliegendreck.«

»Und zwei eiserne Kessel«, sagte Chomina.

»Gut, auch noch zwei Kessel. Geschenke, schöne Geschenke. Gut. Aber dafür waren wir die letzten vier Tage in Gefahr und sind es noch. Wir könnten allesamt sterben. Scheiß die Normannen zu! Wir bringen sie bis zu den Schnellen. Was wollen sie mehr?«

»Wir haben Agnonha damals in seinem steinernen Wigwam unser Wort gegeben«, sagte Chomina. »Du und ich. Wir haben gesagt, dass wir sie zu den Schnellen bringen und ihnen zwei Mann mitgeben, die sie nach oben begleiten, bis sie dort die Allumette treffen. Du kennst doch Agnonha. Dieser Hasenarsch vergisst es dir nie, wenn du ihn hereinzulegen versuchst.«

»Manchmal weiß ich nicht, ob du mit dem Kopf oder mit dem Arsch denkst«, sagte Neehatin. »Du sagst, wenn wir sie am Fuß der Schnellen verlassen, sind sie tot. Jetzt meinst du, wir müssten Angst haben, dass die toten Männer uns in Québec verraten.«

»Richtig«, sagte Ougebemat. »Wir sagen einfach, wir hätten ihnen zwei Männer mitgegeben. Wer soll es denn erfahren? Agnonha zählt nicht jeden Algonkinschwanz nach. Wie soll er das machen?«

»Und auch wenn der Schwarzrock am Leben bleibt und bis ins Huronenland kommt«, sagte Amantacha, »dauert es einen ganzen Winter, bis er etwas nach Québec melden kann.«

»Wir sind uns also einig?«, fragte Neehatin. »Wir haben für ihre beschissenen Geschenke schon genug Gefahr auf uns genommen. An den Schnellen verlassen wir sie.«

Die anderen nickten. Nur Chomina nicht. »Bärendreck«, sagte Chomina. »Ich habe vor keinem Normannenhäuptling Angst, das wisst ihr ja. Aber die Muskete, die Agnonha mir gegeben hat, werde ich einem der jungen Männer geben, wenn er mit dem Schwarzrock die Schnellen hinaufgeht. Er braucht dafür zwei, vielleicht auch drei Tage. Dann kann er wieder herunterkommen, ein Kanu nehmen und uns in die Winterjagdgründe folgen.«

»Kleinigkeit. Ganz einfach«, lachte Neehatin. »Aber ich sehe, dass du selbst nicht gehen willst.«

»Hasenarsch. Ich habe eine Familie«, sagte Chomina. »Die müsste ich mit über die Schnellen nehmen. Deshalb will ich es nicht selbst machen. Aber wir haben ein Versprechen gegeben. Wir haben Agnonha gesagt, dass wir Nicanis bis über die Schnellen bringen.«

»Einen Furz auf das Versprechen«, sagte Neehatin. Aber als er in die Runde blickte, sah er Unsicherheit in einigen Augen. Er sah den Zauberer an. Der Bucklige hasste die Normannen. »Was sagst *du*, Mestigoit?«, fragte er.

»Ich sage, wir sollten dem Traum gehorchen. Der Traum ist stärker als jedes Versprechen. Du hast geträumt, dass der

Schwarzrock allein in ein Huronendorf geht. Also wird er hinkommen. Gehorche dem Traum.«

Die anderen stießen kehlige Zustimmungslaute aus. Neehatin sah den Buckligen an und war jetzt doch froh, dass er ihn mitgenommen hatte. Aber Chomina nahm seine Pfeife aus dem Mund und spuckte ins Feuer. »Jetzt seid ihr es, die mit dem Arsch denken«, sagte er. »Ihr alle. Der Schwarzrock kommt nur mit unserer Hilfe in dieses Huronendorf. Könnt ihr euch vorstellen, dass der Junge und der Schwarzrock allein die Schnellen hinaufkommen? Natürlich nicht. Wir müssen mit ihnen gehen. Das wollte der Traum sagen. Versteht ihr denn nicht?«

»Ich sehe, dass du Angst vor den Bewohnern der Holzinseln hast«, sagte Neehatin, aber er lächelte dabei, um der Kränkung die Schärfe zu nehmen.

»Ich habe keine Angst«, sagte Chomina. »Aber wir sind inzwischen auf den Handel mit ihnen angewiesen. Das ist unser Unglück. Und es wird wohl unser Verderben sein.«

»Davon reden wir jetzt nicht«, sagte Neehatin. »Ich habe gesagt, dass wir alle miteinander, Männer, Frauen und Kinder, sterben können, wenn wir den Schwarzrock morgen Abend nicht loswerden.«

»Ich sage ja auch nicht, dass wir alle unser Leben aufs Spiel setzen sollen«, sagte Chomina. »Ich habe nur davon gesprochen, einen jungen Krieger mitzuschicken, der sich eine Muskete verdienen will. *Das* habe ich gesagt.«

»Gut, dann frage ich jetzt den Rat.« Häuptling Neehatin wälzte sich auf den Rücken und sah jedem Einzelnen starr ins Gesicht. »Sagen wir das den jungen Kriegern, ja oder nein?«

»Ich sage nein. Scheißt die Normannen zu«, sagte Ougebemat. »Was meint Awandouie?«

Alle sahen den Ältesten im Rat an. Er lebte schon sechzig Winter, vielleicht noch länger. Er kannte alle Gefahren von früher. »Wenn Neehatins Traum den Schwarzrock in einem Huronendorf sieht, wird der Schwarzrock das Dorf erreichen. In Neehatins Traum ist das Dorf leer. Der Schwarzrock geht allein hinein. Nicht mit Chomina, nicht mit einem unserer Männer. Gehorcht dem Traum.«

Neehatin beobachtete Chomina: »Sind wir uns einig?«

»Vergesst nur nicht«, sagte Chomina, »dass Agnonha uns die Eier abschneidet, wenn er das erfährt.« Er lachte zum Zeichen, dass er nur scherzte. Die anderen lachten auch, aber sie sahen Neehatin an.

»Dann setzen wir die Behaarten also morgen Abend aus«, sagte Neehatin. »Sind wir uns einig?«

»Der Rat ist sich einig«, sagte Awandouie.

*

Es hatte zu schneien aufgehört. Ein milder Wind vertrieb die Eiseskälte, die Laforgues Füße in den letzten Tagen ganz gefühllos gemacht hatte. Die Sonne schien, als wollte in dieser launischen Wildnis der Sommer der Hitze und Fliegen noch einmal wiederkommen und den nahenden Winter verjagen. Vögel sangen, als die Kanus wieder in langer Schlange über das Wasser glitten. Laforgue paddelte mit einer Leichtigkeit, die er vor zwei Wochen noch nicht für möglich gehalten hätte, und fühlte neue Kraft in seinen Schultern und Armen. Als am Morgen die Kanus beladen wurden, hatte Neehatin gesagt: »Wir fahren heute weit, Nicanis. Aber bald werden wir ausruhen.«

»Wie weit ist es noch bis zu den Schnellen?«

Neehatin überlegte kurz. »Zwei Nächte, vielleicht weniger. Wir sind gut vorangekommen.«

Kurz nach Mittag begannen die Wilden, die bis dahin stumm gewesen waren, plötzlich aufgeregt zu tuscheln, als sie die Schaumblasen auf dem Wasser sahen. Der Bucklige, der wie immer mit gekreuzten Beinen auf dem Gepäck saß und Laforgue nicht aus den Augen ließ, beugte sich jetzt vor, um dem Priester etwas ins Ohr zu flüstern. »Weißes Wasser«, sagte er. »Wir sind geflutscht wie nasse Scheiße aus dem Loch.« Er feixte.

»Was willst du damit sagen?«

»Psst«, machte der Bucklige und sah mit schillernden Augen zum Ufer. »Weißes Wasser. Wenn die Sonne sich wieder nach unten neigt. Die Schnellen.«

»Neehatin hat aber gesagt, es sind noch zwei Nächte.«

»Psst!« Wieder spähte der Bucklige ängstlich zum Ufer, als könnte ihn dort jemand hören. »Bald. Wenn die Sonne sich nach unten neigt. Du wirst sehen.«

Die Kanus fuhren weiter. Wie üblich machten die Wilden keine Pause, und am frühen Nachmittag, als die Sonne ihren Weg nach unten begann, sah Laforgue unzählige Wirbel und Strömungen auf den steinigen Untiefen, über die sie dahinglitten. Plötzlich scherte Neehatins Kanu aus. Die anderen verharrten auf dem unruhigen Wasser, während Neehatins Kanu ans Ufer glitt und der Häuptling hinaussprang. Er hatte eine Axt in der Hand. Rasch zog er sich seine Schneeschuhe an und lief über den dicken Schneeteppich zu einer Lichtung. Jetzt sah auch Laforgue die Spuren im Schnee und die Reste eines Feuers auf einem kreisrunden, vom Schnee geräumten Fleck. Neehatin lief flink zu dem abgebrannten Feuer, kniete sich hin, hob verkohlte Holzstücke auf und schnupperte daran; dann sah er sich um. Aus allen Kanus starrten Männer, Frauen und Kinder schweigend zum Ufer, als sähen sie dort ein Schreckbild erscheinen. Ihr Häuptling machte jetzt kehrt und kam zum Fluss zurückgelaufen, wo er in sein Kanu sprang, das sich sofort vom Ufer entfernte. Die anderen Kanus schwenkten hinter ihm ein, wie wenn sie es sehr eilig hätten, von hier wegzukommen. Sogleich nahm Neehatins Kanu wieder seine Führungsposition ein. Die Wilden paddelten los. Weiter jagten die Kanus.

Laforgue sprach beim Paddeln ein Gebet. War diese Feuerstelle ein Hinweis auf die feindlichen Wilden, von denen Daniel vor zwei Tagen gesprochen hatte? Das Wasser ringsum wurde immer unruhiger. Nach weniger als einer Stunde sah Laforgue vor ihnen die Großen Schnellen, von denen Père Bourque gesprochen hatte, majestätisch in ihrer weißen Unrast. Hier also würden sie die Jägergruppe verlassen, um mit zwei Paddlern die Schnellen zu überwinden und oben mit zwei Kanus weiterzufahren. Er sah sich nach Daniels Kanu um. Der Junge saß im Bug und spähte nach allen Richtungen, als wüsste er, ebenso wie die Wilden, dass er sich auf gefährliches Gebiet vorwagte. Die Kanus kamen jetzt kaum noch gegen die schnelle Strömung an, und schließlich gab Neehatin an einer breiten Stelle im Fluss das Zeichen zum Anlegen.

Alle Kanus wurden aufs Ufer gezogen, aber sowie die

Wilden an Land waren, fiel Laforgue auf, dass sie sich nicht wie gewohnt an die Arbeit machten. Vielmehr hielten die Mütter ihre Kinder im Zaum und ermahnten sie zur Ruhe, und ausnahmsweise schienen die sonst so übermütigen Kinder bereitwillig zu gehorchen. Die Hunde liefen zwar herum und pinkelten an die Bäume, aber sowie einer einen anderen angriff oder zu bellen anfing, streckte einer der Wilden ihn mit einem Keulenhieb nieder. Laforgue sah Neehatin mit dem Finger auf fünf seiner Jäger weisen, die sofort Bogen, Pfeile und Äxte nahmen und sich vorsichtig in die umgebenden Wälder begaben. Dann ging der Algonkinhäuptling zu den Frauen und Kindern. Er sprach leise mit ihnen. Unverzüglich ging die eine Hälfte von ihnen Fichtenzweige für den Wigwam schneiden. Die anderen halfen nicht dabei. Laforgue sah Daniel allein dastehen und die Szene beobachten. Er ging zu dem Jungen.

»Was ist los? Weißt du etwas?«

»Sie haben Angst«, sagte der Junge. »Irgendetwas macht ihnen Angst. Mit mir reden sie nicht darüber. Aber was machen die denn da unten bei den Kanus?«

»Das sind unsere Kanus«, sagte Laforgue.

Drei ältere Frauen waren gerade dabei, die Kanus umzuladen. »Das sind unsere Sachen«, sagte Laforgue.

Daniel und er liefen schnell zu den Kanus hinunter.

»Was macht ihr da?«, fragte Daniel eine Frau.

»Das sind eure Sachen«, sagte die Frau. »Wir wollen eure Scheiße nicht mit unserer durcheinanderrühren.« Sie lachte, und die beiden anderen lachten auch.

»Los«, sagte Daniel und lächelte sie an, »sag mir schon, was ihr da wirklich macht.«

»Frag Neehatin«, antwortete die Frau.

Laforgue wandte sich ab. »Komm, wir gehen. Ich rede mit Neehatin.«

Doch als sie vom Flussufer zurückgingen, sahen sie die Wilden dastehen und in den Wald blicken. Leichtfüßig kehrten soeben die fünf Jäger zurück, die Neehatin ausgeschickt hatte. Einer trug einen großen Vogel, den er mit einem Pfeil erlegt hatte. Er zog den Pfeil aus dem Vogel, bevor er ihn Neehatin gab. Die Frauen, die beim Zweigeschneiden waren, unterbrachen unvermittelt ihre Arbeit. Niemand sprach. Ougebemat ließ seine Axt über dem Kopf kreisen. Augenblicklich liefen alle Algonkin, Männer, Frauen und Kinder, zu ihren Booten und ließen Neehatin mit Daniel und Laforgue allein auf der Lichtung stehen.

»Was ist los?«, fragte Laforgue den Algonkinhäuptling.

Neehatin lächelte und streckte ihm den frisch erlegten Vogel hin. »Hier«, sagte er. »Der ist für dich. Heute Abend wirst du essen. Du wirst richtig essen.«

Laforgue nahm den Vogel nicht. »Du hast mir nicht geantwortet«, sagte er.

Neehatin warf den Vogel in den Schnee. Er lächelte nicht mehr. »Du weist mein Geschenk zurück?«

»Wir weisen es nicht zurück«, sagte Daniel rasch und hob den Vogel auf. »Wir danken dir, Neehatin.«

Laforgue drehte sich um und sah zu den Kanus. Die Wilden schoben sie gerade durch den Schnee zum Fluss – alle bis auf die beiden mit den Vorräten des Jesuiten.

»Aha«, sagte Laforgue. »Wir sind also bei den Schnellen. Und wo sind die Paddler, die uns ins Huronenland bringen?«

»Was für Paddler?«, fragte Neehatin. »Du brauchst keine Paddler. Deine Zauberei bringt dich über die Schnellen.«

»Du hast es Agnonha versprochen«, sagte Laforgue. »Zwei Männer zu unserer Begleitung.«

»Du hast Scheiße im Kopf, Nicanis«, sagte Neehatin und lachte laut, ein wüstes Lachen, das er nach einem Blick zum Wald rasch wieder unterdrückte.

»Du hast es versprochen«, wiederholte Laforgue. »Du hast dein Wort gegeben.«

»Die Zweige für deinen Wigwam sind geschnitten, der Boden ist freigeräumt«, sagte Neehatin. »Aber bleib hier nicht länger als eine Nacht. Und wenn ihr die oberen Schnellen erreichen wollt, ohne sechsmal hin und her zu laufen, dann werft die Hälfte von dem Bärendreck fort, den ihr in euren Kanus habt.« Nach diesen Worten drehte er sich um und ging zu den wartenden Kanus.

Laforgue sah ihm nach. Er erinnerte sich an seine Tage im Kloster, wo er voll erregter Bestürzung gelesen hatte, wie Père Brabant an dieser Stelle von Wilden im Stich gelassen worden war, die seine Geschenke angenommen und dafür versprochen hatten, ihn zu begleiten. Eine sonderbare Ruhe überkam ihn, die Ruhe dessen, der das Schlimmste schon kennt.

Plötzlich lief Daniel, ohne ein Wort zu sagen, zum Fluss hinunter, watete ins Wasser und wollte zu Chominas Kanu. Im Heck dieses Kanus sah Laforgue das Mädchen sitzen und in der Mitte Chominas Frau und den kleinen Jungen. Daniel sagte etwas, aber nicht zu dem Mädchen, sondern zu Chomina, der daraufhin den Kopf schüttelte und den Jungen mit einer Geste fortschickte. Neehatin war in diesem Moment bei seinem Kanu angekommen und sprang hinein wie eine Katze. Chomina nahm sogleich sein Paddel zur Hand, und schon lenkten er und seine Leute das Kanu in den Strom und ließen Daniel im seichten Wasser am Ufer stehen. Die Kanus schlugen einen Bogen und wandten sich flussabwärts. Chominas Tochter warf keinen Blick zurück. Schon wenig später waren die Kanus um die Flussbiegung verschwunden.

Der Junge kam platschend zurückgewatet, sprang ans Ufer und kam auf Laforgue zu. Ich will freundlich zu ihm sein, dachte Laforgue. Ich will so tun, als hätte er mich gar nicht verlassen wollen. Doch da rannte der Junge vor seinen Augen durch den tiefen Schnee zu den beiden liegengebliebenen Kanus und begann wie besessen, die in Häute gewickelten Bündel mit den Vorräten, den Messgewändern und Büchern und anderen Notwendigkeiten für die Huronenmission aus dem einen Boot hinauszuwerfen. Als die Bündel im Schnee lagen, schob er das leichte Gefährt zum Fluss und ließ es zu Wasser. Ohne sich nach Laforgue umzusehen, sprang er hinein, paddelte auf den Fluss hinaus, schlug einen Bogen und folgte, eine einsame, gehetzte Gestalt, den Algonkin. Schnell wie ein flacher Stein huschte sein leichtes, halbleeres Kanu über das seichte weiße Wasser der Schnellen. Kurz darauf war auch er um die Biegung verschwunden.

*

Laforgue betrachtete den toten Vogel zu seinen Füßen, dann die Fichtenzweige für sein Nachtlager. Er war allein.

Es waren noch zwei Stunden bis zum Dunkelwerden. In dem Öltuchpäckchen, das seine Landkarte enthielt, befand sich auch ein Notizbuch mit den Warnungen und Ratschlägen Père Gulots und Père Brabants. Beide Priester waren auch schon so im Stich gelassen worden und hatten überlebt. Laforgue setzte sich auf eines der Bündel, die Daniel in den Schnee geworfen hatte, klappte das Büchlein auf und las die in Père Gulots gestochener Handschrift verfassten Instruktionen, wie man ein Feuer anzündete und in Gang hielt. In dem Büchlein war auch eine von Père Brabant gezeichnete Skizze, die zeigte, wie man sich eine einfache Unterkunft baute, und beim Durchblättern entschied Laforgue, dass dies seine erste Arbeit sein sollte.

Es ging erstaunlich schnell. Er räumte eine kleine Stelle auf dem Boden frei und legte die von den Algonkinfrauen geschnittenen Fichtenzweige darauf. Dann stellte er die Stangen im Dreieck auf und legte die Matten aus Birkenrinden darüber, die er hinten im Kanu fand. Als er fertig war, zündete er ein kleines Feuer an und begann den Vogel zu rupfen. Er füllte den Kessel mit ein paar Handvoll Schnee, um den Vogel darin zu kochen. Dabei dachte er nie über die momentane Arbeit hinaus, sondern arbeitete so, wie er es bei den Wilden beobachtet hatte, nämlich mit den Gedanken ganz bei der einen Sache. Er nahm, was die Wilden nicht taten, den Vogel aus und warf ihn ins kochende Wasser. Dann sah er zum bewölkten Nachthimmel. Es war kein Mond zu sehen.

Es begann leicht zu regnen, und als ihm einfiel, dass die Bündel aus dem zweiten Kanu noch ungeschützt im Schnee lagen, verließ er das Feuer und schleifte sie in den Schutz des Waldes. Wenn er morgen weiterreiste, würde er nicht einmal einen Bruchteil dessen, was in den beiden Kanus gewesen war, die langen und beschwerlichen Portagen hinauftragen können, die Père Brabant beschrieben hatte. Er konnte nur das Notwendigste mitnehmen und musste den Rest verstecken oder vergraben, bis er ihn im Frühjahr holen kommen konnte.

Und als er jetzt die Bündel in den Wald schleifte, entdeckte er unter den Wurzeln eines riesigen Baumes eine höhlenartige Mulde, in die kein Schnee gedrungen war. Sie war groß genug, um zwei Menschen Platz zu bieten. Ihr Boden war trocken und sauber und mit Fichtennadeln bedeckt. Laforgue kroch hinein. Es war ein ideales Versteck für die Messgewänder, Messbücher und den Kelch, die er nicht weiter mitschleppen konnte. Morgen früh würde er das alles umpacken. Aber müde wie er jetzt war, fand er, dass er gar keinen Appetit auf den Vogel im Kessel hatte, und außerdem würde er, wenn er seinen dicken Mantel fest um sich zog, hier in der geschützten Höhle viel gemütlicher schlafen als da draußen unter diesem Schutzdach im Schnee. Er ließ die Bündel also neben dem Baum liegen, damit er die Stelle wiederfand, und ging zum Feuer, nahm den Kessel herunter und stellte ihn daneben. Dann nahm er seinen Mantel, stapelte die anderen Bündel neben das beladene Kanu und ging in den Wald zurück, wo er seine Höhle unter dem Baumstamm wiederfand, hineinkroch und sich in seinen Mantel wickelte. Er dachte an Daniel und betete: ›O Herr, wende dich nicht ab von ihm. Steh ihm bei, wie du mir beigestanden hast.‹

Er schlief. Vor seiner Baumhöhle steigerte sich der

leichte Abendregen zu einem Guss, der den Schnee abschmolz und die Erde mit ihrem Herbstkleid von Laub und Moos wieder freilegte. Das Rauschen des Regens weckte ihn nicht, wohl aber ein anderes Geräusch irgendwann in der Stunde vor Morgengrauen. Stimmen.

Wilde, und ganz nah. Sie sind zurückgekommen.

Wenn sie zurückgekommen sind, ist Daniel bei ihnen. Die Erleichterung ließ ihm fast die Sinne schwinden. Was sprachen sie? Er kroch zum Höhlenausgang und streifte seinen Mantel ab.

Die Stimmen sprachen einen fremden Dialekt, aber verwandt mit der Sprache der Huronen.

»Hundescheiße, nein! Sie würden doch ihre Felle nicht zurücklassen.«

Eine zweite Stimme fragte: »Wozu haben sie diesen Wigwam gebaut, in dem nicht einmal ein toter Hase Platz hat?«

Vorsichtig steckte Laforgue den Kopf aus der Höhle. Wo er gestern Abend ein flackerndes kleines Feuer gemacht hatte, brannte jetzt ein größeres, und drum herum saßen fünf, sechs Wilde, lauter Männer, und aßen aus seinem Kessel. Sie hatten Keulen, Äxte und Bogen auf dem Schoß oder neben sich liegen. Im Feuerschein glänzten ihre dick bemalten Gesichter rot, gelb und blau. Ihre Haare waren zu seltsamen Mustern geschnitten und geflochten, und sie trugen Schmuck aus Zähnen und Muschelschalen.

»Es sind Zauberer«, sagte eine Stimme von außerhalb des Feuerscheins, und im selben Moment kamen zwei weitere Wilde vom Fluss herauf, die Münder in ihren grotesken Gesichtsmasken zu einem breiten Lachen auseinandergezogen. Der größere von ihnen hatte sich die Messgewänder aus weißer Seide und Goldbrokat, die Laforgue in die Huronenmission mitnehmen wollte, verkehrt herum angezogen. Auf Laforgue wirkte der Anblick dieses Wilden mit dem geschorenen Schädel über den geweihten, von den Nonnen der Abbaye aux Dames in Caen für die Mission genähten Gewändern wie eine Szene aus einem hässlichen Traum. Der andere Wilde, der mit ihm vom Boot kam, trug den kostbaren Krug Messwein.

»Normannenwasser«, schrie einer der am Feuer Sitzenden. Alle sprangen auf und ließen lachend den großen Krug kreisen, den sie in einer einzigen Runde mit gierigen Zügen leerten.

»Normannische Zauberer«, sagte einer der Fremden. »Kein Algonkin würde so etwas tagelang mit sich herumschleppen, ohne es auszusaufen. Diese Stinktiere sind Normannen.«

»Darum haben sie keinen richtigen Wigwam gebaut«, meinte ein anderer. »Es sind bestimmt Schwarzröcke.«

»Ja, Schwarzröcke.«

»Aber wo sind sie jetzt? Haben sie zwei Kanus und eines mitgenommen? Oder sind sie in den Wald gerannt, als sie uns kommen sahen?«

»Agariata, du hast Scheiße im Kopf. Wie konnten sie uns sehen, wenn wir gekommen sind wie die Schatten?«

»Aber warum haben sie sonst ihr Essen und das Kanu hiergelassen?«

»Algonkin haben sie bis hierher gebracht. Das ist meine Meinung.«

»Und wo sind dann diese Algonkinärsche?«

»Über den Fluss, oder?«

»Ist da noch mehr von dem fotzigen Wasser? Ich will mehr haben.«

»Guck mal im Kanu nach.«

Laforgue hörte sie juchzend zum Fluss hinunterlaufen, hörte sie reden, verstand aber nicht mehr, was sie sagten. Er wusste, dass kein Wein mehr da war, und bald kamen sie denn auch zurück. Einer von ihnen trug jetzt seine zweite Soutane als Mantel. Als sie ans Feuer zurückkamen, waren ihre hässlich bemalten Wildengesichter ernst wie Ikonen. Sie sprachen mit leisen Stimmen.

»... und falsch. Falsch wie Hundedreck.«

»Algonkin ...«

»Nein, warte. Die Köttel haben dieses Zeug nicht vergraben, also haben sie das andere über den ersten Abschnitt geschleppt und kommen morgen wieder, um das hier zu holen.«

»Dann warten wir ...«

»Darauf kannst du einen Furz lassen. Von der Gabel aus können wir den Fluss und den Pfad im Auge behalten.«

Er hörte sie näher kommen und zog den Kopf in sein Versteck zurück. Draußen hörte er ihre leisen Schritte auf dem regendurchweichten Laub. Sie gingen vorbei. Alle schwiegen. Er lag da und lauschte, aber er hörte nichts mehr. Zwei Stunden später ging eine kalte Sonne über dem Fluss auf. Vögel sangen. Geschmolzener Schnee tropfte von den Ästen über ihm. Laforgue kroch aus seiner Baumhöhle und spähte um sich. Von den fremden Wilden war nichts mehr zu sehen, aber er wusste, dass sie irgendwo da draußen waren und warteten. Er saß in der Falle.

Neehatin drehte sich um und sah Iwanchou, den Normannenjungen, in einem leeren Kanu näher kommen. Mist! Er sah seine Frau an. Sie erwiderte seinen Blick. Sie war es, die ihm gesagt hatte, dass Annuka, Chominas Tochter, mit dem Jungen vögelte. Und das stimmte. Darum war er zu Chominas Kanu gelaufen. Was mache ich jetzt? Wenn ich ihm erlaube, mit uns in die Winterjagdgründe zu kommen, haben wir einen Zeugen, der Agnonha berichten kann, was wir heute hier getan haben. Aber wenn ich ihm eine Axt in den Schädel haue und jemand mich verrät, wird Agnonha seine Arkebusen gegen alle Algonkin richten, bis ich mich stelle und gestehe. Dann wird er mich töten. Mist! Chomina ist daran schuld. Er hat sich mit dem Jungen befreundet. Jetzt müssen wir für diese Dummheit bezahlen.

Iwanchous Kanu erreichte die Schlange. Neehatin drehte sich um und winkte dem Jungen. Er brauchte Zeit. Er sah zum Wald, doch der Wald schwieg. Er gab seiner Frau ein Zeichen, sie solle zu ihm nach hinten kommen, und als hätte sie damit schon gerechnet, legte sie sofort ihr Paddel hin und kroch zu ihm. Er bückte sich, um zu flüstern. Niemand sollte wissen, dass er bei seiner Frau Rat suchte.

»Was siehst du?«

Sie schloss die Augen und wiegte den Körper vorwärts und rückwärts. »Ich sehe nichts.«

»Versuch es. Wir sitzen in der Scheiße.«

»Ich weiß. Ich weiß.«

Sie hörte auf, sich zu wiegen. Dann machte sie die Augen auf und sah ihn an. »Schick den Jungen zurück.«

»Wie soll ich ihn zurückschicken? Selbst wenn ich die Axt hebe, um sie ihm in den Kopf zu hauen, wird er jetzt nicht mehr umkehren. Er hat den Schwarzrock verlassen. Er geht nicht zurück.«

»Er geht zurück.«

»Hau ab.« Neehatin lachte. Er verstand sie nicht, er verstand sie nie, aber er glaubte ihr. Er hatte immer recht daran getan, ihr zu glauben.

Sie lächelte und krabbelte wieder nach vorn, ergriff ihr Paddel und nahm den Rhythmus der anderen auf. Neehatin erhob sich und gab das Zeichen, so schnell wie möglich zu paddeln. Gerade hatte er den Biberfelsen am anderen Ufer gesehen. Bald würden sie die Kanus verlassen und landeinwärts gehen. Gewöhnlich war es erlaubt, auf dem Weg zu den Winterjagdgründen dieses Gebiet zu durchqueren. Oft ließ der Feind das zu. Aber nicht immer.

Am Landeplatz angekommen, legte er sein Kanu an und gab den Befehl durch, dass niemand reden solle. Der Normannenjunge stieg mit den anderen aus. Neehatin sagte nichts zu ihm, hinderte ihn aber auch nicht daran, mit anzupacken, als sie die Schlitten bauten und alle Sachen daraufluden. Die Kanus wurden an Land gezogen, in hohe Astgabeln gelegt und mit abgeschnittenen Zweigen zugedeckt. Chomina kam zu ihm.

»Was wird aus diesem Iwanchou?«, fragte Chomina.

»Was soll aus ihm werden? Sag du mir das. Deine Tochter ist eine läufige Hündin, und er rennt ihr nach.«

Chomina lachte, als ob Neehatin einen Scherz gemacht hätte. »Bärendreck«, sagte er. »Er ist uns nachgekommen, weil er nicht sterben will. Wer will es ihm verdenken?«

»Gehen wir«, sagte Neehatin. »Wir können noch reden, wenn wir aus dem Durchgang sind.«

Amantacha kam und zeigte mit einem Nicken an, dass seine Gruppe fertig sei. »Wenn wir Biber oder Stachelschweine sehen?«, fragte er flüsternd.

»Töten«, sagte Neehatin. »Aber haltet euch nicht auf und verlasst den Durchgang nicht.«

Ougebemat kam. »Fertig«, sagte er.

Nun kam der Normannenjunge. Neehatin wusste, dass er darauf wartete, etwas sagen zu dürfen. Er richtete den Finger auf den Jungen. »Geh mit Chomina. Wir reden später.«

»Neehatin«, begann der Junge.

»Sei still«, sagte Neehatin und wandte sich ab.

Sie hatten Schlitten aus Rinde gebaut, lang und schmal, weil sie damit durch den Wald mussten. Sie hatten auch ihre Schneeschuhe an den Füßen, obwohl der Schnee hier schon halb weggeschmolzen war. Um im Durchgang zu bleiben, mussten sie durch den Wald gehen und unter halb umgestürzten Bäumen hindurchkriechen und über heruntergefallene dicke Äste steigen. Sogar die Kinder bekamen etwas zu tragen, aber auf diesem Weg gingen die Männer voran, nicht die Frauen und Kinder. Alle waren still. Sogar die Hunde schienen um die Gefahr zu wissen.

Nach einer Stunde kamen sie in tiefen Schnee, wo sie trotz Schneeschuhen bis zu den Knien in den Wehen einsanken. Neehatin ließ eine Ruhepause einlegen. Kurz darauf ging es wieder weiter. Wild sahen sie keines, doch als sie fast am Ende des Durchgangs und damit bald in Sicherheit waren, erspähte Amantachas Sohn ein Stachelschwein und erlegte es, und als sie an ein kleines Flüsschen kamen, fand Ougebemat einen Biberdamm und erlegte acht Tiere, bevor die übrigen in ein Versteck schwammen, aus dem sie nicht mehr herauszuholen waren. Wir haben also heute Abend Fleisch zum Sagamité, überlegte Neehatin. Hat sich demnach unser Glück gewendet, seit wir den Schwarzrock abgeschüttelt haben? Oder ist das nur ein trügerischer Augenblick des Friedens?

Bei einem Blick nach oben sah er über den Baumwipfeln die Flanke eines kleinen Berges. Das hieß, dass sie nicht mehr weit zu gehen hatten. Er gab Ougebemat und den anderen ein Zeichen, flüsterte Chomina zu, er solle die Führung übernehmen, und blieb selbst zurück, bis die Frauen und Kinder ihn einholten. Als die Frauen durch die Bäume näher kamen, sah er darunter auch seine Frau. Sie schleppte einen Schlitten, der so lang war wie zwei Männer, und der Gurt um ihre Stirn war wie zum Zerreißen gespannt. Neehatin ging zu ihr, und obwohl er seinen eigenen Schlitten zu ziehen hatte, band er einen Riemen an den ihren, um ihr beim Ziehen ihrer schweren Last zu helfen.

»Was siehst du?«, fragte er leise.

Sie schloss die Augen und antwortete nicht.

»Sag es«, flüsterte er. »Auch wenn es schlecht ist.«

»Schick Iwanchou zurück.«

»Warum?«

»Ich sehe ihn mit Blut im Gesicht. Schick ihn zurück.«

»Blut?« Sein Flüstern schien von den Bäumen ringsum widerzuhallen. »Könnte das Blut von meiner Axt stammen?«

Sie schüttelte den Kopf, und wie sie stumm neben ihm herstapfte und ihren Schlitten durch den Schnee zerrte, klang ihr Atem hechelnd wie bei einem Hund. Endlich sah sie auf und erblickte jenseits der Bäume die Lichtung, das Ende des Durchgangs, wo sie endlich ausruhen konnten. Sie sah ihren Mann an. »Jetzt«, sagte sie. »Tu es jetzt. Schick ihn zurück.«

Kaum in Sicherheit, warfen die Algonkin ihre Lasten ab und rannten lachend und wie üblich scherzend mit ihren großen runden Schneeschuhen umher, wobei sie aussahen wie hüpfende Seevögel. Wenn sie hier genug Wild fanden, brauchten sie ein paar Tage nicht weiterzuwandern. Danach konnten sie die nächsten beiden Monate ohne Angst vor Feinden in den Winterjagdgründen umherziehen. Aber nicht alle nahmen teil an der allgemeinen Fröhlichkeit. Chomina stand bei seiner Frau und beobachtete den Normannenjungen. Neehatin beobachtete Chomina, wie dieser den Jungen beobachtete.

»Wir sollten mit dem Bau des Wigwams anfangen«, sagte Amantacha.

»Nein«, sagte Neehatin. »Ruf die Ältesten zusammen. Wir müssen uns beraten.«

»Was will er?«, fragte Chomina seine Frau.

»Er hat einen Zauber auf Annuka gelegt«, antwortete seine Frau. »Sie will, dass wir ihn in unsere Familie aufnehmen.«

»Das ist kein Zauber, das ist sein Schwanz«, sagte Chomina lachend, und dabei war ihm alles andere als zum Lachen zumute.

Der Zauberer kam zu ihm. »Neehatin will Rat halten.«

Während alle Übrigen sich daranmachten, das Lager aufzuschlagen, führte Neehatin die Ältesten an einen Platz, wo es still war. »Es geht um den Normannen«, erklärte er.

»Darüber habe ich mir schon Gedanken gemacht«, sagte Ougebemat.

»Ich auch«, sagte Awandouie. »Wenn der Winter vorbei ist, wird Iwanchou zu seinem Volk zurückfinden. Da wird er erzählen, was wir heute getan haben, und dann geht es uns dreckig. Dann bekommen wir es mit Agnonha zu tun.«

»Eben«, sagte Neehatin. »Was ratet ihr also?«

»Schick ihn zu dem Schwarzrock zurück«, sagte Amantacha.

»Wie sollen wir das machen? Wenn er nun nicht geht? Wenn er einfach den großen Fluss wieder hinunterfährt und bis nach Québec kommt? Solange er lebt, ist er eine Gefahr für uns.«

»Neehatin hat recht«, sagte Ougebemat. »Hauen wir ihm eine Axt in den Kopf. Am besten gleich.«

»Wessen Axt?«, fragte Neehatin.

»Deine. Du bist der Häuptling.«

»Meine? Du hast Scheiße im Kopf. Den Mann, der Iwanchou seine Axt in den Kopf haut, wird Agnonha so lange jagen, bis er ihn hat.«

»Agnonha wird es nie erfahren«, sagte Amantacha. »Sind wir denn nicht alle Freunde?«

»Trotzdem hat Neehatin recht«, warnte der alte Awandouie. »Wenn in ein paar Wintern eine von unseren Frauen oder eines der Kinder mit loser Zunge erzählt, was sich hier zugetragen hat, ist Neehatin ein toter Mann.«

»Mist«, sagte Ougebemat. »Das stimmt.«

»Es ist deine Schuld«, sagte Neehatin zu Chomina. »Dieser junge Arsch folgt uns nur wegen deiner Tochter.«

»Natürlich«, sagte Chomina. »Es ist meine Schuld, dass

ich eine Tochter habe. Aber ist es auch meine Schuld, dass du dein Versprechen gegenüber Agnonha gebrochen hast? Wenn wir Wort gehalten und dem Schwarzrock über die Schnellen hinauf zwei Männer mitgegeben hätten, bräuchten wir uns jetzt keine Sorgen zu machen.«

»Nein? Solange zwei von unseren Männern dort in den Schnellen wären? Zwei Männer, die vielleicht nie wiederkommen würden?«

»Wir haben unser Wort gegeben«, sagte Chomina. »Wenn wir unser Wort nicht halten wollten, hätten wir Agnonhas Geschenke nicht annehmen dürfen. Wir sind schon genau so schlecht wie die Normannen. Wir denken nur daran, etwas zu bekommen. Wir sind schon so habgierig und dumm wie die Behaarten.«

»Stimmt«, sagte Awandouie. »So werden die Normannen uns vielleicht am Ende vernichten. Nicht durch Krieg, sondern durch einen Zauber, der uns so macht, wie sie selbst sind.«

»Bärendreck«, sagte Neehatin und lachte dabei, damit man sah, dass er es nicht böse meinte. »Hört mal zu, ihr Hasenärsche, wir sollten jetzt nicht böse reden. Wir sind in den Jagdgründen. Wir sind in Sicherheit. Heute Abend haben wir Fleisch zu essen. Ich schicke diesen Jungen zu Nicanis zurück. Ich sage ihm, wenn er morgen nicht geht, bekommt er ein Geschenk von mir, nämlich eine Axt in den Schädel.«

»Aber wenn er trotzdem nicht gehen will?«, fragte Amantacha. »Dann sitzt du wieder in der Hundescheiße. Wir haben eben erst gesagt, dass es zu gefährlich ist, ihn zu töten.«

»Wartet«, sagte Chomina. »Ich habe eine Lösung.«

Neehatin erschrak ein wenig. War das ein Versuch, ihm die Führung streitig zu machen?

»Ich gehe mit ihm zurück«, sagte Chomina.

»Du bist verrückt«, sagte Ougebemat. »Der Junge will so wenig zurückgehen wie du.«

»Er will in meine Familie aufgenommen werden«, sagte Chomina. »Ich nehme meine Familie mit, dann folgt er uns. Wir finden den Schwarzrock und bringen beide über die Schnellen, wie versprochen. Annuka und meine Frau werden beim Tragen helfen. Wenn wir dann über die Schnellen sind, habe ich mein Versprechen gegenüber Agnonha gehalten. Was der Schwarzrock und der Junge dann tun, ist nicht mehr unsere Sache.«

»Ach, Bärendreck«, sagte Ougebemat. »Du bist einer von uns. Warum sollen wir zulassen, dass du für die Normannenärsche deine Familie in Gefahr bringst?«

»Weil ich aus Habgier ein dummes Versprechen gegeben habe«, sagte Chomina. »Und jetzt bin ich so dumm und halte dieses Versprechen. Hängt die Kessel übers Feuer. Ich habe Hunger. Und ab übermorgen sehe ich auf mich und meine Familie ein paar hungrige Tage zukommen.«

»Nun, Neehatin?«, fragte der alte Awandouie. »Was sagst du dazu?«

»Ich sage, Chomina hat unsere Ärsche aus der Scheiße gezogen«, meinte Neehatin lachend. Er umarmte Chomina, und während er ihn umarmte, dachte er an den Rat seiner Frau. Wir tun genau, was sie mir geraten hat, dachte er. Wir schicken den Jungen zurück. Sie hat die Sehergabe, schön. Aber wer hätte gedacht, dass es genau so kommen würde?

»Dann sind alle einverstanden, dass Chomina diesen Weg macht?«, fragte Awandouie. »Wer nicht einverstanden ist, soll jetzt reden.«

Keiner sagte etwas.

*

Annuka beobachtete Iwanchou, wie er mit den anderen Männern den Boden für die Hütte freiräumte und dabei seine Schneeschuhe als Schaufel benutzte und den weggeschaufelten Schnee zu einer Mauer aufschichtete, wie ihre Leute es ihm beigebracht hatten. Während sie ihn beobachtete, hieb sie mit den anderen Frauen am Waldrand junge Stämme und schnitt sie zurecht. Er hatte nicht mehr mit ihr gesprochen, seit sie wunden Herzens fortgepaddelt war und ihn bei dem Schwarzrock zurückgelassen hatte. Aber selbst da hatte sie schon gewusst, dass es zwischen ihnen noch nicht zu Ende war.

Als er wenig später mit einem leeren Kanu hinter ihnen aufgetaucht war, hatte ihre Mutter gefragt: »Hast du ihm gesagt, dass er nachkommen soll?«

»Nein.«

»Bestimmt nicht?«

»Natürlich.«

»Dann sprich auch nicht mit ihm, wenn wir landen. Sonst gibt man uns die Schuld.«

Sie hatte sich von ihm ferngehalten, obwohl das grausam war, so grausam, wie ein Kind zu schlagen. Wenn sie nicht zu ihm ging, würde er auch nicht zu ihr kommen. Das hatten sie vor langer Zeit miteinander ausgemacht. Doch als jetzt die Ältesten von ihrer Beratung zurückkamen, sah sie ihren Vater die anderen verlassen und zu Iwanchou gehen. Wider Willen hielt sie mit Ästeschneiden inne und versuchte zu lauschen, was sie sprachen. Aber sie waren zu weit entfernt. Sie erinnerte sich, was ihr Vater vorhin gesagt hatte, als Inwanchou in ihr Kanu zu steigen versuchte: »Geh weg. Geh zurück zu deinem eigenen Volk.« Und Iwanchou hatte gesagt: »Ihr seid jetzt mein Volk.« In dem Moment hatte er sie angesehen, und in dem Moment hatte sie gewusst, dass sie nicht von ihm lassen konnte.

Sie arbeitete weiter, band ein Bündel Zweige zusammen und schleifte es über die Lichtung. Dabei sah sie ihrem Vater und Iwanchou näher kommen. Iwanchou lächelte. Warum? Die Ältesten hatten doch gewiss nicht beschlossen, dass er bleiben durfte? Obwohl sie wusste, dass es nicht sein konnte, wurde ihr vor lauter Hoffnung fast schwindlig. Er besaß eine Muskete, und so etwas besaßen nur wenige Männer. Damit konnte er töten, wie es von ihnen noch keiner gelernt hatte. Mit seiner Muskete konnte er ein Jäger sein, den alle bewunderten. Er konnte ihr Mann sein.

Aber erst beim Dunkelwerden, als die Hütte gebaut war und die Kessel über dem Feuer hingen, erfuhr sie die Wahrheit: Sie kehrten um; sie, ihr Vater, ihre Mutter und ihr kleiner Bruder Outiji gingen mit Iwanchou über die Schnellen. Dort würden sie Iwanchou und den Schwarzrock verlassen, wie ihr Vater sagte, und zu ihrem Volk zurückkehren.

»Aber wenn er uns dann wieder nach unten folgt? Wenn er nun bei dem Schwarzrock nicht bleiben will?«

Ihr Vater lachte. »Das würde dir gefallen, was?«, meinte er. »Du hast einen Zauber auf ihn gelegt, Annuka, stimmt's?«

Sie sagte nichts.

»Ich habe Agnonha versprochen, die beiden über die Schnellen zu bringen«, sagte ihr Vater. »Was Iwanchou danach tut, ist seine Sache.«

»Aber du magst ihn?«, fragte sie. »Du hast gesagt, dass du ihn magst.«

»Was ist mit dir los? Du bist schön. Alle jungen Männer möchten mit dir vögeln. Du kannst jeden zum Mann haben.«

»Die jungen Männer haben keine Musketen«, sagte sie.

Ihr Vater lachte. »Du hast Scheiße im Kopf, mein Kind«, sagte er. »Du denkst wohl, ich bin dumm? Vielleicht bin ich es ja. Ich habe gesagt, du hast einen Zauber auf ihn gelegt, aber es ist umgekehrt. Er hat einen Zauber auf dich gelegt. Was kümmern dich Musketen?«

»Ein Mann mit Muskete ist ein guter Jäger, ein guter Ehemann.«

»Damit das gleich klar ist«, sagte ihr Vater. »Er wird *nicht* dein Mann sein. Und nun wollen wir essen. Wir müssen morgen beim ersten Tageslicht aufbrechen.«

»Darf ich mit ihm sprechen?«

Ihr Vater lachte; er kam zu ihr und nahm sie in die Arme. »Ja, du darfst mit ihm sprechen. Aber hör auf mich. Es gibt noch andere Männer. Gute Männer. Unsere Männer.«

»Wenn hier einer Scheiße im Kopf hat, dann du«, sagte sie und lachte, damit er sah, dass sie nicht böse war.

»Dann geh schon«, sagte er lächelnd.

So konnte sie mit ihres Vaters Erlaubnis endlich zu Iwanchou gehen, der bei den Kesseln saß, aber nicht aß, sondern zu ihr herübersah und wartete, dass sie zu ihm kam. Als sie auf ihn zuging, stand er auf und ging aus dem Feuerschein. Sie fand ihn im Dunkeln, abseits vom Kreis der Schmausenden, und küsste ihn. »Iwanchou«, sagte sie, »Iwanchou«, denn obgleich sie es komisch fand, einfach so den Namen zu sagen, wusste sie, dass es bei den Normannen so Brauch war. Er hörte sie gern seinen Namen sagen.

»Annuka«, sagte er und küsste sie. »Hast du es schon gehört?«, und als sie bejahte: »Es ist, als gingen alle meine Wünsche in Erfüllung. Sobald wir Nicanis über die Schnellen gebracht haben, kann er allein weiterreisen, glaube ich.«

»Aber du reist doch mit ihm?«

Er schüttelte den Kopf. »Ich habe mit deinem Vater gesprochen«, sagte er. »Er sagt, wenn er uns über die Schnellen gebracht hat, ist das Versprechen erfüllt, das er Agnonha gegeben hat. Was ich dann tue, ist meine Sache, sagt er.« Er nahm sie in die Arme. »Es ist also alles gut«, sagte er. »Komm. Gehen wir ein bisschen in den Wald.«

»Nein. Die Kessel sind über dem Feuer. Wir müssen essen, bevor alles Fleisch weg ist.«

»Ich habe Hunger auf dich, nicht auf Essen.«

Sie lachte und riss sich von ihm los. »Später«, sagte sie. »Ich will jetzt Fleisch essen. Die nächsten Tage bekommen wir nur Sagamité.«

*

Ein Luchs kam so unendlich vorsichtig, als könnte jeden Augenblick die Erde unter seinen Tatzen verrücken, auf die Lichtung, wo der Morgenregen das Feuer der letzten Nacht ausgelöscht hatte. Laforgue, der seit dem Morgengrauen wartete und jetzt überlegte, ob er sich aus seinem Versteck wagen könne, beobachtete das Tier, das stellvertretend für ihn immer näher auf den Kessel zuging, angelockt vom Fleischgeruch, den seine feine Nase erschnupperte. Plötzlich hob der Luchs den Kopf und schaute um sich, als habe er etwas gehört und wolle gleich davonspringen. Ein paar lange Augenblicke verharrte er reglos wie ein Standbild, dann wandte er den Kopf, so dass Laforgue seine Augen sehen konnte, Augen, die ihn nicht sahen. Unsicher, als ob er sich bedroht fühlte, duckte sich der Luchs auf den Boden und schlug vorsichtig die Richtung wieder ein, aus der er gekommen war. Im selben Moment hörte Laforgue einen Ton, der wie ein Seufzer klang. Der Luchs blieb wie angewurzelt stehen und warf den Kopf zurück. In seinem Hals steckte ein schlanker Pfeil, zitternd wie die Saite einer Harfe. Laforgue zog sofort den Kopf in die Deckung zurück. Seine Ohren, vor ein paar Tagen noch fast taub von der Entzündung, kamen ihm jetzt vor wie die Ohren eines Wilden, die noch das leiseste Geräusch vernahmen. Als er wieder einen Blick nach draußen wagte, sah er einen Wilden, eines von den fremden bemalten Gesichtern der letzten Nacht, sich über den Luchs beugen und den Pfeil herausziehen. Ein zweiter Wilder kam aus dem Wald geschlichen und band die Vordertatzen des toten Tiers mit einem Riemen zusammen. Der erste Wilde hob den Kadaver auf und hängte ihn dem, der seine Tatzen gebunden hatte, auf den Rücken. Beide Wilden entfernten sich flussaufwärts, dahin, wo weiße Wirbel die Schnellen unbefahrbar machten. Augenblicke später waren sie verschwunden.

Sie sind hier und warten. Wie lange werden sie diesen Fleck beobachten? Wie lange noch, bis sie sich zum Weiterziehen entschließen? Sie haben einen Luchs erlegt und werden ihn essen wollen. Dazu müssen sie ein Feuer anzünden. Wenn sie ein Feuer anzünden, werden sie so schlau sein, es irgendwo zu machen, wo man es nicht sehen kann. Wo? Sie liegen irgendwo ganz nah bei der ersten Portage auf der Lauer. Sie können auch den Fluss sehen. Was soll ich tun? Was kann ich tun?

Die Stunden vergingen langsam. Er beobachtete die Sonne, die gelegentlich zwischen den hoch dahinrollenden Wolken zu sehen war. Er beobachtete den Fluss. Eine Zeitlang betete er. Dann wieder lag er nur da und starrte auf das kleine silberne Kreuz an dem Rosenkranz, den seine Mutter ihm am Tag der Priesterweihe geschenkt hatte. Er dachte an jenen Tag in der Kirche von Saint-Ouen, das feierliche Hochamt, den unsichtbaren Chor, der hoch oben unter dem Dachgewölbe das Kyrie sang, seine Eltern, die an dem Betpult unmittelbar vor der Kommunionbank knieten, in ihren Gesichtern die deutlich widergespiegelte Freude. Wie lange war das her, wie fremd erschien es ihm, als hätte er es nur in einem Buch gelesen oder geträumt und wäre nun aufgewacht und erinnerte sich dunkel an das Geträumte. Ob er Rouen je wiedersehen würde, die engen Straßen zwischen schiefen Fachwerkhäusern, den lauten, stinkenden Fischmarkt, auf dem er als Kind gespielt hatte, oder die altehrwürdige Fassade der Kirche Saint-Ouen, in deren Giebel die Bildnisse alttestamentarischer Könige und Königinnen geschnitzt waren? Ein unermesslicher Ozean trennte ihn von diesem Ort, dieser Zeit; strudelnde Wassermauern, auf denen Schiffe torkelten wie Papierbötchen. War jenes andere Leben ein Traum? Oder war es dieses hier, diese barbarische Gegenwart, die Höhle unter dem Baumstamm, in der er kauerte, ein wehrloses Ziel für Pfeile, wie der Luchs?

Er krabbelte wieder zu der Öffnung und steckte vorsichtig den Kopf hinaus. Er spähte den versteckten Pfad hinauf, wohin die Wilden den Luchs geschleppt hatten. Er sah zu den Bäumen hoch über dem Fluss. Dort oben sind sie, halten sich versteckt. Sie haben kein Feuer gemacht. Sie beobachten den Pfad und den Fluss. Er sah wieder zum Fluss, der eine Biegung machte. Alles still. Dann sah er, näher bei sich, an der Stelle, wo die Algonkin gestern angelegt hatte, zwei Kanus am Ufer liegen. Und von dort kamen Chomina, seine Frau und ihr kleiner Junge herauf. Hinter ihnen kam Daniel, die Muskete schussbereit, wie um sie zu bewachen, und zuletzt das Mädchen, Chominas Tochter. Alle sahen sich um, suchten ihn.

Laforgue verließ sofort sein Versteck und richtete sich auf. In diesem Moment zerriss ein unheimlicher, hoher Schrei die Stille. Laforgue sah Chominas Leute wie von Kugeln getroffen erstarren. Pfeile schwirrten. Einige kamen zu kurz, drei trafen ins Ziel, einer in Chominas Schulter, einer in den Hals seiner Frau, einer in das Bündel, das seine Tochter auf dem Rücken trug. Daniels Muskete krachte. Sieben bemalte Wilde kamen auf den Pfad gerannt, umzingelten ihre Opfer und hieben mit ihren Keulen auf sie ein. Laforgue sah, wie Chomina sich seiner zu Boden stürzenden Frau zuwandte, der das Blut aus der Pfeilwunde am Hals spritzte; er sah, wie Daniel auf die Knie sank und seinen Kopf und Hals zu schützen versuchte, während die Wilden ihn unter wüstem Gebrüll niederknüppelten; er sah das Mädchen mit ihrem kleinen Bruder zu den Kanus rennen, sah vier andere Wilde aus dem Wald stürzen und sie packen und das Kind zu Boden werfen.

Laforgue stand pochenden Herzens da. Sie hatten ihn nicht gesehen. Daniels Schuss hatte einen der Wilden niedergestreckt, und soeben kniete der Anführer sich in dem Messgewand, das er gestern Abend angezogen hatte, neben dem gefallenen Krieger hin und nahm ihn in die Arme, bevor er mit einem Wutschrei, der so schrecklich war, dass Laforgue das Herz sank, den Toten wieder fallen ließ.

Das seidene Gewand besudelt vom Blut des Toten, richtete der Anführer der Wilden sich auf und schrie den anderen etwas zu. Sie schleiften Chominas Frau über den Boden, und einer ihrer Häscher riss ihr den Pfeil aus dem Hals. Sie traten nach ihr und drehten sie mit den Füßen um. Laforgue hörte den Anführer mit dem von Blut und Schmutz besudelten Goldkreuz auf der Brust einen neuen Wutschrei von sich geben und sah die anderen Wilden über Chomina, Daniel und das Mädchen herfallen und sie zwingen, zwischen einer Doppelreihe von Kriegern hindurchzugehen, die mit ihren Spießen und Knüppeln auf sie einschlugen. Als Daniel taumelnd in die Nähe des Anführers kam, nahm dieser seinen Spieß, riss Daniels Kopf an den Haaren zurück, packte seinen Arm und riss ihn hoch. Dann durchbohrte er Daniels Handteller mit der Speerspitze und lachte, als der Junge vor Schmerzen aufschrie. Chomina fiel taumelnd zu Boden, doch die Wilden rissen ihn wieder hoch, um weiter auf ihn einzuschlagen, bis er bewusstlos war. Das Mädchen schlugen sie so lange mit ihren Speerschäften, bis das Blut ihr aus dem Rücken und den Oberschenkeln quoll. Der kleine Junge war der Einzige, dem sie nichts taten; nur einer von ihnen hielt ihn an den Haaren fest, während der Kleine mitansehen musste, wie seine Mutter aus einer schrecklichen Pfeilwunde blutete, sein Vater bewusstlos geschlagen und seine Schwester blutig geprügelt wurde. Der Anführer schwenkte jetzt Daniels Muskete über dem Kopf und schrie einen Befehl, und die Wilden machten sich daran, ihre Gefangenen mit Lederriemen zu fesseln, um sie zu den Kanus zu bringen.

Laforgue sah das alles und wusste in diesem Moment, dass Daniel, Chomina und Chominas ganze Familie sterben würden. Und dass er selbst diesem Schicksal entgehen würde, wenn er sich wieder in sein Versteck zurückzog. Aber was ist mein Leben gegen die Möglichkeit, jetzt hinzugehen und Daniel, der im Stande der Todsünde lebt, die Beichte abzunehmen und die anderen, so Gott will, vor ihrem Ende zu taufen?

Er zitterte am ganzen Körper. Betont langsam ging er auf die Lichtung zu. Die bemalten Wilden fuhren herum und hoben die Speere, zwei legten Pfeile auf ihre Bogensehnen, während er auf die Gefangenen zuging. Teilnahmslos sahen die bemalten Gesichter zu, wie der gebrechliche Mann in der langen schwarzen Soutane mit entschlossener Miene neben Chominas Frau niederkniete, seine Finger mit Schnee befeuchtete und die Taufformel sprach. Er war zu spät gekommen. Tränen stiegen ihm in die Augen, als er ihre glasigen Pupillen an ihm vorbei in jenen Himmel blicken sah, der ihr nun für immer versagt war. Jetzt stürzte der Anführer der Wilden sich mit einem Wutschrei von hinten auf ihn und schlug ihm seine Keule auf den Hinterkopf. Bewusstlos kippte Laforgue vornüber und kam erst wieder zu sich, als er fühlte, wie man seine Hände mit Riemen fesselte. Wenig später stand er gefesselt bei den anderen und erwartete sein Schicksal.

Schweigend beluden die fremden Wilden jetzt Laforgues Kanu mit den restlichen Sachen, die Daniel in den Schnee geworfen hatte. Vier Krieger kamen mit zwei Kanus auf den Schultern aus dem Wald. Laforgue hatte die Kanus zuvor nicht gesehen; sie gehörten den Fremden. Wenig später lagen alle fünf Kanus im Wasser der unteren Schnellen. Fluchend stießen die bemalten Wilden ihre Gefangenen in die Kanus, Daniel und Laforgue in das eine, Chomina mit Tochter und seinem kleinen Sohn in das andere. Der Anführer der Wilden zog sich das nasse Messgewand bis zu den Hüften hoch und stieg ein, während ein anderer Wilder, der Laforgues zweite Soutane trug, das Kanu des Anführers an die Spitze setzte. Sie wandten sich flussabwärts. Ein leichter Regen setzte ein. Daniel hielt sich die verletzte Hand und sah mit schmerzverzerrtem Gesicht Laforgue an.

»Wir waren Euretwegen zurückgekommen«, sagte er.

»Ich weiß.« Laforgue fühlte sich schwindlig. Der Schlag auf den Hinterkopf hatte eine dicke Beule hinterlassen. »Deine Hand«, sagte er. »Ist der Knochen gebrochen?«

»Nein, ich glaube nicht.«

»Tschak, tschak, tschak«, äffte einer der bemalten Wilden ihr Französisch nach. Im Umdrehen spuckte er Laforgue ins Gesicht. »Was ist das für ein Gebell, du haariger Hund? Was redest du da?«

»Das ist unsere Sprache, die Normannensprache«, sagte Laforgue. Ein neuer Schmerz zuckte ihm durch den Hinterkopf.

»Wir sprechen eure Sprache«, sagte Daniel zu dem Wilden. »Von welchem Volk seid ihr? Ihr sprecht wie Huronen.«

»Halt dein haariges Maul«, sagte der Wilde. »Wenn du nicht richtig sprechen kannst, sei still, du Stinktier.«

Dann rief er zu den beiden anderen Wilden im Heck: »Wieso können Normannen unsere Sprache reden?«

»Sie reden wie Elche«, meinte der eine lachend. »Algonkin-Elche. Die lernen nie sprechen wie Irokesen.«

»Darauf kannst du einen Furz lassen.«

Irokesen. Daniel sah Laforgue an. Das war die Gefahr, vor der Champlain sie gewarnt hatte. Es war ein Todesurteil. Laforgue beobachtete, wie Daniel mit schmerzverzerrtem Gesicht versuchte, die Wunde an seiner Hand zu lecken. Er beugte sich vor. »Lass mich dir die Beichte abnehmen«, flüsterte er. »Sprich ein Reuegebet.«

»Lass die Zunge in deinem haarigen Maul!«, schrie der Wilde, und im Umdrehen schlug er Laforgue auf die Nase, dass sie blutete.

»Sprich leise für dich«, sagte Laforgue. »Nicht laut.«

Das Blut rann ihm über die Oberlippe in Bart und Mund, während er den Jungen die Augen schließen und im stummen Gebet die Lippen bewegen sah. Freude durchströmte ihn. Nach ein paar Augenblicken öffnete Daniel die Augen, sah ihn an und nickte, wie um zu sagen, dass er fertig sei. *»Ego te absolvo«,* flüsterte Laforgue und hob die Hand zum Zeichen der Absolution. *»In nomine patris, et filii, et spiritus sancti.«*

Der Wilde, der ihn geschlagen hatte, sah sich diesmal nicht um, denn die Kanus schossen jetzt schnell durch steinige Untiefen und hielten sich dichter ans Ufer. Laforgue, dem das Blut übers Kinn und auf den Hals lief, nickte Daniel zu, um anzuzeigen, dass er fertig war.

»Danke«, flüsterte der Junge. »Verzeiht mir, *mon Père.«*

»Gott ist mit uns«, sagte Laforgue. »Er ist es, der uns verzeiht.«

MARGARET ATWOOD

Das Labrador-Fiasko

Es ist Oktober, aber welcher Oktober? Einer von diesen Oktobern mit dem rasch vergehenden, besonders intensiven Licht, den Diminuendos, den roten und orangen Blättern. Mein Vater sitzt in seinem Lehnstuhl am Feuer. Er trägt seinen schwarzweiß karierten Bademantel über seiner sonstigen Kleidung und seine alten Lederpantoffeln, die Füße ruhen auf einem Fußkissen. Also muss es Abend sein.

Meine Mutter liest ihm etwas vor. Sie fummelt an ihrer Brille herum und beugt sich über die Seite; so sieht es jedenfalls aus. In Wirklichkeit hat sie jetzt einen krummen Rücken.

Mein Vater grinst, also muss dies eine Stelle sein, die er besonders mag. Sein Grinsen ist auf der linken Seite höher als auf der rechten: Vor sechs Jahren hatte er einen Schlaganfall. Wir alle tun so, als hätte er sich davon erholt; und das hat er auch, zum größten Teil.

»Was passiert gerade?«, sage ich, während ich den Mantel ausziehe. Ich kenne die Geschichte, ich habe sie schon mal gehört.

»Sie sind gerade aufgebrochen«, sagt meine Mutter.

Mein Vater sagt: »Sie haben die falschen Lebensmittel mitgenommen.« Das freut ihn: Er hätte nicht die falschen Lebensmittel mitgenommen. Überhaupt hätte er eine so schlecht durchdachte Expedition gar nicht erst mitgemacht, zumindest ist er heute dieser Ansicht – obwohl er früher kühner, draufgängerischer war, mit genug Selbstvertrauen, um dem Schicksal zu trotzen und keine Gefahr zu scheuen. »Verdammte Narren«, sagt er unablässig grinsend.

Aber welche Lebensmittel hätten sie mitnehmen sollen, abgesehen von den falschen? Weißer Zucker, weißes Mehl, Reis, das war's, was man damals mitnahm. Erbsenmehl, geschwefelte Äpfel, Zwieback, Speck, Schweineschmalz. Schwere Dinge. Man konnte damals nichts gefriertrocknen, es gab keine handlichen Suppenpackungen; es gab keine Nylonwesten, keine Schlafsäcke, die man in die Hosentasche stecken konnte, keine Leichtgewichtzeltplanen. Ihre Zelte waren aus Ballonseide, die eingeölt wurde, um sie wasserdicht zu machen. Ihre Decken waren aus Wolle. Die Rucksäcke waren aus Leinen, mit Lederriemen und Tragriemen, die über die Stirn gezogen wurden, um den Druck auf den Rücken zu vermindern. Die werden nach Teer gerochen haben. Hinzu kamen zwei Gewehre, zwei Pistolen, zwölfhundert Schuss Munition, eine Kamera, ein Sextant; und dann die Kochutensilien und die Kleidung. Jedes einzelne Pfund musste über jede einzelne Portage getragen oder im Kanu den Fluss hinaufgeschleppt werden. Einem Kanu, das sechs Meter lang war, mit Holzrahmen und segeltuchbespannt.

Trotzdem ließen sich die Abenteurer von alldem nicht abschrecken, zumindest nicht am Anfang. Es waren zwei, zwei junge Amerikaner; sie waren schon öfter auf Expeditionen in der Wildnis gewesen, wenn auch in wärmeren Breiten, mit aromatischen Pfeifen, die abends an einem fröhlichen Feuer geraucht wurden, während eine frisch gefangene Forelle in der Pfanne brutzelte und die Sonnenuntergänge im Westen verblassten. Jeder von ihnen wäre in der Lage gewesen, gleich Kipling einen oder zwei gelungene Absätze über die Lockung der Wildnis, die Herausforderung des Unbekannten, zu Papier zu bringen. Man schrieb das Jahr 1903, da Entdeckungstouren als Männlichkeitsbeweis noch *en vogue* waren, als Männlichkeit an sich noch *en vogue* war und man noch glaubte, dass Männlichkeit sich ganz selbstverständlich mit dem Begriff *rein* verband. Männlichkeit, Reinheit, die Wildnis, in der man sich frei fühlen konnte. Mit Gewehr und Angelrute natürlich. Man konnte sich selbst versorgen.

Der Führer der Expedition, dessen Name Hubbard war, arbeitete für eine Zeitschrift, die sich dem Leben in der freien Natur widmete. Es war seine Idee, dass er und sein Freund und Vetter – dessen Name Wallace war – in die letzte unkartografierte Wildnis von Labrador vorstoßen sollten und er eine Serie von Artikeln über ihre Abenteuer schreiben und sich so einen Namen machen würde. (Das waren genau seine Worte: »Ich werde mir einen Namen machen.«) Vor allem wollten sie dem Nascaupee River flussaufwärts folgen, von dem es hieß, er entspringe einem legendären Inlandsee, Lake Michikamau, in dem es von Fischen wimmeln sollte. Von dort aus konnten sie sich zum George River durchschlagen, wo sich die Indianer in jedem Sommer zur Karibujagd sammelten, und von dort zu einem Handelsposten an der Hudson Bay und von da wieder hinaus zur Küste. Während sie sich unter den Indianern aufhielten, wollte sich Hubbard auch ein wenig als Amateur-Anthropologe betätigen und über sie schreiben. Dazu ein paar Fotos – ein zottelhaariger Jäger mit einem altmodischen Gewehr, den Fuß auf dem Kadaver; ein abgetrennter Kopf mit breitem Geweih; Frauen mit Glasperlenketten und glänzenden Augen, die auf dem Fell herumkauten oder es zusammennähten oder was immer sie damit machten. *Die letzten Wilden.* Etwas in der Art. Solche Themen stießen auf großes Interesse. Er würde auch schildern, was sie aßen.

(Aber diese Indianer kamen von Norden. Niemand nahm je die Flussroute von Westen oder Süden.)

In Geschichten wie dieser gibt es immer – angeblich immer – einen alten Indianer, der vor die weißen Männer tritt, als sie gerade aufbrechen wollen. Er kommt, um sie zu warnen, weil er ein gutes Herz hat und sie unwissend sind. »Geht da nicht hin«, sagt er. »Das ist ein Ort, an den wir niemals gehen.« Die Indianer in diesen Geschichten bedienen sich einer eigentümlichen Ausdrucksweise.

»Warum nicht?«, sagen die weißen Männer.

»Böse Geister leben dort«, sagt der alte Indianer. Die weißen Männer lächeln und danken ihm und ignorieren seinen Rat. Der Aberglaube der Eingeborenen, denken sie. Also gehen sie dahin, wohin sie nach der Warnung des Indianers nicht hätten gehen dürfen, und dann, nach vielen Entbehrungen, sterben sie. Der alte Indianer schüttelt den Kopf, als er davon hört. Törichte weiße Männer, aber was soll man ihnen sagen? Sie achten nichts und niemanden.

In diesem Buch gibt es keinen alten Indianer – er wurde irgendwie vergessen –, also übernimmt mein Vater diese Rolle. »Sie hätten da nicht hingehen sollen«, sagt er. »Die Indianer nahmen diese Route nie.« Er sagt aber nichts von

»bösen Geistern«. Er sagt: »Nichts zu essen.« Für die Indianer wäre es dasselbe gewesen, denn wo kommt Essen her, wenn nicht von den Geistern? Es ist nicht einfach da, es wird einem gegeben oder auch verweigert.

Hubbard und Wallace versuchten ein paar Indianer anzuheuern, sie sollten sie zumindest auf der ersten Etappe der Reise begleiten und beim Schleppen helfen. Niemand wollte mitgehen; sie sagten, sie wären »zu beschäftigt«. In Wirklichkeit wussten sie zu viel. Sie wussten, dass man unmöglich alles tragen konnte, was man in diesem Gebiet an Nahrung brauchen würde. Und was man nicht trug, musste man erlegen. Aber meistens war dort nichts zu erlegen. »Zu beschäftigt« hieß, zu beschäftigt, um zu sterben. Es hieß auch: zu höflich, um auf das Offensichtliche hinzuweisen.

Die beiden Forscher machten eines richtig. Sie heuerten einen Führer an. Sein Name war George, und er war ein Cree-Indianer oder zum Teil; was man damals einen Mischling nannte. Er kam von der James Bay, zu weit weg von Labrador, um die ganze böse Wahrheit über diesen Landstrich zu kennen. George reiste nach Süden, um seine Auftraggeber zu treffen, er legte den langen Weg nach New York zurück, wo er noch nie zuvor gewesen war. Er war noch nie in den Vereinigten Staaten gewesen oder auch nur in einer Stadt. Er blieb ruhig, er blickte sich um; er bewies seine Findigkeit, indem er rauskriegte, was ein Taxi war und wie man eines rief. Seine Fähigkeit, Dinge zu durchdenken, sollte sich später als sehr nützlich erweisen.

»Dieser George war ein guter Junge«, sagt mein Vater. George ist in dieser Geschichte seine Lieblingsfigur.

Im Haus gibt es irgendwo ein Foto von meinem Vater –

vielleicht steckt es zusammen mit anderen Fotos, die noch nicht eingeklebt sind, hinten in einem Fotoalbum. Auf dem Bild ist er dreißig Jahre jünger, auf irgendeiner Kanutour – wenn man diese Daten nicht auf die Bildrückseite schreibt, werden sie vergessen. Er überquert offenbar gerade eine Portage. Er ist unrasiert, wegen der Moskitos und Stechfliegen hat er sich ein Tuch um den Kopf gebunden, und er trägt einen schweren Rucksack mit dem breiten Tragriemen über der Stirn. Sein Haar ist dunkel, sein glänzendes Gesicht ist tief gebräunt und nicht gerade sauber. Er sieht leicht schurkisch aus; wie ein Pirat oder tatsächlich wie ein Führer in den nördlichen Wäldern, die Sorte, die plötzlich über Nacht mit dem besten Gewehr verschwindet, kurz bevor die Wölfe auftauchen. Er sieht aber auch aus wie jemand, der genau weiß, was er tut.

»Dieser George wusste, was er tat«, sagt mein Vater jetzt.

Sobald er New York verlassen hatte, heißt das; dort war George keine große Hilfe, weil er nicht wusste, wo man einkaufen konnte. In New York kauften die Männer die notwendige Ausrüstung außer einem Netz zum Fischen. Sie glaubten, das könnten sie auch im Norden kriegen. Sie kauften auch keine Ersatzmokassins. Womöglich war das ihr schwerwiegendster Fehler.

Dann brachen sie auf, erst mit dem Zug, dann per Schiff und schließlich mit einem Boot. Die Details sind langweilig. Das Wetter war schlecht, die Mahlzeiten ungenießbar, und kein Transportmittel war jemals pünktlich. Sie verbrachten viele Stunden und sogar Tage damit, auf Kaimauern zu warten und sich zu fragen, wann ihr Gepäck auftauchen würde.

»Das reicht für heute Abend«, sagt meine Mutter.

»Ich glaub, er ist eingeschlafen«, sage ich.

»Er ist früher nie eingeschlafen«, sagt meine Mutter. »Nicht bei dieser Geschichte. Sonst schreibt er immer seine Liste.«

»Seine Liste?«

»Seine Liste von allem, was er mitnehmen würde.«

Während mein Vater schläft, blättere ich in der Geschichte weiter. Die drei Männer haben es schließlich geschafft, von der trostlosen nordöstlichen Küste Labradors landeinwärts vorzustoßen, sie haben ihren letzten Absprungsort hinter sich gelassen, und nun wird es ernst. Es ist Mitte Juni, aber der kurze Sommer wird bald vorbei sein, und sie haben fünfhundert Meilen vor sich.

Jetzt müssen sie den Grand Lake befahren, der lang und schmal ist; am äußersten Ende, das haben sie jedenfalls gehört, fließt der Nascaupee in ihn herein. Die einzige Landkarte, die sie zu sehen bekommen haben, ist die eines früheren weißen Reisenden, vor fünfzig Jahren grob skizziert, und sie zeigt den Grand Lake mit einem einzigen Zufluss. Auch die Indianer haben immer nur von einem Fluss geredet: dem einen, der an ein Ziel führt. Warum über die anderen reden, wen interessierte das überhaupt? Es gibt viele Pflanzen, die keinen Namen haben, weil man sie nicht essen kann und sie zu nichts zu gebrauchen sind.

Aber in Wirklichkeit sind da vier weitere Flüsse.

Am ersten Morgen sind sie begeistert, das hält zumindest Wallace fest. Sie sind voller Hoffnung, das Abenteuer ruft. Der Himmel ist tiefblau, die Luft ist frisch, die Sonne ist hell, die Baumwipfel scheinen sie herbeizuwinken. Sie sind nicht erfahren genug, um sich vor lockenden Baumwipfeln in Acht zu nehmen. Zu Mittag essen sie Pfannkuchen mit Sirup und fühlen sich prächtig. Sie wissen, dass sie auf Gefahren zusteuern, aber sie wissen auch, dass sie unsterblich sind. Im Norden kommen solche Stimmungen schon mal auf. Mit ihrer Kamera machen sie Fotos: von ihrem Kanu, von ihren Rucksäcken, voneinander: schnurrbärtig, im Pullover, mit wickelgamaschenartigen Stoffbändern an den Beinen und einem Ding auf dem Kopf, das wie ein Bowler-Hut aussieht. Sie lehnen vergnügt auf ihren Paddeln. Ein herzzerreißender Anblick, aber nur, wenn man das Ende kennt. Noch geht es ihnen so gut wie nie.

Es gibt noch ein Foto von meinem Vater, vielleicht von derselben Portage-Tour, oder er trägt nur dasselbe Tuch. Dieses Mal grinst er in die Kamera, während er so tut, als rasierte er sich mit einer Axt. Zwei für eine Lügengeschichte typische Dinge werden hier angedeutet: dass die Axt so scharf ist wie ein Rasiermesser und seine Stoppeln so hart sind, dass nur eine Axt da durchkommt. Das ist Spaß, ein Kanutrip-Witz. Obwohl er früher natürlich beides insgeheim geglaubt hat.

Am zweiten Tag fahren die Männer an der Mündung des Nascaupee vorbei, die hinter einer Insel versteckt liegt und wie ein Ufer wirkt. Sie ahnen nicht einmal, wo sie sind. Sie fahren zum Ende des Sees weiter und von dort in den Fluss, den sie sehen. Sie haben die falsche Abbiegung genommen.

Ich kehre erst nach über einer Woche nach Labrador zurück. Als ich wiederkomme, ist es Sonntagabend. Das Feuer lodert, und mein Vater sitzt davor. Er wartet auf das, was als

Nächstes geschieht. Meine Mutter sucht noch schnell die Backpulverkekse und den entkoffeinierten Tee. Ich forsche nach den Plätzchen.

»Wie läuft denn alles so?«, sage ich.

»Gut«, sagt sie. »Aber er sollte sich mehr bewegen.« *Alles* bedeutet mein Vater, in ihrer Perspektive.

»Du musst ihn dazu zwingen, spazieren zu gehen«, sage ich.

»Ihn *zwingen*«, sagt sie.

»Na ja, es ihm nahebringen.«

»Er sieht nicht ein, warum man bloß um des Gehens willen gehen soll«, sagt sie. »Wenn man gar kein richtiges Ziel hat.«

»Du kannst ihn doch was holen schicken«, sage ich. Das ist ihr keine Antwort wert.

»Er sagt, ihm tun die Füße weh«, sagt sie. Ich denke an die Reihe fast neuer Stiefel und Schuhe im Schrank; Stiefel und Schuhe, die in letzter Zeit dazugekommen sind. Er kauft sich immer wieder andere. Er denkt wohl, wenn er nur die richtigen findet, dann wird er die Schmerzen los, was immer ihm diese Schmerzen in den Füßen verursacht.

Ich trage die Teetassen hinein, teile die Teller aus. »Also, wie kommen Hubbard und Wallace zurecht?«, sage ich. »Seid ihr schon an der Stelle, wo sie die Eule essen?«

»Da ist nicht viel dran«, sagt er. »Sie haben den falschen Fluss genommen. Selbst wenn sie den richtigen gefunden hätten, war es zu spät, um loszufahren.«

Hubbard und Wallace und George arbeiten sich mühsam den Fluss hinauf. Die Mittagshitze ist drückend. Fliegen quälen sie, kleine Fliegen, wie Stecknadelköpfe, riesige Fliegen, so groß wie ein Daumen. Der Fluss ist kaum befahrbar: Sie müssen das voll beladene Kanu über seichte Stellen mit Kiesgrund schleppen oder um Stromschnellen herumtragen, durch einen Wald, der unzugänglich ist, von Menschen unberührt und voller Unterholz. Vor ihnen öffnet sich der Fluss, hinter ihnen schließt er sich wie ein Labyrinth. Die Flussufer werden steiler; Hügel auf Hügel, im Umriss sanft, hart in ihrem Kern. Es ist eine öde Landschaft: Krüppelkiefern, Birken, Espen, alles dürftig, an einigen Stellen verbrannt, der Weg nach vorn wird von verkohlten und umgestürzten Baumstämmen verstellt.

Wie lange dauert es, bis sie begreifen, dass sie den falschen Fluss hinaufgefahren sind? Viel zu lange. Sie bauen ein Versteck für einen Teil der Lebensmittel, damit sie nicht so viel tragen müssen; einiges werfen sie weg. Es gelingt ihnen, ein Karibu zu schießen, das sie essen, sie lassen den Kopf und die Hufe zurück. Ihre Füße schmerzen; ihre Mokassins sind schon fast durchgelaufen.

Schließlich steigt Hubbard auf einen hohen Hügel, von dort oben sichtet er Lake Michikamau; aber der Fluss, dem sie gefolgt sind, führt nicht dahin. Der See ist zu weit weg: Sie können ihr Kanu unmöglich so weit durch den Wald schleppen. Sie werden umkehren müssen.

Abends drehen sich ihre Gespräche nicht mehr um Entdeckung und Erforschung. Stattdessen reden sie darüber, was sie essen werden. Was sie morgen essen werden und was sie nach ihrer Rückkehr essen werden. Sie stellen Speisepläne zusammen, Festgelage, Fressorgien. George gelingt es, dies und das zu schießen oder zu fangen. Eine Ente hier, ein Waldhuhn da. Ein Kaninchen. Sie fangen sechzig Forellen, mühsam, Stück für Stück mit Haken und Schnur, weil sie kein Netz haben. Die Forellen sind sauber und frisch wie Eiswasser, aber nur zwanzig Zentimeter lang. Nichts davon ist auch nur annähernd genug. Die Arbeit des Vorankommens verbraucht mehr Energie, als sie aufnehmen können; sie lösen sich langsam auf, werden immer dünner.

Unterdessen werden die Nächte länger und länger und dunkler und dunkler. Eis bildet sich am Rand des Flusses. Wenn sie das Kanu über die flachen Stellen ziehen, durch das dahinschießende eiskalte Wasser, zittern und keuchen sie. Die ersten Schneeschauer fallen.

»Das Land ist rau«, sagt mein Vater. »Keine Elche. Nicht mal Bären. Immer ein schlechtes Zeichen, wenn es keine Bären gibt.« Er ist dort gewesen oder in der Nähe; dasselbe Terrain. Davon spricht er mit Bewunderung und Wehmut und einer Art Trauer. »Jetzt kann man natürlich hinfliegen. Ihre ganze Route legt man in ein paar Stunden zurück.« Er winkt ab: Was haben Flugzeuge schon für einen Wert.

»Was ist mit der Eule?«, sage ich.

»Was für eine Eule?«, sagt mein Vater.

»Die sie gegessen haben«, sage ich. »Ich glaube, das passiert, als das Kanu umkippt und sie ihre Streichhölzer retten, indem sie sie in die Ohren stecken.«

»Ich glaub, das waren die andern«, sagt mein Vater. »Die dasselbe später noch mal probierten. Ich glaub nicht, dass diese drei eine Eule gegessen haben.«

»Wenn sie eine gegessen hätten, welche Art von Eule wär das gewesen?«, sage ich.

»Virginia-Uhu oder Raufußkauz«, sagt er, »wenn sie

Glück hatten. Die haben mehr Fleisch auf den Knochen. Aber es kann auch was Kleineres gewesen sein.« Er gibt eine Folge von spitzen, etwas unheimlichen bellenden Lauten von sich, wie ein Hund in der Ferne, und dann grinst er. Dort oben erkennt er jeden Vogel am Ruf; das kann er immer noch.

»Er schläft nachmittags zu lang«, sagt meine Mutter.

»Vielleicht ist er müde«, sage ich.

»So müde dürfte er nicht sein«, sagt sie. »Müde und gleichzeitig rastlos. Er verliert den Appetit.«

»Vielleicht braucht er ein Hobby«, sage ich. »Etwas, was ihn geistig beschäftigt.«

»Früher hatte er so viele«, sagt meine Mutter.

Ich frage mich, wo die alle geblieben sind, diese Hobbys. Die Werkzeuge und Materialien sind noch da: der Hobel und die Wasserwaage, die Federn zum Fliegenbinden, der Fotovergrößerungsapparat, die Spitzen, um Pfeile anzufertigen. Dieser Krimskram kommt mir jetzt wie die Gegenstände vor, die bei archäologischen Grabungen ans Licht kommen, die dann geprüft und klassifiziert werden, weil man aus ihnen schließen kann, wie die einstigen Besitzer mal gelebt haben.

»Früher hat er immer gesagt, er wollte mal seine Memoiren schreiben«, sagt meine Mutter. »Eine Art Bericht. All die Orte, wo er gewesen ist. Er hat ein paarmal angefangen, aber jetzt hat er das Interesse daran verloren. Er sieht nicht mehr so gut.«

»Er könnte das mit einem Tonbandgerät machen«, sage ich.

»Um Gottes willen«, sagt meine Mutter. »Noch mehr Technik!«

Der Wind heult, und dann ist es wieder ruhig, der Schnee fällt, und dann hört er auf. Die drei Männer haben das Kanu zu einem anderen Fluss hinübergetragen, in der vergeblichen Hoffnung, dass es besser wird. Eines Nachts hat George einen Traum: Gott erscheint ihm, strahlend und hell und umgänglich, er spricht freundlich, aber bestimmt: »Ich kann keine von diesen Forellen mehr entbehren«, sagt er, »aber wenn ihr diesem Fluss folgt, kommt ihr wohlbehalten zum Grand Lake. Bleibt auf diesem Fluss, dann hole ich euch unversehrt heraus.«

George erzählt den anderen von seinem Traum. Die glauben nicht daran. Die Männer lassen das Kanu zurück und beginnen über Land zu wandern, sie hoffen, ihren alten Pfad wiederzufinden. Nach viel zu langer Zeit erreichen sie ihn und stolpern auf ihm entlang, bis sie in das Tal des Flusses kommen, den sie zuerst hinaufgefahren sind. Sie durchsuchen ihre alten Lagerplätze nach Lebensmitteln, die sie vielleicht weggeworfen haben. Sie rechnen nicht mehr in Meilen, sondern in Tagen; wie viele Tage sie noch haben und wie viele sie brauchen werden. Aber das hängt vom Wetter ab und von ihren Kräften: davon, wie schnell sie vorankommen. Sie finden einen Klumpen schimmelnden Mehls, ein wenig Schweineschmalz, ein paar Knochen, Karibuhufe, die sie kochen. Eine kleine Büchse Senfpulver: Sie rühren es in die Suppe und schöpfen neuen Mut.

In der dritten Oktoberwoche steht es so:

Hubbard ist inzwischen zu schwach, um weiterzugehen. Man hat ihn zurückgelassen, in Decken eingewickelt liegt er im Zelt, mit einem brennenden Feuer. Die anderen beiden sind weitergezogen; sie hoffen, wieder durchzukommen und ihm Hilfe schicken zu können. Er hat ihnen den Rest Erbsenmehl mitgegeben.

Es schneit. Zum Abendessen trinkt er starken Tee und isst Knochenbrei und etwas gekochte Tierhaut aus den Überbleibseln seiner Mokassins; er schreibt in sein Tagebuch, dass es wahrhaft köstlich schmeckt. Jetzt hat er kein Schuhwerk mehr. Er ist voller Hoffnung, dass die anderen es schaffen und zurückkommen und ihn retten werden, jedenfalls schreibt er das. Trotzdem beginnt er einen Abschiedsbrief an seine Frau. Er schreibt, dass er ein Paar Handschuhe aus Rindsleder hat und dass er sich darauf freut, sie am nächsten Tag zu kochen und zu essen.

Danach schläft er ein, und danach stirbt er.

Nach einigen Tagen den Pfad hinunter muss auch Wallace aufgeben. Er und George trennen sich: Wallace hat vor, mit den letzten Hinterlassenschaften, die sie aufgestöbert haben – ein paar Handvoll schimmeliges Mehl –, zurückzugehen. Er wird Hubbard finden, und zusammen werden sie auf Rettung warten. Aber er gerät in einen Schneesturm und weiß nicht mehr, wo er ist; im Moment befindet er sich in einem Unterstand, den er aus Baumästen gemacht hat, und wartet darauf, dass es zu schneien aufhört. Er ist unglaublich schwach und spürt keinen Hunger mehr, was, wie er weiß, ein schlechtes Zeichen ist. Jede seiner Bewegungen ist langsam und überlegt und zugleich unwirklich, als wäre sein Körper etwas Eigenständiges, das er nur beobachtet. Im weißen Licht des Tages oder im roten Flackern des Feuers – denn Feuer hat er noch – erscheinen ihm die Rillen an seinen Fingerkuppen auf einmal wie etwas Wunderbares. Eine solche Klarheit im Kleinsten; er verfolgt das Muster der gewebten Decke, als lese er eine Landkarte.

Seine tote Frau ist ihm erschienen und hat ihm, was seine Schlafvorkehrungen angeht, praktische Ratschläge erteilt: Eine dickere Schicht Fichtenzweige als Unterlage, hat sie gesagt, wäre bequemer. Manchmal hört er sie nur, manchmal sieht er sie auch; sie trägt ein blaues Sommerkleid, ihr langes Haar hat sie zu einem schimmernden Kranz hochgesteckt. Sie wirkt, als wäre sie hier ganz zu Hause; durch ihren Rücken hindurch sieht man die Stangen des Unterstandes. Wallace hat aufgehört, sich darüber zu wundern.

Noch ein Stück den Fluss hinunter läuft George immer weiter; er läuft, um hinauszugelangen. Er weiß mehr oder weniger, wohin er geht; er wird Hilfe holen und zurückkommen. Aber noch ist er nicht draußen, er ist noch drin. Schnee umgibt ihn von allen Seiten, der einförmige graue Himmel umfängt ihn; an einem Punkt stößt er auf seine eigenen Spuren und stellt fest, dass er im Kreis gelaufen ist. Er ist auch dünn und schwach, aber er hat es geschafft, ein Stachelschwein zu schießen. Er hält inne, um es zu durchdenken: Er könnte umkehren, auf seinen Spuren zurückgehen, das Stachelschwein mitbringen und es mit den anderen teilen; oder er könnte es allein essen und weiterlaufen. Er weiß, dass wahrscheinlich keiner von ihnen lebendig rauskommt, wenn er zurückgeht; wenn er aber weiterläuft, besteht zumindest eine Möglichkeit, zumindest für ihn. Er geht weiter, er hortet die Knochen.

»Dieser George hat das Richtige gemacht«, sagt mein Vater.

Eine Woche später, er sitzt gerade am Esstisch, hat mein Vater einen zweiten Schlaganfall. Dieses Mal zerstört er die Hälfte seiner Sehkraft in beiden Augen und das Kurzzeitgedächtnis und die Orientierung. Von einer Minute auf die nächste weiß er nicht mehr, wo er ist. Er tastet sich durch das Wohnzimmer, als wäre er nie zuvor an solch einem Ort gewesen. Die Ärzte sagen, diesmal sei es unwahrscheinlich, dass er sich davon erholt.

Zeit vergeht. Jetzt blühen die Veilchen vor dem Fenster, und er kann sie sehen, zumindest teilweise. Trotzdem glaubt er, es wäre Oktober. Aber im Kern ist er noch da. Er sitzt in seinem Lehnsessel, versucht herauszufinden, wo er ist. Ein Sofakissen sieht so ziemlich aus wie das andere, wenn man sie nicht mehr unterscheiden kann. Er beobachtet, wie das Sonnenlicht auf dem Holzfußboden schimmert; nach seiner Einschätzung ist das ein Fluss. In extremen Situationen muss man den Verstand gebrauchen.

»Ich bin da«, sage ich und küsse ihn auf die trockene Wange. Er ist nicht kahl, kein bisschen. Er hat silberweiße Haare, wie ein gefrorener Reiher.

Er blickt mich suchend an, aus dem linken Augenwinkel, anders geht es nicht.

»Es kommt mir so vor, als wärst du auf einmal sehr alt geworden«, sagt er.

Soweit wir wissen, hat er die letzten vier oder fünf Jahre aus dem Gedächtnis verloren und verschiedene Zeitblöcke aus den Jahren davor. Er ist von mir enttäuscht: Nicht weil ich irgendwas getan habe, sondern weil ich etwas nicht getan habe. Ich bin nicht jung geblieben. Hätte ich das geschafft, hätte ich ihn retten können; dann hätte er auch der bleiben können, der er war.

Ich wollte, ich könnte zu seiner Unterhaltung beitragen. Ich habe es mit Aufnahmen von Vogelstimmen versucht, aber die sagen ihm nicht zu: Sie erinnern ihn an etwas, was er früher einmal kannte, worauf er sich aber nicht mehr besinnen kann. Geschichten taugen auch nichts, nicht mal kurze, weil er schon auf der zweiten Seite den Anfang vergessen hat. Wo bleiben wir, wenn uns niemand durch die Handlung führt?

Musik ist besser; die läuft Tropfen um Tropfen ab.

Meine Mutter weiß nicht, was sie tun soll, also räumt sie um: Tassen und Teller, Aktenordner, Schreibtischschubladen. Gerade ist sie draußen, reißt in einer verzweifelten wilden Anstrengung Unkraut im Garten heraus. Erde und Quecken fliegen durch die Luft: Zumindest das wird jetzt erledigt! Es ist windig, ihr Haar ist zerzaust, es steht ihr um den Kopf wie Federn.

Ich habe ihr gesagt, dass ich nicht lange bleiben kann. »Wirklich nicht?«, hat sie gesagt. »Aber wir können doch Tee trinken, ich könnte ein Feuer machen …«

»Heute nicht«, habe ich entschieden gesagt.

Er kann sie da draußen sehen, mehr oder weniger, und er will, dass sie wieder reinkommt. Er mag es nicht, wenn sie auf der anderen Seite der Scheibe ist. Wenn er sie entschlüpfen lässt, außer Sicht, wer weiß, wo sie dann hingeht? Sie könnte für immer verschwinden.

Ich halte seine gute Hand.

»Sie kommt bald rein«, sage ich; aber *bald* könnte ein Jahr sein.

»Ich will nach Hause«, sagt er. Ich weiß, es ist sinnlos, ihm zu sagen, dass zu Hause dort ist, wo er jetzt ist, weil er etwas anderes meint. Er meint sein früheres Ich.

»Wo sind wir jetzt?«, sage ich.

Er wirft mir einen wachsamen Blick zu: Versuche ich etwa, ihn reinzulegen? »In einem Wald«, sagt er. »Wir müssen zurück.«

»Uns geht's gut hier«, sage ich.

Er überlegt. »Nicht genug zu essen.«

»Wir haben die richtigen Vorräte mitgenommen«, sage ich.

Er ist beruhigt. »Aber es ist nicht genug Holz da.« Das macht ihm Sorge. Er sagt das jeden Tag. Er hat kalte Füße, sagt er.

»Wir können uns mehr Holz besorgen«, sage ich. »Wir können was hacken.«

Da ist er sich nicht so sicher. »Ich hätte nie gedacht, dass so was passiert«, sagt er. Er meint nicht den Schlaganfall, weil er nicht weiß, dass er einen gehabt hat. Er meint, er hätte nie gedacht, dass er sich verirrt.

»Wir wissen, was zu tun ist«, sage ich. »Wir kommen schon zurecht.«

»Wir kommen zurecht«, sagt er, aber es klingt zweifelnd. Er traut mir nicht und das mit gutem Grund.

LEONARD COHEN

Das Lieblingsspiel

Montreal, wie Kanada überhaupt, kann man nicht den Rücken kehren, sagen manche Leute, denn die Stadt ist ganz darauf ausgerichtet, die Vergangenheit zu bewahren, eine Vergangenheit, die sich anderswo ereignet hat.

Diese Vergangenheit wird nicht in Gebäuden oder Denkmälern bewahrt, die leicht dem Profit zum Opfer fallen, sondern in den Köpfen der Menschen. Sie täuschen uns, indem sie sich modisch anziehen und einer zeitgemäßen Arbeit nachgehen, aber sie sprechen mit den Stimmen ihrer Väter.

Wie es keine Kanadier gibt, so gibt es auch keine Montrealer. Fragt man jemanden, wer er ist, nennt er ein Volk.

Zwar verändert sich das Straßenbild schnell, und die Hochhäuser verdichten sich vor dem St.-Lorenz-Strom zu einer einzigen Silhouette, aber etwas daran ist unwirklich, nicht glaubhaft, denn Montreal besitzt keine Gegenwart, nur die siegreiche Vergangenheit.

Breavman floh aus der Stadt.

Einmal am Tag rief seine Mutter an. Sie war allein, verstand er denn nicht, was das bedeutete? Der Rücken tat ihr weh und die geschwollenen Beine. Die Leute fragten nach ihrem Sohn, und ihr blieb nichts übrig, als ihnen zu erzählen, dass er in einer Fabrik arbeitete.

Breavman war weder stark noch erfahren genug, um sie zu trösten. Er saß auf dem Bett und legte den Hörer neben sich. Er hörte ihre monotone, kratzige Stimme und war außerstande, einen Gedanken zu fassen, ein Wort zu sagen.

»Als ich heute in den Spiegel gesehen habe, habe ich mich kaum wiedererkannt, nichts als Falten, Falten der Sorge und des Ärgers, weil ich nächtelang wachliege und über meinen Sohn nachdenke, womit habe ich das verdient, fünfzehn Jahre mit einem kranken Mann, und meinem Sohn ist es egal, ob seine Mutter wie ein Hund daliegt, wie ein Stein, eine Mutter, die einzige, die man hat, soll wie ein Stein daliegen, eine Hure würde sich von ihrem Sohn nicht gefallen lassen, was ich mir gefallen lasse, was habe ich denn schon, esse ich etwa den ganzen Tag Schokolade, was haben mir die fünfzehn Jahre gebracht, Diamanten? Mit gebrochenen Beinen aus Russland zurück, die Fußgelenke so geschwollen, dass sich der Arzt gewundert hat, aber mein Sohn ist zu beschäftigt, um die Wahrheit zu hören, jeden Abend liege ich vor dem Fernseher, und schert sich jemand darum? Ich war glücklich, ich war eine sehr schöne Frau, jetzt erkennen mich die Leute draußen nicht wieder, so hässlich bin ich geworden, was habe ich von meinem Leben, was hat es mir gebracht? Ich habe mich so um die Menschen bemüht, eine Mutter, man hat nur eine, wir leben ja nicht ewig, eine Mutter ist schwach und empfindlich, deine beste Freundin, denn wer sonst kümmert sich, wie es dir ergeht? Die Leute gehen vorbei, wenn du auf der Straße umkippst, und ich liege wie ein Stein da, während Menschen auf der ganzen Welt laufen, um ihre Mütter zu sehen, aber meinem Sohn bedeutet es nichts, er kann sich eine neue Mutter besorgen, wir haben nur ein Leben, alles nur ein Traum, man kann Glück haben ...«

Und als sie fertig war, sagte er: »Ich hoffe, dass du dich jetzt besser fühlst, Mutter, bis bald mal.«

Sie war jetzt bei einem Psychiater in Behandlung. Aber das schien nichts zu nützen. Nahm sie die Tabletten, die er ihr verschrieb? Ihre Stimme klang noch hysterischer.

Er floh vor seiner Mutter, vor seiner Familie.

Er hatte seine hochgewachsenen, dunkel gekleideten Onkel immer für Prinzen gehalten, die sich in erlesenen Kreisen bewegten und mit reinen Seelen aus der Synagoge traten. Er hatte geglaubt, sie führten ihre Geschäfte mit feudaler Mildtätigkeit. Aber er hatte eingesehen, dass keiner von ihnen auch nur den Versuch machte, so zu sein. Sie waren stolz auf ihre Stellung und ihren finanziellen Erfolg. Es gefiel ihnen, an erster Stelle zu stehen, respektiert zu sein, in der Nähe des Altars zu sitzen, bis man sie aufrief, die Schriftrollen zu halten. Sonst hatten sie sich keiner Idee verschrieben. Sie waren auch nicht der Meinung, dass ihr Blut besonders geheiligt war. Wie war er bloß darauf gekommen?

Wenn er dem Rabbi und dem Kantor bei ihren Verrichtungen zusah, wenn er ihre weißen Gewänder und das Blitzen auf dem Brokat ihrer Gebetsschals sah, wenn er zwischen seinen Onkeln stand und sich mit ihnen verneigte, wenn er in ihre Antworten einstimmte, wenn er im Gebetbuch die Aufzählung der Herrlichkeiten mitlas –

Nein, seinen Onkeln fehlte die Ernsthaftigkeit. Sie waren streng, aber nicht ernst. Ihnen schien nicht bewusst, wie empfindlich diese Zeremonie war. Ihre Beteiligung war

Routine, als würde es immer so weitergehen. Dabei waren sie wichtig, nicht persönlich wichtig, aber doch entscheidend für den Ritus, für das Gebet, für den Altar. Sie waren andächtig, aber sie hatten nie gelernt, was Andacht wirklich bedeutet. Sie wussten nicht zu schätzen, wie nah am Chaos sich die Zeremonie bewegt. Ihren hohen Stand konnten sie jederzeit verlieren, denn sie hatten ihn ererbt, statt ihn angesichts seiner Vernichtbarkeit von Augenblick zu Augenblick neu zu schaffen.

Breavman wusste, dass das ganze Ritual selbst in seinen erhebendsten und festlichsten Momenten in Trostlosigkeit umschlagen konnte. Der Kantor, der Rabbi und die auserwählten Laien standen vor dem geöffneten Schrein und hielten Torarollen in den Armen wie steifnackige Königskinder. Sie legten sie in den vergoldeten Kasten zurück, und die hoch aufsteigende Melodie verkündete, dass das Gesetz der Baum des Lebens war und ein Weg zum Frieden. Sahen sie denn nicht, dass er ernährt werden musste? Und die Männer verneigten sich und führten die vorgeschriebenen Bewegungen aus, aber ihnen fehlte jedes Bewusstsein dafür, dass andere das heilige Lied geschrieben und die scheinbar ewigen Abläufe aus einer verwirrten Unbeholfenheit heraus entwickelt hatten. Sie nahmen als selbstverständlich hin, was ihnen unter den Händen hinwegstarb.

Und was ging es ihn an? Er war schließlich nicht Jesaja, und das Volk verlangte nichts von ihm. Er mochte weder das Volk noch den Gott ihres Kults. Also hatte er auch kein Recht, sich einzumischen.

Er wollte niemandem Vorwürfe machen. Warum sollte er glauben, sie hätten ihn erzogen, um ihn am Ende zu enttäuschen? Er war verbittert, weil er den Ruhm nicht erben konnte, von dem sie, ohne sich dessen bewusst zu sein, kündeten. So sehr er es sich wünschte, er konnte nicht Mitglied ihres Bundes werden. Vielleicht war es ein nostalgischer Wunsch nach Solidarität. Was hatte das Leiden seines Vaters damit zu tun?

Er kehrte der Stadt den Rücken. Er hatte sie in einer Weise in den Himmel gehoben, dass es eine Schande war. Er hatte zu viel von gewissen gusseisernen Geländern erwartet, von außergewöhnlichen, absurden Türmchen, von den Stufen, die auf den Hügel führten, von dem Blick auf den St.-Lorenz-Strom am frühen Morgen. Er hatte genug davon, den Plätzen und Parks Geheimnisse anzudichten. Er hatte genug von der Atmosphäre, in die er die Peel Street und die riesigen Pensionen getaucht hatte. Die Stadt hatte sich geweigert, ruhig unter dem dünnen Schleier der Melancholie zu verharren, den er über die Häuser geworfen hatte. Sie bestand auf ihrer Gleichgültigkeit.

Er rührte sich nicht.

New York City. Er wohnte im Turm des internationalen Studentenwohnheims, mit Blick auf den Hudson River. Er war so erleichtert, denn dies war nicht seine Stadt, es war nicht an ihm, ihre hässliche Pracht aufzuzeichnen. Er lief durch die Straßen, wie es ihm passte, ohne das Gefühl zu haben, dass er ihre Namen in seinen Geschichten verarbeiten musste. New York war längst besungen worden, von großartigen Stimmen. Er war also frei, alles anzusehen, alles zu probieren. Jeder sprach auf seine Weise Englisch, man konnte mit allen reden, ohne Ressentiments. Frühmorgens spazierte er über die Märkte. Er betrachtete die silbrigen, steifen Fische auf den Eisbetten und erfragte ihre Namen. Er ging auch wieder zu den Seminaren.

Dann sah er die schönste Frau, die er jemals gesehen hatte.

JOYCE CAROL OATES

Hochwasser

Lieber Karl,
ich glaube, der Entschluß, den wir zusammen gefaßt haben, war klug.
Wie Du Dir vorstellen kannst, sind mir bestimmte Gespräche immer wieder durch den Kopf gegangen … ganz bestimmte Teile von Gesprächen … und ich meine auch, obwohl wir uns sehr lieben, es ist gut, daß … Ich habe auch das Gefühl, es ist notwendig, daß wir uns nicht einmal mehr gelegentlich, wie Freunde, sehen, wegen … Die grundlegende Entscheidung war richtig … Deine Kinder und natürlich Deine … Ich wollte nicht den Eindruck machen, als sei unsere Ehe ernsthaft gefährdet, aber wie Du Dir vorstellen kannst, gibt es Spannungen zwischen … es gibt gelegentlich Auseinandersetzungen, Ausbrüche … Mißverständnisse. Die Beziehung wird dadurch kompliziert … Ich glaube, die Entscheidung, die wir am letzten Freitag getroffen haben, ist sehr klug und vernünftig und sicher zum Besten aller, wenn man unsere Verpflichtungen anderen Menschen gegenüber bedenkt, und wenn Du jetzt die Gelegenheit hast, an die Westküste überzusiedeln … Ich versuche mir vorzustellen: ich mit Dir zusammen, aber

es fällt mir schwer, es fällt mir schwer, uns als Paar zu sehen, auf der Straße, im Tageslicht auf der Straße ... kann mir schlecht vorstellen, wie wir mit anderen Menschen sprechen, als Paar, wie Ehepaare es tun. Ehepaare ... Die Entscheidung war viel klüger als ... Die Möglichkeit, daß ... Ein paar Mal waren Evan und ich nahe daran ... Wenn Dinge einmal gesagt wurden, kann man sie nicht ungesagt machen ... Natürlich weißt Du das selbst ... Du bist schon viel länger verheiratet ... Du weißt aus Erfahrung ... Gemeinsames, Bitterkeit, Ärger, zerbrochenes Geschirr, ein Stuhl, der beim Aufstehen vom Tisch umfällt. Deine Frau droht Dir damit ... dazu halte ich sie auch für fähig, trotz ... trotz dem Schein des Gegenteils ... Ja, ich glaube, daß der Entschluß, den wir gefaßt haben, unvermeidlich war, und wenn ich zurückblicke ... Die Zukunft ist nicht so kompliziert wie die Vergangenheit, und wenn die Wogen sich hier einmal geglättet haben ... Wir haben uns nicht sonderlich gut gekannt; vielleicht könnten wir uns schreiben, später, wenn Ihr Euch dort draußen eingerichtet habt, und vielleicht werden wir dann erkennen können, warum das, was geschah, unvermeidlich war ... Deine Behauptung, daß ich Dir so wenig bewegt schien, beruht auf einem Mißverständnis ... Ich konnte nie ... sogar als Kind habe ich mich immer angestrengt ... und jetzt beherrsche ich normalerweise ... obwohl es gelegentlich Zusammenbrüche gibt, nur kurze natürlich, versteckt und schamhaft, weil ich nicht so spontan bin, daß ... Als wir uns gestern zufällig trafen, merkte ich, daß noch mehr ausgesprochen werden muß, daß unsere Gespräche sich fortsetzen müssen, selbst wenn sie nur Versuche sind, verstandesmäßig zu erfassen, was … Ich hatte das Gefühl, daß Du … daß ich … daß wir … ich wollte nicht den Eindruck erwecken, als ob … Ich finde, daß der Entschluß so klug und vernünftig ist, und ganz bestimmt wollte ich nicht den Eindruck erwecken, daß … ich … ich … ich …

Dann schwebten die Wörter plötzlich auseinander wie Luftballons, Sternschnuppen, und ein Gesicht schob sich schwerelos in ihr Blickfeld, während ein anderes, das eines stämmigen, blassen Fremden aus der Dämmerung hereintrieb; hinter beiden eine ungeheure grüne Welle; und durch die schwindelerregende Stille der Eindruck von mächtigerregten Wogen, Musik, rhythmisch und pulsend und in Schichten überschwappend, eine Schicht über der anderen …

»Was ist das? Was ist denn das?«

Jetzt war sie wach.

Ihre Stimme weckte Evan, der sich sofort aufsetzte. Sie sprachen nicht, horchten auf den Wind, auf die klatschenden Wellen. Dann sprachen sie beide zugleich. Renée sagte: »Der Fluß –« und Evan sagte: »Aber ich dachte, es –«

Das Schlagen der Wellen, das sonst so entfernt herüberklang, ziemlich melancholisch und romantisch, war jetzt sehr laut. Und es regnete immer noch, sogar stärker als um Mitternacht; und sie fühlten den Wind, der aus dem Nordwesten herüberdrängte, über den See und den Fluß, gegen ihr Haus.

»Meine Güte«, flüsterte Renée. Aber sie hatte keine Angst: ihre Stimme klang nicht ängstlich.

»Sei nicht albern«, sagte Evan.

November. Der erste Sturm des Winters.

Der Regen hatte nach acht Uhr angefangen, jetzt prasselte er gegen die Fenster an der Rückseite des Hauses. Zuerst hatte es wie Hagel geklungen. Der Himmel verdunkelte sich, in der Ferne sah man Blitze, drüben, jenseits des Flusses. Aber der Donner war weit weg. Renée erinnerte sich an Stürme in ihrer Kindheit, Stürme im Sommer in Maine, Böen am Wasser, Blitze, schön und schrecklich und ... kleine Boote wurden ans Ufer getrieben, gelegentlich sanken welche. Manchmal ein schweres Unglück. Fast ertrunken. Ertrunken. Tot.

Aber nach zehn Uhr hatte es geschienen, als habe der Sturm nachgelassen. Sie hörten im Radio den Lokalsender und trösteten sich damit, sich gegenseitig die Vorhersagen des Radiosprechers zu wiederholen: das Schlimmste sei schon vorbei, Graupelschauer vermischt mit Regen und Winde von »Hurrikanstärke« zogen jetzt hinauf in die Gegend der *Georgian Bay* ... Renée hatte sich sogar ein wenig geschämt, daß sie für diese Nachricht dankbar war; dasselbe zügellose Gefühl der Erleichterung, von echtem Optimismus, das sie hatte, wenn ein Flugzeug abgestürzt war, kurz bevor sie oder jemand, den sie kannte, irgendwo hinfliegen sollte – es hatte sich schon ein Unglück ereignet, so schnell konnte nicht schon wieder eins kommen. Aber ihre Beschämung und ihre Dankbarkeit waren doch verfrüht gewesen.

Jetzt war es 2.30 Uhr. Sie sahen Wellen in ihrem Hinterhof, Wellen, die mindestens einen Meter hoch waren, mit Schaumkronen, sie sahen das Wasser vom Fenster aus, wo sie wie Kinder dicht nebeneinander standen, in der Küche ihres kleinen Hauses. Wasser? Der Fluß? Von hier aus bei Nacht sichtbar? Es schien unmöglich. Und doch sahen sie es ... sie sahen wirklich die Wellen, die im Hinterhof hochschlugen, die vertraute Umgebung des Hofes verwandelte sich plötzlich, wurde zu einer ganz anderen Landschaft, die unbarmherzig lebendig schien. »Ich dachte, daß – Um Mitternacht war –« sagte Evan. In seiner Stimme schwangen Überraschung, Bestürzung und Empörung. Zunächst, als der Fluß stieg, waren sie erschrocken, dann hatten sie sich wieder beruhigt; sie waren ins Bett gegangen, waren eingeschlafen, während der Regen rauschte, und sie hörten den Wind in den Pappeln und der teils schon abgesägten, abgestorbenen Ulme, sie hörten, wie er sich zurückzuziehen und sich aufzulösen schien. Dann hatte der Wind sie wieder geweckt. Stöhnen, Heulen, Pochen, Schlagen, welch unwirkliches Geräusch. Früher am Abend war der Sturm fast schön gewesen: Wetterleuchten, Meilen entfernt, drüben, jenseits der Grenze, in einem andern Land. Schön hatte das ausgesehen, es war die Schönheit des Entfernten, Unwirklichen gewesen. Jetzt war alles ganz dicht. Die mahlenden Wellen, der Lärm, das Platschen, das Schlagen ... jetzt war es nicht mehr rhythmisch, nicht mehr pulsierend, nicht mehr gezügelt. »Glaubst du wirklich, daß es – wird es wirklich – Evan, wird es wirklich –«

Er schaltete das Radio an, mitten hinein in ein Gespräch; zwei Männer sprachen sehr ernst und wetteiferten miteinander, eine aufgeregte Unruhe zu übertragen und gleichzeitig zu unterdrücken. »– und für die Bewohner der Gegend, die der Fluß im Norden begrenzt und, was war es – Caledonia im –« »Caledonia im Osten ja, und Pelee Boulevard im –« »im Westen –« »hinunter bis –« »das wäre, äh, auf dieser Karte wäre das –« »Rettungsmannschaften sind dabei, den Anwohnern des Sees zu helfen, ihre Wohnungen zu räumen – den Bewohnern im Gebiet der St. Anna Gemeinde – des Bezirks, der von der Matthew Brady Grundschule im Osten –« »Entschuldige, Bill, hier ist eine Sonderdurchsage von der –« »Die Königliche Berittene Polizei hat eine Aufforderung veröffentlicht, daß – eine Aufforderung an die Leute, in ihren Wohnungen und Häusern zu bleiben, bis – Kannst du das Telefon mal nehmen? Die Telefone läuten heute abend wie verrückt –« »Also, Leute, die Polizei bittet darum, zuhause zu bleiben, es sei denn, daß Überschwemmungsgefahr besteht – die jüngste Nachricht – überflutet den Pelee Boulevard, und es ist möglich, daß – Mehrere Autos sind stehengeblieben – Wie heißt das hier? Manx? Marx? Mahr? –« »die Genesee Fußgängerbrücke –« »Die freiwilligen Helfer im Gemeindehaus von St. Anna werden gebeten, ihre Rettungsaktionen auf die Gegend zu beschränken, die von Caledonia im Osten und Pelee im –« »Es ist von höchster Wichtigkeit, es kann nicht genug betont werden, Leute, die Polizei ist in diesem Punkt ganz unerbittlich, zuhause zu bleiben und weg von den Straßen, wegen den Verkehrsbehinderungen durch den stehenden Verkehr – hier ist Dan Barker von der Polizei der Provinz Ontario mit einer –«

Evan drehte weiter, aber er bekam nur Störgeräusche,

dann verschwommene, streitende Stimmen, die an Vögel erinnerten; dann Rockmusik und wieder Störungen. Er war seltsam ruhig, wie er hier in der Küche stand, die Lippen vorgeschoben, die schmalen blassen Füße auf dem Linoleumboden dicht zusammen. »Warum hast du – Du solltest es lieber wieder –« sagte Renée. Er drehte zurück, und jetzt sprach eine andere Stimme, eine Männerstimme, sehr fest und bestimmt. *Es darf keine Panik ausbrechen. Zuhause bleiben. In Fällen, wo die Kellerräume überflutet sind ... In Fällen, wo Gefahr besteht, daß das Haus unterspült wird ... am See entlang, nördlich von Lineham ...*

»Das ist meilenweit entfernt«, sagte Evan.

»Was? Lineham? ... Bist du sicher? Weißt du wo ...?«

»Lineham ist nördlich von hier, drei oder vier Meilen ...«

»Soll ich vielleicht anrufen? Wo soll ich anrufen?«

Er hörte ihre Frage nicht. Er stand im Schlafanzug über das Radio gebeugt, den Kopf leicht zur Seite geneigt. Renée war auf dem Weg ins Schlafzimmer. Sie sagte laut: »Wo ist denn jetzt ... Wo habe ich ... Wenn wir ...« Ihre Hand knipste die Deckenbeleuchtung an, und der Raum war plötzlich in unbarmherziges Licht getaucht. Eierschalenfarbene Wände, hinter dem Bett abgestoßen; eine Decke mit seltsam gestreifter Tapete, ein schmutziges Weiß und Silber. Der Teppichboden war natürlich voller Flecken. Es war nicht ihre Schuld, sie hatten gehofft, eine andere Wohnung zu finden, sie hätten jetzt eigentlich schon woanders wohnen wollen, aber das Angebot war klein, und die Mieten waren teuer und ... Sie nahm einen ihrer Koffer vom Schrank. Eins ihrer Sommernachthemden hatte sich darin festgehakt und fiel herunter auf ihre Füße. Sie sagte laut: »Nein, das brauche ich nicht. Ich habe eins an. Dieses hier … Flanell … dies hier ist warm, wärmer und falls … Evan? Evan? Was soll ich für dich einpacken?«

Er rief etwas, was sie nicht verstehen konnte.

Sie legte den Koffer auf das aufgewühlte Bett. Sie öffnete die oberste Kommodenschublade und fing an, Evans Socken in den Koffer zu packen … zuerst paarweise, dann mit vollen Händen. Evan sagte etwas in der Küche. »Ich versteh dich nicht, der Wind ist so laut! Ich versteh dich nicht!« rief sie. Die Schublade war leer. Sie öffnete die nächste, in der ihre Unterwäsche lag. Sie hielt inne, um nachzudenken, versuchte, sich zu erinnern. »Das Telefon«, flüsterte sie. Sie hatte doch telefonieren wollen. Sie ließ ihre Sachen wieder in die Schublade fallen und lief, immer noch barfuß, hinaus in den kleinen Vorraum, wo das Telefon stand; es war dunkel und sie stieß gegen einen Stuhl. Evan fragte etwas. Sie hockte sich hin, nahm das Telefonbuch aus dem Regal, machte mit dem Ellbogen das Licht an und fühlte einen überraschenden Schmerz dabei, sie hatte nicht gewußt, daß sie so empfindlich war. Evan stand jetzt hinter ihr. »Soll ich die Polizei anrufen?« sagte sie. »Wen soll ich anrufen?«

»Laß mich lieber anrufen«, sagte er.

»Nein, nein, ich mach's schon. Was haben die im Radio gesagt?«

»Die Auskunft anrufen.«

»Ich habe angefangen zu packen –«

»Komm, laß mich –«

Er streckte die Hand aus, um ihr das Telefonbuch abzunehmen, aber es entglitt ihnen und fiel auf ihre bloßen Zehen. Sie schrie laut auf. »Mein Gott, tut mir leid«, murmelte Evan. Er blätterte heftig im Telefonbuch; Renée wußte, daß die Nummer, die er suchte, vorne stand, auf der Innenseite des Umschlags, aber etwas in seinem Verhalten schüchterte sie ein. Er schien sehr ärgerlich. Er sprach zu sich selbst: »Was, zum Teufel ... Wo ist denn nur ...« Schließlich gab er ihr das Telefonbuch zurück. Er grinste, fuhr mit der Hand durch sein wirres Haar. »Ich hör nochmal Radio«, sagte er.

Sie wählte den Notruf der Polizei, aber es war besetzt.

Sie wählte den Notruf der Feuerwehr, aber es war besetzt.

Aus dem anderen Zimmer rief Evan. Sie ließ das Buch fallen und lief in die Küche. »Mein Gott«, flüsterte sie.

Ein riesiger Balken hatte sich in einen der Forsythienbüsche im Hinterhof verkeilt – vom Wasser gedreht und jetzt in den Busch eingezwängt. Wie weit entfernt war das? Renée konnte es nicht schätzen. Drei Meter? Sechs Meter?

Die Wellen waren höher als vorher. Man konnte sehen, wie der Wind aus dem Nordosten sie höher und höher trieb. »Ich glaube, wir sollten weg von hier«, sagte Renée. »Ich glaube ... bevor die Einfahrt überschwemmt ist ... Was ist, wenn die Einfahrt unter Wasser steht, Evan, und das Auto nicht anspringt?«

»Mein Gott, was für ein riesiger Balken! Wenn er nun ... Siehst du das, Renée? Es ist ein Teil von einer Bootsanlegestelle. Von irgend jemand flußaufwärts. Oder vielleicht ist es ein Teil von einem Boot? ... Was ist denn das? da drüben bei der Hecke? ...«

»Was ist, wenn der Volkswagen nicht anspringt? Der Motor, was ist, wenn er naß wird? Dann springt er doch nicht an, oder? – wenn er naß wird?«

»Ich glaube nicht, daß wir in Gefahr sind.«

»Was haben die im Radio gesagt?«

»Ich glaube wirklich nicht ... Sieh mal, das ist doch ein Teil von einem Boot, nicht? Man sieht den Rumpf ... Es muß ja schrecklich sein für die Leute, die am See wohnen; meine Güte, ihre Häuser stehen sicher unter Wasser, sicher besteht die Gefahr, daß ... Da wurde eine Bekanntmachung durchgegeben, daß Evakuierte in einer der Feuerwachen aufgenommen würden. Und daß sie Freiwillige brauchen, Decken und Kaffee, all so was ... Ich denke, bei uns wird alles gutgehen. Ich glaube nicht, daß das Wasser noch höher steigt.«

»Haben sie im Radio gesagt ...«

»Sieh mal, der Balken bewegt sich ... nein, er steckt fest. Was für ein riesiges Ding! ...«

Renée lauschte: Jemand sagte die Zeit an, die Wetterlage, die Situation am See und am Fluß (»steigendes Wasser, stellenweise 30 cm pro Stunde«). Dann Musik. Kaum glaublich, Musik!

»Evan, es heißt, das Wasser steigt. Ich finde, wir sollten uns drauf vorbereiten, unser Haus zu räumen.«

»Liebes, sei nicht so nervös. Sprich nicht so schnell.«

»Ich hab' nicht schnell gesprochen, ich ... Hast du gehört, was der Sprecher gesagt hat? Ich hab' drüben etwas angefangen, ich geh', glaube ich, lieber und mach' weiter, vielleicht solltest du ... vielleicht solltest du nach dem Auto sehen, schauen, ob es funktioniert. Vielleicht sollten wir uns was anderes anziehen.«

»So schlimm ist es nicht. Das Hochwasser ist nördlich von hier, Meilen weiter nördlich.«

»Wenn wir nicht rechtzeitig loskommen, sind die Straßen bestimmt überschwemmt. Ich hab' was über Verkehrsstau gehört und ...«

»Die Leute dramatisieren alles«, sagte Evan geistesabwesend. Er stand auf den Zehen und starrte hinaus auf das Wasser. Sein Ausdruck war gespannt und abstrakt, als blicke er weit in die Ferne. »... diese Radiostation ist bekannt dafür ... falscher Alarm, Katastrophen und schlechte Nachrichten jede Stunde ...«

Renée drehte sich um. Sie wollte doch etwas sehr Dringendes tun. Telefonieren oder war es etwas im Schlafzimmer? Das Deckenlicht im Schlafzimmer war an; sie fand dieses Licht schrecklich und ging lieber ins Badezimmer. Sie befeuchtete ihre blassen, trockenen Lippen, sie suchte ihren Blick im Spiegel, weil sie hoffte, es würde ihr Mut machen. Wie der Wind wehte! Das kleine Haus bebte. Aber im Badezimmer waren keine Fenster, vielleicht war sie hier sicher ... Renée starrte Renée an, hoffte auf ein Lächeln, auf ein ermutigendes Kopfnicken. *Du bist in Sicherheit. Nichts wird geschehen.* Als Kind war sie oft in Badezimmern gewesen, hatte sich eingeschlossen, war sicher vor Eindringlingen und hatte sich selbst hungrig angestarrt. *Wird es? ... Ob ich überlebe? ... Was wird geschehen? ...* Ihr knöchellanges Nachthemd sah ungewöhnlich hübsch aus: rosa und rote Blumen mit vielen Blumenblättern auf einem blaßgrünen Grund. Ihre Augen spiegelten das Grün, sie sogen es in sich auf, sie schienen vor Licht zu glänzen; der Schrecken glänzte in ihnen. Gleich würde sie schreien. Sie wurde wahnsinnig. Ihre Haut war bleich, blutleer. Sie würde ... Ach, sie erinnerte sich, ja, ihr Geliebter, ihr ehemaliger Geliebter. Ah ja. Dann war es ja gut. Diese Strafe war gut, es war ganz richtig, daß sie hier war, sich krümmte, ihr Haar wild um den Kopf. Die Tür war verschlossen, keiner konnte sie finden. Karl konnte nicht herein, konnte sie nicht umarmen. Ihr Mann könnte sie rufen – aber wer würde es hören? Der Wind war so laut.

Sie hatte einen Mann geliebt, er hatte sie auch geliebt. Und doch kannten sie sich nicht. Sie waren weniger als zehnmal zusammengewesen … das heißt, sie hatten weniger als zehnmal miteinander geschlafen; aber in ihrer Vorstellung geschah es immer wieder, fieberhaft, in ihrer Erinnerung streckten sie die Hände nacheinander aus, küßten sich und umarmten sich, verklammerten sie sich ineinander, als seien sie am Ertrinken … Sie riefen sich beim Namen, über die regenüberfluteten Meilen der Stadt hinweg. Sie war eingeschlafen, während sie einen Brief an ihn schrieb. Briefe. Einen immerwährenden, fortdauernden, unaufhörlichen Brief an ihn, und nur an ihn. *Karl? Ob wir nicht …? Oder wäre es besser …?* Er und seine Familie wohnten weit vom Fluß entfernt, sie waren heute nacht sicher nicht in Gefahr, sie schliefen vielleicht. In Sicherheit. Gleichgültig. Unberührt. Er liebte sie so, behauptete er; vielleicht war es wahr. Sie liebte ihn. Aber schon prüfte sie ihre Liebe zu ihm, schon begann sie einen Brief an ihn, der anfing: *Lieber Karl, ich glaube, Du hast mich getäuscht, ich glaube, Du hast Deine Frau und mich getäuscht, ich glaube, Du bist ein Heuchler, ich habe Dich nie geliebt …* Nein. Ausstreichen. Noch einmal von vorne. *Lieber Karl, ich glaube, der Entschluß, zu dem wir neulich gekommen sind, war wirklich richtig, wenn man an Deine Familie denkt und an meinen …* Sie hatten einander in den Armen gelegen und geweint. Karl hatte auch geweint. Sein Atem war heiß und dringlich. Seine Arme fest um sie geschlungen, den Mund an ihren Hals gepreßt, ihre Schulter … Nein, er hatte sie nicht getäuscht. Alles andere, aber er hatte sie nicht getäuscht. Er sagte oft: *Am Anfang warst du so glücklich, wie ein junges Mädchen. Jetzt bist du immer trübsinnig, immer … jetzt habe ich dich verletzt … in allem ist ein bitterer Tropfen.*

Ja, er hatte geweint. Er hatte in ihren Armen geweint.

Ein paar Tage später war Renée durch die Telford Avenue gefahren in Richtung Innenstadt, als es plötzlich zu regnen begann. Ihr fiel ein Anhalter am Straßenrand auf, kein Junge, sondern ein Mann. Aus irgendeinem Grund fuhr sie langsamer … aus irgendeinem Grund starrte sie ihn an, erkannte ihn sofort und blieb doch seltsam unberührt, als ob sie sich nie gesehen hätten. Da stand er im Regen, wie ein dummer Junge und hob den Daumen – na, laß ihn doch naß werden! Er hatte doch selbst ein Auto, oder? Ob seine Frau darauf bestanden hatte es zu nehmen? Na gut, dann verdient er es, im Regen zu stehen, wie kann er sich nur in aller Öffentlichkeit dort hinstellen und darum betteln, mitgenommen zu werden? Warum sollte denn irgend jemand anhalten und ihn mitnehmen?

Und doch hielt sie.

Er starrte sie erstaunt an: »Mein Gott, welcher Zufall …«

Sie fühlte immer noch diese seltsame, erhebende Unabhängigkeit. Sie hatte nicht anhalten müssen; er hätte sie vielleicht nicht einmal erkannt, wenn sie vorbeigefahren wäre; sie hatte aus freiem Willen gehalten, war nicht dazu genötigt worden, war von seinem Anblick nicht einmal sonderlich gerührt. Er erzählte ungehalten über die anstehenden Autoreparaturen, die Bremsen mußten überholt werden, und das würde teuer sein ... und das Auto war erst vor ein paar Monaten in der Werkstatt gewesen. Renée schwieg. Er wechselte das Thema und erzählte ihr eine erfreuliche Neuigkeit: ein kleiner Verlag in Vancouver wollte einen Band seiner Gedichte drucken, er sollte *Die Sirenen* heißen. Er freute sich sehr darüber. Freute sich riesig. War ganz aufgeregt ... Dann kam er auf seine Frau zu sprechen, er nannte ihren Namen nicht, sondern sprach von ihr nur als »sie«. Sie glaubte nicht an ihn, nicht an seine Fähigkeiten als Dichter; jetzt würde sie gezwungen sein, ihre Meinung noch einmal zu überprüfen, jetzt würde sie sich aber wundern ... Renée hörte schweigend zu, beunruhigt darüber, wie bitter und jungenhaft das klang. Sie überlegte, ob ihr Geliebter wußte, was er da sagte. *Jetzt würde sie sich aber wundern! Jetzt!* ... Es erschreckte sie, daß die Frau ihres Geliebten plötzlich so beherrschend erschien, so viel stärker als er. Karl war wie ein Junge, wie ein fröhlicher Junge. Eine ganze Menge Leute in dieser Stadt würden überrascht sein, sagte er. Aber natürlich seien die Leute immer neidisch ...

»Herzlichen Glückwunsch«, sagte Renée schwach.

»Danke! ... Du bist nett, du bist immer so nett«, seufzte er. »Und was für ein Zufall, daß gerade du hier vorbeikamst und mich gerettet hast ...«

»Nur ein Zufall«, sagte sie.

Es gelang ihr endlich, eine der Feuerwachen zu erreichen.

»Hallo, hallo? Können Sie mir bitte helfen? Mein Mann und ich ... wir wissen nicht, was wir tun sollen, wir haben Angst vor dem Hochwasser und ... und wir sind ...«

»Wie hoch steht das Wasser in Ihrem Keller?«

»Wir haben keinen Keller –«

»Wo wohnen Sie?«

»Telford. Block 1200.«

»Ist Ihr Haus schon überflutet? Wie alt sind Sie?«

»Was, wie alt? Ich bin – ich bin sechsundzwanzig.«

»Sie hören sich an wie ein Kind. Brauchen Sie Hilfe? Sind Sie in Schwierigkeiten?«

»Nein –«

»Einen Augenblick, bitte –«

Im Hintergrund war ein Geräusch.

Evan kniete neben ihr. »Renée, hör mal, ich glaube, es geht in Ordnung. Mit wem sprichst du?«

Sie wandte sich ab und schloß die Augen. Sie hatte den Hörer fest an ihr Ohr gepreßt.

Die Verbindung wurde unterbrochen. Renée stand auf. »Ich glaube ... ich glaube, wir sollten weg.«

»Liebling, ich bin ganz sicher, daß alles gutgehen wird.«

Sie gingen zurück in die Küche. Renée sah mit einem plötzlichen Schrecken, daß die Wellen noch näher ans Haus kamen – und sich jetzt nur noch etwa einen Meter vom Haus entfernt brachen. Evan hatte die ganze Zeit hinausgesehen, und er hatte es nicht bemerkt. Er sprach mit sanfter, hohler Stimme. »Wahrscheinlich steigt es heute nacht nicht mehr höher. Es ist ziemlich hoch, nicht? ... Aber viel höher kann es nicht mehr steigen.«

»Was ist denn mit dir los?« rief Renée.

»Was? Was meinst du?«

»Warum benimmst du dich so seltsam?«

»Was meinst du denn? Ich hab' hier draußen Radio gehört – ich bin ein bißchen müde – *du* benimmst dich seltsam, *du* bist hysterisch.«

Sie hatte angefangen zu zittern. Sie schob ihn beiseite.

»Ich bin ganz sicher, daß unser Haus nicht in Gefahr ist«, sagte er stur.

»Vielleicht ist die Einfahrt schon überflutet. Wenn sie unter Wasser steht, können wir nicht mehr weg.«

»Wo willst du denn hin? Warum willst du denn unbedingt irgendwo hingehen?«

»Warum stehst du hier so rum? Evan, du siehst aus wie hypnotisiert –«

»Ich bin ein bißchen müde, das ist alles. Guck mich doch nicht so entgeistert an!«

Er hatte seinen Bademantel über den Schlafanzug gezogen, aber er war immer noch barfuß.

Es war drei Uhr.

»Dir ist ganz egal, was mit uns geschieht«, flüsterte Renée.

»Ich glaube nicht, daß die Situation rechtfertigt, daß ...«

»Das Haus wird überschwemmt werden! Das Wasser kommt hier herein – sieh dir doch nur diese Wellen an, um Gottes willen!«

»Wir ertrinken schon nicht – wie könnten wir denn ertrinken – Es ist ein bißchen hoch, aber viel höher kann's nicht werden –«

Sie starrte ihn an: dieser Mann, der normalerweise so intelligent war, jetzt sah sein Gesicht verzerrt aus, verstört, an beiden Seiten des Mundes standen Falten sturer Boshaftigkeit. In diesem Augenblick erkannte sie ihn gar nicht wieder, sie wußte nicht, ob sie ihn liebte oder haßte oder fürchtete. Sie wußte nicht, ob das stimmte, was er sagte, oder ob er ein wenig verrückt war. Sie zitterte und fröstelte, aber er schien ganz ruhig.

Sie rannte ins Schlafzimmer. Was mußte sie jetzt – was mußte sie tun. – Dies war das erste Mal, daß … Sie waren in Gefahr, aber sie wußte nicht, was sie tun sollte. Ihre Nachbarn? Hatten die Nachbarn ihre Häuser verlassen? Renée überlegte, ob sie anrufen sollte. *Können Sie uns helfen? Wir wissen nicht, was wir tun sollen, wir haben eine kleine Auseinandersetzung darüber – wer von uns verrückt ist und wer normal.* Aber ihre Nachbarn auf der rechten Seite hatten im vergangenen Sommer einen Damm gebaut, und ihr Haus stand ohnehin höher; wahrscheinlich waren sie nicht in Gefahr. Wahrscheinlich genossen sie das Naturschauspiel. Und ihre Nachbarn auf der linken Seite … eine große Familie in einem baufälligen Haus, einer Art Scheune … sieben oder acht Kinder … wußten wahrscheinlich selbst nicht, was sie tun sollten. Und Renée waren diese Leute sehr unangenehm. Oder vielleicht hatte sie aus moralischen Gründen etwas gegen sie: die Mutter tat nichts, um die größeren Jungen davon abzuhalten, die jüngeren Kinder zu ärgern oder sogar ihnen weh zu tun, und manchmal kam der Vater betrunken nach Hause und brüllte sie alle an. *Ich bring' einen von euch um!* Unglaublich, wirklich … Deshalb konnte sie diese Leute nicht gut um Hilfe bitten. War das Panik, daß sie wie gelähmt dastand und sich nicht bewegen konnte?

Sie würde etwas tun. Sie würde ihr Nachthemd ausziehen. Sie mußte etwas anderes anziehen, etwas Wärmeres. Aber jetzt fiel ihr Blick auf den Koffer. Bis zum Rand voll mit Evans Socken. Warum? Warum brauchte er denn so viele Socken? Sie nahm die meisten wieder heraus. Sie sah sich um, sie drehte sich unbeholfen in der Hüfte und sah sich im Zimmer nach Hilfe um. Das Zimmer war ihr vertraut, und doch sah es unerklärlich verändert aus. Was wollte sie denn, was wollte sie nur tun? Sie nahm etwas Unterwäsche aus der Kommode und einen Pullover und ein paar von Evans Sachen und legte sie in den Koffer – dann fiel ihr ein, daß sie gar nicht wußte, wohin sie gehen könnten. In ein Motel? In eins der Hotels in der Stadt? Aber dort war inzwischen sicher kein Zimmer mehr frei ... In eins der Gemeindehäuser? In eine der Feuerwachen? In ihrem Kopf drehte sich alles. Decken, Kaffeekannen, weinende Menschen, dicht zusammengedrängt. Sie hatte Fotos von einer kleinen Stadt in Alberta gesehen, die im vergangenen Frühjahr von einem Hochwasser verwüstet worden war. Leute auf Tragbahren. Überlebende. Opfer. Wütende, undämmbare Wassermassen. Schaden, der auf Millionen geschätzt wurde: menschliches Leben, Vieh, Land ... Sie beschloß, ihr Nachthemd anzubehalten. Sie zog einen dicken Pullover darüber. Und einen Tweedrock, ein altes, formloses, bequemes Ding, das noch aus ihrer Studienzeit stammte. Ja, das war besser. Das war das Richtige. Sie konnte mit bloßen Füßen in ihre Stiefel schlüpfen. Ihr Mantel hing im Schrank im Flur. Sie würde sich in Sicherheit bringen, sie würde sicher sein, würde nicht ertrinken. Sie würde in Sicherheit sein.

Als sie zurück in die Küche kam, sah sie, daß Evan das

Licht gelöscht hatte, um den Sturm besser beobachten zu können. Er sah sie überrascht an. »Du bist ja angezogen?« sagte er verletzt. »Wohin gehst du? Wo willst du denn hin?«

»Wie steht es?«

»Sieh selbst, wir sind nicht in Gefahr.«

Die Wellen waren jetzt nur noch einen halben Meter vom Haus entfernt.

»Evan, bist du nicht ... bist du nicht unvernünftig?« sagte sie, aber ihre Stimme klang seltsam ausdruckslos. Er konnte nicht einmal hören, was sie sagte, bei diesem Wind. »Ich glaube, daß ... Ich glaube ... ich glaube, wir sollten ... ich ...«

Sie kam herüber und stand neben ihm. Sie preßte die Stirn ans Fenster. Der Sturm war faszinierend. Die Wellen, die Trümmerstücke, die mahlenden, schlappenden Geräusche auf allen Seiten ...

Sie hatten den Fluß so hingenommen. Manchmal hatten sie ihn ganz vergessen. Jetzt war er hier, dreißig oder sechzig Zentimeter vom Haus entfernt. Einschläfernd trotz des Lärms. Und durch das Getöse von Luft und Wasser klang ein Rhythmus.

Renée starrte hinaus. Da war doch jemand, an den sie denken wollte ... aber der Sturm fesselte ihre Aufmerksamkeit ... er war faszinierend und brutal. Ach ja, ihr Geliebter. Jetzt hatte sie keinen Geliebten mehr; aber sie wollte an ihn denken. Ob er wohl an sie dachte, und sich um sie sorgte? Die Katastrophennachrichten hörte? Nein, wahrscheinlich nicht. Die Vorstellung hätte ihr gutgetan. Aber nein. Wahrscheinlich schlief er. Und er hätte ihr ohnehin nicht helfen können, nicht bei Dingen, die in ihr

Leben mit Evan gehörten. Sie hätte ihm bei seinem Leben auch nicht helfen können. *Ich habe dich verletzt … alles ist schiefgegangen … Meine Frau wird überrascht sein … Ich liebe dich, ich will dich nicht verletzen. Meine Frau hat nie an mich geglaubt … an mein Talent geglaubt … eigentlich ist sie eine unbedarfte, selbstzufriedene, phantasielose Frau, aber unsere Beziehung ist, unsere Ehe ist … alle Ehen sind … sie funktionieren auf eine Art, die man nicht beschreiben kann. Und sie wird sich wundern. Sie wird sich wundern.*

Es war nach vier, als sie wieder ins Bett gingen.

»Ich hab' dir doch gesagt, daß wir nicht in Gefahr waren«, sagte Evan.

Renée lachte vor Erleichterung. Der Wind hatte sich gelegt; die Wellen waren etwa dreißig Zentimeter zurückgegangen. Der Sturm war vorüber. Sie lachte und lachte. Und Evan lachte. Er stellte die Koffer auf den Fußboden. »Hab' ich's dir nicht gesagt? Ich hab's doch gesagt! Und du wolltest schon das Haus im Stich lassen – du wolltest schon losrennen.«

»Heute nacht, in diesem Sturm sind Menschen umgekommen«, sagte Renée wie betäubt. »Im Radio haben sie eben gesagt –«

»Das war nördlich von hier. Meilenweit entfernt.«

»– Herzanfälle, einer ist ertrunken –«

»Meilenweit von hier.«

»Nur ein kleines Stück von hier!«

Sie gingen ins Bett, Renée fröstelte, und Evans Zähne schlugen aufeinander.

»… Du wolltest weg, du wolltest schon alles aufgeben«, flüsterte Evan.

»Wir waren in Gefahr. Wirklich. Heute nacht sind Menschen gestorben.«

»Bist du nicht froh, daß wir nicht gegangen sind?«

»Der Sturm war so wirklich, so schrecklich … der Fluß war so wirklich …«

Der Wind war immer noch laut. Sie drängten sich fröstelnd aneinander.

»So wirklich, entsetzlich wirklich«, flüsterte Renée ehrfürchtig. Sie war müde, erschöpft. Sie war zu müde, um jetzt noch Angst zu haben. Ihr Schrecken war in eine seltsame, leere Erleichterung übergegangen und hatte sich in Enttäuschung verwandelt … worüber, wußte sie nicht. Enttäuschung? Sie würde also doch nicht bestraft werden.

»Du wolltest das Haus aufgeben«, murmelte Evan. »Unsere Ehe …«

Aber er war zu erschöpft. Seine Stimme wurde rhythmisch, ein Singsang, ein Wiegenlied. »Keine Gefahr … war nie eine Gefahr … ich hab's dir gesagt, nicht? … solltest mir glauben. Jetzt ist alles in Sicherheit, wir sind in Sicherheit. Siehst du? War gar keine Gefahr.« Renée lachte und drückte ihr Gesicht an seine Schulter. Sie suchte nach seiner Hand – sie war kalt. Sie wollte sie massieren, aber plötzlich war sie zu müde. Sie erinnerte sich nicht mehr daran, warum sie enttäuscht war oder warum erleichtert und was für eine Gefahr es gewesen war.

»… in Sicherheit, im eigenen Bett«, sagte Evan schläfrig. »Siehst du …«

JOSEPH BOYDEN

Spinne im Zimmer

Meine Bärin kam zu mir, und sie war alt und klug genug, gründlich Witterung aufzunehmen, aber sie lernte auch, mir zu vertrauen. Ihre Nase zuckte. Der Körper eines Tieres vibriert, ob es will oder nicht. Habe ich im Tierfilmsender gesehen. Schlangen zum Beispiel spüren ihre Beute durch Vibrationen auf, die sie mit dem Unterkiefer wahrnehmen. Eine Antilope spürt den vibrierenden Schritt des Löwen, der sie belauert. Und wenn das Herz aufhört zu schlagen, hört anscheinend auch der Körper auf zu zittern. Doch das Summen, das Summen der Welt, das geht auch noch weiter, wenn der Körper aufgehört hat zu pulsieren, glaube ich. Das Summen eines lebendigen Körpers, ob Hecht oder Stör, ob Moorhuhn, Elch oder Mensch, dieser Schlag des Herzens geht weiter, wenn er vom Leben zum Tode übergeht, ein wenig schwächer vielleicht, und gesellt sich zum Herzschlag von Tag und Nacht. Als ich noch klein war, glaubte ich, das leise Knistern des Nordlichts in den Ohren, die Elektrizität, die ich auf der Haut unterm Parka spürte, das sei Gitchi Manitu, der die Vibrationen der verloschenen Leben einsammelte und die Welt mit der Energie der Tiere wieder auflud.

Meine Bärin kannte meine Vibrationen. Sie wusste, ob ich allein war oder mit anderen zusammen. Sie wusste, ob ich gereizt oder entspannt war. Jeden Tag beschloss ich, nicht eher zu trinken, als bis meine Bärin abends auftauchte, und meistens hielt ich mein Gelübde. Doch wenn die Bärin kam, dann trank ich. Bier, Whisky, was ich gerade hatte. Und wenn die spätsommerliche Sonne den Rand der Welt berührte und sich für fünf Stunden zur Ruhe legte, trank ich und stellte mir wie immer vor, dass meine Bärin auf ihrem Stuhl neben mir saß. Und wir uns unterhielten.

Ich wollte ihr erzählen, dass die Angst ein Teil meines Wesens, meines täglichen Lebens geworden war. Das war ich nicht gewohnt. Ich war immer furchtlos gewesen. Ehrlich. Das war meine Spezialität, meine herausragende Eigenschaft als Buschpilot. Nie die Nerven zu verlieren, bis zum Ende jener Tage.

Jetzt werde ich es erzählen, weil ich es noch nie erzählt habe und die Zeit knapp wird. Meine zweite Bruchlandung machte ich im Sommer. Es waren also keine zugefrorenen Benzinleitungen schuld. Auch kein Sturm, es war ein einfacher Flug von Moosonee nach Attawapiskat, ich brachte ein paar Einheimische zurück in ihr Reservat. Eine junge Mutter und ihre beiden Kinder, ein Flug bei Tageslicht, wolkenloser Himmel beim Start in Moosonee, aber ein Gewitter raste von der Bucht landeinwärts und kreuzte unseren Weg. Ich sah es kommen, war von der Geschwindigkeit überrascht. Richtige Gewitter sind in dieser Gegend ja eigentlich selten, aber wenn, dann sind sie heftig und gefährlich. Ich sah die schwarze Wand aus dem Osten näher kommen, als wir Albany überflogen. Ich hätte die Möglichkeit gehabt, dort auf dem Schotter zu landen, aber ich dachte, wir könnten dem Wetter entkommen.

Die Windböen, die dem Gewitter vorauseilten, wollten mein Flugzeug auf die Seite legen, mein linker Flügel zeigte zu Boden, während wir nordwärts rasten. Ich kämpfte gegen den Wind, indem ich mich mit aller Macht gegen das Ruder stemmte, in die Böen hineinsteuerte, und wenn sie nachließen, sackte die Maschine durch, stieg dann wieder, sackte erneut so heftig durch, dass die junge Mutter sich übergeben musste. Ihre Kinder fingen an zu schreien. Die Adern sprangen aus meinen angespannten Handrücken. Daran erinnere ich mich deutlich: dicke blaue Adern, die unter der braunen Haut pochten. Die schwarze Masse verschluckte uns, ich versuchte mit aller Kraft, ihr nach unten zu entkommen, kämpfte mit Fallwinden, fand keinen Halt für meine kleine Maschine.

Blitze zuckten viel zu nah, ich hoffte, noch ein paar hundert Fuß überm Boden zu sein, wusste es aber nicht, umklammerte krampfhaft das Steuer und trat fest auf die Ruderpedale, versuchte geraden Kurs zu halten. Meine Rechte lag reaktionsbereit am Gashebel, um hochziehen zu können, wenn plötzlich Bäume auftauchten. Ich flog jetzt blind, und mir dämmerte die schreckliche Erkenntnis, dass ich mitten ins schlimmste Wetter hineinflog.

Das war wirklich das erste Mal, dass ich das Angesicht dessen sah, wovon ich zwar gehört, was ich aber nie richtig geglaubt oder begriffen hatte. Ich dachte an meine Frau daheim mit unseren beiden Söhnen, und ich glaubte allmählich, ich würde sie nie wiedersehen. Ich sah das Gesicht, als ein Blitz so dicht an meiner Maschine vorbeizuckte, dass mir die Haare auf dem Kopf zu Berge standen. Und da geschah etwas Eigenartiges. Ich beschloss ganz bewusst, meine Frau und meine Söhne aus meinen Gedanken zu verbannen und mich ganz, mit meinem ganzen Wesen, auf meine Aufgabe zu konzentrieren, zum Wohle der jungen Frau mit ihren Kindern im Passagierraum hinter mir. Ich beschloss, am Leben zu bleiben oder beim Versuch zu sterben – für sie. Ich erklärte mich bereit, der ganzen Welt zu entsagen, wenn ich nur die schöne junge Mutter und ihre beiden Kinder retten konnte, die spuckend und schreiend hinter mir in meiner kleinen Scheißmaschine kauerten.

Vielleicht wurde mir auch klar, dass ich es war, der sie in diese Lage gebracht hatte, weil ich in meinem Leichtsinn zum Wettlauf mit dem Wetter angetreten war. Gott, wenn es dich da draußen gibt, verschon diese Frau und ihre Kinder, und nimm mich zum Opfer. Vielleicht ging es nicht ganz so schnell wie in meiner Erinnerung, aber mir kam es so vor, als hätte ich diese Worte kaum geflüstert, als am Horizont ein helles Loch auftauchte, über mir, etwa tausend Fuß voraus, und ich lenkte das Flugzeug nach oben, gab Gas, bis der Motor kreischte und die ganze Maschine zitterte, ich jagte sie hinauf, hinauf, hinauf in das Licht am Himmel.

Die Blitze hörten auf, sobald wir die schwarze Front hinter uns gelassen und wieder ruhige Luftmassen gefunden hatten. Ich schaute nach unten zu dem Gewittersturm, dem wir entronnen waren, pechschwarze Mitternacht, durchzogen von wütend aufblitzenden Rissen, wie Bibelillustrationen in der Reservatsschule.

Ich griff nach der kleinen Whiskyflasche, die ich für solche Notfälle immer unterm Sitz liegen hatte, und es war mir egal, ob meine Passagiere es sahen oder nicht.

Ich knackte den Verschluss auf und trank. Ich flog immer weiter, geradewegs nach Norden, über das Wüten unter mir hinweg, über Attawapiskat hinaus, hundert Kilometer weit, bis ich sicher war, dass das Gewitter weiter Richtung Westen gezogen war, wo es hinwollte. Zwei Stunden flogen wir so und warteten auf Landeerlaubnis, der Tank halbvoll, das beruhigende Vibrieren des Motors unter meinen Händen.

Ich fragte die schöne junge Mutter, ob sie einen Schluck Whisky wollte, und sie nahm dankend an. Ihr Jüngstes schlief unruhig neben ihr, aber ihr Ältester packte sie am Arm und schrie auf Cree, wir sollten endlich wieder auf der Erde landen. Ich versicherte ihm, jetzt sei alles in Ordnung, und lud ihn ein, neben mich auf den zweiten Vordersitz zu kommen, der ein eigenes Steuer hatte. Ich brachte ihm bei, wie das Flugzeug funktionierte. Ich zeigte ihm, dass man das Steuer heranzieht, um aufzusteigen, nach vorn drückt, um zu sinken, erklärte, dass Fliegen einem bloß im ersten Moment unnatürlich vorkommt, dass es aber die natürlichste Sache der Welt sei.

Als wir uns wieder nach Süden in Richtung Attawapiskat wandten, der Sturm am westlichen Horizont verschwand und die Sonne warm strahlend darüberstand, fing er endlich an zu lächeln. Ich sagte, »Jetzt fährst *du*«, und kroch von meinem Sitz, nach hinten; er hielt sein Steuer mit den kleinen Händen fest. Ich zwängte mich neben die junge Mutter und tat so, als sei ich im Urlaub, während ihr kleiner Junge mit weißen Fingerknöcheln fest das Steuer umklammerte, mir einen angstvollen Blick zuwarf, ehe er sich wieder umdrehte und durch die Cockpitscheibe schaute. »Das machst du sehr gut«, sagte ich. »Flieg einfach geradeaus weiter.« Ich beobachtete ihn heimlich, achtete auf jede Bewegung, jedes unkontrollierte Zucken, tat aber so, als hätte ich nur Augen für seine Mutter.

»Möchtest du noch ein bisschen«, fragte ich und hielt die Flasche hoch. Sie starrte mich sprachlos an, weil ihr Junge die Maschine flog. Ich zwinkerte ihr vielsagend zu und neigte den Kopf zu unserem neuen Piloten, damit sie begriff, dass ich sekundenschnell von ihrer Seite zurück am Steuer sein konnte, um jeden Fehler sofort auszubügeln.

Die junge Frau war wirklich schön. Wir teilten den letzten Schluck Whisky, unsere Schenkel pressten sich auf dem engen Rücksitz aneinander, und dann kletterte ich lässig wieder auf den Pilotensitz, warf dem verschreckten Jungen einen Blick zu und sagte: »Du siehst müde aus. Gut geflogen. Hast uns nach Hause gebracht.« Ich übernahm wieder das Steuer, aber der Junge ließ seines nicht los, schaute hin und wieder zu mir herüber und flog die Maschine mit mir zusammen wie ein alter Haudegen.

Es kam die Stille Stunde vor der Dämmerung, wenn ein Gewitter durchgezogen ist. Kein Luftzug. Alles easy. Ich richtete uns zur Landebahn aus, der Junge saß als Copilot neben mir. Ich erklärte ihm, wie die Pedale und Klappen und Gashebel funktionieren, und wir glitten hinab, vielleicht eine Spur zu schnell, aber nicht gefährlich. Doch es war zu spät, als wir die große Wasserlache in der Mitte des Flugfelds sahen, die wie ein See glitzerte und einen großen Teil der Schotterpiste weggespült hatte; darunter lag ein Fuß schlammiges Unwetter, das uns packte wie der Schatten einer Hexe.

Das Flugzeug zuckte, als wir ins Wasser rollten, mein

Gurt schnitt mir in Schulter und Bauch, aus dem Augenwinkel sah ich, wie der Kopf des Jungen vom Aufprall nach vorn geschleudert wurde, hörte die Schreie von Mutter und Kind hinter mir, die in das Kreischen des Motors übergingen, als der Propeller sich in die Erde bohrte, und die Erde überschlug sich in die Luft und krachte dann hart mit splitterndem Glas und knirschend reißendem Metall wieder herab, als wir kopfüber rutschten und zum Halten kamen.

Ich erinnere mich an den Blechgeschmack des Blutes im Mund und dass es mir im Auge brannte und dass ich den Kopf wenden wollte, aber nicht konnte, zur Mutter mit ihrem Kind, die hinter mir stöhnten und leise keuchten. Dann nur noch Schwarz, und die Angst, dass ich einer unbekannten Familie und meiner eigenen Versprechen gegeben hatte, die ich nicht halten konnte.

THOMAS KING

DreadfulWater kreuzt auf

Ora Mae Forman saß auf dem Balkon des Cascade – alle Apartments hatten hier so blumige Namen – und ließ es sich gut gehen. In der Thermoskanne auf dem Tisch war heißer Kaffee. Daneben lag die Tüte Donuts mit Schokoladenüberzug. Und auf ihrem Schoß ruhte die Morgenzeitung. Ora Mae wartete auf die Sonne und darauf, dass sie die Rockies in ihr Licht tauchte.

»Schon der Blick auf so ein Panorama ist seine Million Dollar wert«, pflegte Sterling Noseworthy allen seinen Immobilienmaklern zu sagen. »Genau das ist es, was Sie hier verkaufen.«

Das war natürlich Quatsch, aber eben Quatsch von der Sorte, wie ihn Sterling zu gerne absonderte, wenn er seine Leute zu motivieren versuchte. Kein Zweifel, der Blick vom Buffalo Mountain Resort in die Weite war spektakulär – mit den Bergen, die fast schon im Wohnzimmer standen, den dichten Kiefern- und Fichtenwäldern, dem Fluss, wie er den White Goat Canyon hinunterrauschte und sich am Bozeman Fault in einen Wasserfall verwandelte, und nicht zuletzt mit der endlosen Prärie unter einem hoch gewölbten Himmel.

Doch einmal abgesehen von der Aussicht – Ora Mae wusste, dass sich die Wohneinheiten im Buffalo Mountain

Resort tatsächlich gut verkauften. Und mit ihnen die Illusion, auf die Weise dem Getriebe der Stadt zu entkommen und eine Zuflucht draußen in der Wildnis zu finden. Dazu die angenehme Vorstellung, dass man so zu den Auserwählten gehörte, die sich buchstäblich aus der Welt zurückziehen konnten, in ein von der Schranke an der Einfahrt garantiertes Urlaubsparadies.

Kein Zweifel, das da draußen war echte Wildnis. In der man sich verlaufen konnte. Von Felsen stürzen. Bären über den Weg laufen. Elchen. Vielleicht auch mal einem Rudel Wölfe, die einen Tag dann auch richtig zum Erlebnis machten. Dabei war der ganze Apartmentkomplex mit dem Kasino in der Mitte um keinen Deut wilder als Banff oder Lake Tahoe oder wo immer sich die Reichen über den Weg liefen, wenn es sie hinaus in die freie Wildbahn zog.

Ora Mae war sich keineswegs sicher, ob die Indianer es richtig gemacht hatten, die ganze Anlage gerade hier hochzuziehen. Claire Merchant hatte Buffalo Mountain zum Thema Nummer eins im Wahlkampf gemacht und bei den Stammeswahlen genug Stimmen für den Sieg zusammenbekommen. Allerdings mit der Folge, dass der Stammesrat nun gespalten war, Familien sich zerstritten hatten und alte Bindungen zerrissen waren. Und die Ironie des Ganzen war, dass Claire selbst das sichtlich größte Opfer hatte bringen müssen. Ihr Sohn Stanley – oder Stick, wie ihn alle bis auf seine Mutter nannten – teilte ihre Vision von wirtschaftlicher Unabhängigkeit nämlich mitnichten. Im Gegenteil, er hob sogar eine gemäßigt militante Organisation aus der Taufe, die er die Red Hawk Society nannte, und fing an, gegen das Projekt zu kämpfen. Die Proteste hatten die Baumaßnahmen von Zeit zu Zeit kurzfristig zum Erliegen gebracht, aber außer der Kugel, die eines Tages hinter einem ungenutzten Müllcontainer abgeschossen worden war und alle Leute rundherum die Köpfe einziehen ließ, hatte es keinerlei Anzeichen von Gewalt gegeben. Nur verletzte Gefühle und mürrische Kommentare, egal, für welche Seite einer am Ende votierte.

Aber das war schließlich Sache der Indianer und ging Ora Mae eigentlich nichts an. Wenn der Komplex in den nächsten Wochen feierlich eröffnet würde, wartete ein anderer Job auf sie: die Apartments so schnell wie möglich an den Mann zu bringen.

»Ihr müsst ein Gefühl für diesen Ort entwickeln«, pflegte Sterling jedem bei jeder Gelegenheit zu sagen. »Euch die Musterwohnungen ansehen. Auf die Balkone hinausgehen. Euch vorstellen, wie es wäre, wenn euch selbst so etwas gehörte.«

Nicht, dass irgendeiner aus dem Maklerbüro sich so ein Objekt hätte leisten können. Selbst die billigen Zweizimmer-Apartments mit Blick nach Norden, von wo aus man unter anderem das Kasinodach und den Parkplatz vor dem Gebäude bewundern durfte, lagen noch über einer Viertelmillion Dollar.

Während Ora Mae inzwischen bei den Todesanzeigen und beim letzten Donut-Kringel angekommen war, klingelte ihr Handy. Als Sterling die Mobiltelefone an sein Maklerteam ausgegeben hatte, hatte Ora Mae geglaubt, der Besitz eines Handys sei so etwas wie das Sahnehäubchen auf der Torte. In den ersten Wochen konnte sie es deshalb auch schon beim ersten Klingeln nie schnell genug aus der

Handtasche bekommen. Doch schon bald hatte sie begriffen, dass ein Handy zwar eine clevere Erfindung war, sogar eine nützliche, aber es konnte auch ganz schön lästig sein. Je häufiger sie es aus der Tasche zog, desto mehr erinnerte sie das Ganze an ihre Schwester in Salt Lake City mit ihren vier lauten Kindern. Auch die waren clever.

Inzwischen hasste sie das verdammte Ding und wartete, wenn es läutete, jedes Mal ein bisschen länger, bis sie das Gespräch annahm. Meistens war ohnehin Sterling am anderen Ende. Sollte er doch warten, bis er schwarz wurde, Ora Mae konnte das nur recht sein.

»Wo stecken Sie?«

Der Mann hatte den charmanten Umgangston eines Feldwebels. Ora Mae leckte langsam einen Finger nach dem anderen ab. Sie schmeckten noch nach warmer Schokolade.

»Im Apartmentkomplex.«

»Alles normal?«

Seit sie mit der Möblierung der Musterwohnungen begonnen und alles hineingestopft hatten, was reichen Leuten halt so am Herzen liegt, trieb Sterling die Sorge um, die Vandalen könnten kommen und sich darüber hermachen. Darum hatte in den beiden letzten Wochen täglich ein Büromitarbeiter von Chinook zum Baugelände fahren müssen, nur um Sterling zu beruhigen, dass das ganze Potpourri in allen Musterwohnungen noch an Ort und Stelle und kein Stück von dem teuren Spielzeug verschwunden war.

»Haben Sie Clarence gesehen?«

»Nein.«

Clarence Fellows war Sterlings Neffe, ein junges Muskelpaket, das gerade das örtliche College hinter sich hatte.

Er hatte sich ein Image verpasst, als sei er das Ebenbild eines Rennwagens. Vor allem gegenüber Frauen legte er Wert darauf. Bei der Arbeit hingegen erinnerte Clarence eher an einen alten Omnibus mit leerer Batterie und vier platten Reifen.

»Er war gestern dran mit der Kontrolle der Musterwohnungen.«

»Tatsächlich?«

»Ich habe aber nichts von ihm gehört.«

»Haben Sie es per Handy versucht?«

»Verlässlichkeit«, sagte Sterling, und seine Stimme wurde ölig. »Verlässlichkeit – das oberste Prinzip, das einen guten Makler auszeichnet.«

Ora Mae mischte sich grundsätzlich nicht in die Angelegenheiten anderer Leute. »Keine Sorge, Sterling, hier ist alles in bester Ordnung.«

»Nirgends Ärger?«

Ärger gehörte zu Sterlings stehenden Begriffen für alles, was nicht rundlief. Ein geplatzter Scheck bedeutete Ärger. Überschwemmungen, Waldbrände, tödliche Krankheiten, hohe Zinsen, lockere Keilriemen, Zahnausfall. Ein schlechter Haarschnitt. Sterling liebte alles, was vorhersehbar war und sich organisieren ließ. Dass er ausgerechnet im Immobiliengeschäft sein Geld verdiente, war ein echtes Rätsel.

»Nicht der geringste.«

»Wir wollen doch schließlich keinen Ärger, oder?«

Das war eine rhetorische Frage, und Ora Mae hatte es längst aufgegeben, auf solche Fragen eine Antwort zu suchen. Das war schon so gewesen, bevor sie sich von zu Hause aufgemacht hatte, um sich im Westen umzuschauen und dort ihr Glück zu machen. Das war jetzt zwanzig Jahre her, und alles in allem waren ihre Pläne auch Wirklichkeit geworden.

»Vergessen Sie nicht, auch wirklich alle Apartments zu checken.«

»Vielleicht werkelt Clarence gerade an einem großen Geschäft.« Ora Mae hörte buchstäblich das Lächeln mit, das sie in ihre Stimme gelegt hatte. Ob auch Sterling es hörte? Wahrscheinlich nicht, dachte sie. Die einzige Stimme, der Sterling jemals lauschte, war seine eigene.

»Und melden Sie sich bei mir.«

Buffalo Mountain Resort war nach einem Entwurf von Douglas Cardinal entstanden. Er hatte dafür einiges an Preisen für die innovative Art eingeheimst, mit der er die Ansprüche an ein luxuriöses Erholungszentrum mit den traditionellen Vorstellungen der Eingeborenen und ihren grundsätzlichen Bedenken gegen so etwas versöhnt hatte.

Das auffallendste Gebäude, das man auch als Erstes zu Gesicht bekam, wenn man aus der ebenen Prärie auf die Bergkette zufuhr, war das Kasino, ein gewölbter, kupfergedeckter Kuppelbau, der in der Sonne schimmerte und glänzte.

Der Apartmentkomplex selbst erstreckte sich südlich und westlich davon. Er war höher als das Kasino, doch das graue Mauerwerk und die getönten Fensterscheiben ließen die Gebäude fast mit den Bergen verschmelzen.

Sterling hatte eine Luftaufnahme vom gesamten Resortbereich machen lassen und sie hinter seinem Schreibtisch an die Wand gepinnt. Vom Boden aus war das Grundmuster des architektonischen Entwurfs nicht zu erkennen, doch von oben betrachtet wurde Cardinals Kreativität deutlich, obwohl er sich streng an die Vorgaben gehalten hatte. Man musste nämlich nur ein wenig seine Fantasie bemühen, dann erkannte man, dass die Gebäude in ihrer Anlage als Ganzes einen liegenden Büffel darstellten, der sich in der Sonne der Hochebene wärmte.

Ora Mae erhob sich langsam von ihrem Balkonstuhl und wischte die Krümel vom Tisch. Ordentlich faltete sie die Donut-Tüte, schob sie zusammen mit der Thermoskanne in ihre Tasche und sah auch noch nach ihren Schuhen, um nur keine Krümelspuren auf dem hellen Spannteppich zu hinterlassen.

Einen Moment lang spielte sie mit dem Gedanken, Sterling anzurufen und ihn damit zu schrecken, dass eine Toilette verstopft sei, das Wasser übergelaufen sei und den Teppich aufgeweicht habe, oder dass ein großer Vogel gegen eine Panoramascheibe geprallt und die zu Bruch gegangen sei, oder dass ein Kurzschluss in einer Küche Schaden angerichtet habe. Sich dabei Sterlings Gesicht vorzustellen, wäre sicher ein Vergnügen, aber sie ließ es bei der Vorstellung und griff nicht nach dem Handy in ihrer Tasche. Das war nämlich etwas, das sie und Sterling Noseworthy, der Vierte oder Fünfte oder Soundsovielte, gemein hatten: Sie liebte Ärger genauso wenig wie er.

Ärger, das hatte Ora Maes Mutter ihr und ihren Schwestern beigebracht, war so etwas wie der Mann als solcher: nie in seinen Grenzen zu halten und einem immer zu dicht auf der Pelle.

Die kleinste Musterwohnung hieß Cataract, ein langes, schmales Zweizimmer-Apartment mit der Küche am einen und dem Wohnraum am anderen Ende. Ora Mae hatte es sich einiges an Zeit und Mühe kosten lassen, um ein verkaufsträchtiges Adjektiv für diesen Wohnungstyp zu finden. Mehr als irgendetwas rund um das Wort »behaglich« war ihr nicht eingefallen. »Behaglich« passte schon irgendwie, dennoch assoziierte man damit schließlich auch so viel wie hell, warm und gemütlich.

»Die Bude ist so winzig«, hatte sie Clarence zu Sterling sagen hören, »dass ein Mann von der Eingangstür aus im weiten Bogen und mit geschlossenen Augen ins Klo pinkeln kann.«

Typische Männersprüche. Ora Mae kannte das schon. Aber sicher wäre es mal ein Spaß, bei so einem Versuch dabei zu sein und zuzuschauen. Aus leidvoller Erfahrung mit der Bürotoilette wusste sie allerdings, es würde keinen Unterschied machen, ob Clarence bei dem Geschäft nun mit geschlossenen Augen am anderen Ende des Flurs stünde oder mit offenen Augen direkt vor der Kloschüssel. Daneben ginge es auf jeden Fall.

Als Ora Mae die Tür zum Cataract aufschloss, hatte sie das vage Gefühl, nicht allein zu sein. »Clarence?«

Sie wusste, was Clarence und Celia Brothers trieben. An sich hätte es ja ein Geheimnis sein sollen, dass Clarence und Celia die Runde durch sämtliche Motels der Umgebung machten, doch wahrscheinlich waren Barbara, Clarence' Frau, und Sterling die Einzigen, die keine Ahnung davon hatten. Trotzdem vermutete Ora Mae, dass Barbara eigentlich Bescheid wusste und nur auf den passenden Augenblick wartete, Clarence die Pistole auf die Brust zu setzen.

»Clarence! Sind Sie da drinnen?«

Ora Mae stand im Türrahmen und sog prüfend die Luft ein. Sie roch dumpf und abgestanden. Doch über der Formaldehydausdünstung aus Teppich und Pressplattenmöbeln und dem scharfen Geruch frischer Wandfarben lag noch etwas anderes, Ungewohntes, süßlich und beißend. Ein unangenehmer Geruch. Einer, der sie beunruhigte und ihr auf den Magen schlug.

Es hieß, Clarence habe die Motels der Umgebung inzwischen durch, und darum sei jetzt für ihn und Celia das Resort an der Reihe. Aber ausgerechnet so ein Miniapartment? Meine Güte! Der Mann besaß so viel Sinn für Romantik wie ein Kleenex.

»Lassen Sies gut sein, Clarence.«

Das Schlafzimmer war leer und das Bett unbenutzt. Gott sei Dank blieben ihr so die allzu nackten Tatsachen eines Clarence und einer Celia erspart, die sich im Wandschrank zu verstecken suchten. Ora Mae ging weiter ins Wohnzimmer und sah aus dem Fenster. Unter ihr glänzte rotgold das Kasinodach, und rundherum ergoss sich der Parkplatz, dessen Asphalt an einen Lavastrom denken ließ, der sich durch Felsen, Bäume und über dichtes Präriegras hinweg bis hier heruntergefressen hatte. Sie stand im hellen Fensterrahmen und überlegte, mit welchen Worten sie wohl potenzielle Käufer davon überzeugen können würde, für so einen engen Schlauch mit Designertoilette eine Viertelmillion Dollar hinzublättern. Vielleicht in Richtung »gute Anlagemöglichkeiten« oder so.

Erst als sie sich wieder zur Eingangstür umdrehte, sah sie den Mann.

»Oh, mein Gott!«

Er lag zusammengesunken in einem großen Ohrensessel. Mit Blick zum Fenster. Er schien es sich bequem gemacht zu haben, und wären da nicht seine Augen gewesen, die irgendwie ins Leere starrten, hätte Ora Mae ihn wohl für jemanden gehalten, der ruhig und in Frieden die Stille genoss, die der Besitz eines Stücks vom Buffalo Mountain Resort so mit sich bringen mochte.

Sie musterte den Mann genauer und merkte, dass sie schon seit einer ganzen Weile die Luft anhielt. Als sie schließlich aus- und weiteratmete, geschah das mit einem langen, tiefen Zug: Gleichzeitig ließ sie die hochgezogenen Schultern sinken und lockerte ihre Arme. Sie hatte in ihrem Leben durchaus schon Tote gesehen, und es war recht lange her, dass ihr ein Mann, tot oder lebendig, etwa einen Schrecken eingejagt haben könnte.

Ora Mae ging wieder zurück ins Cascade. Dort setzte sie sich erst einmal hin, zog die Thermoskanne wieder aus der Tasche und trank den restlichen Kaffee. Die Sonne stand jetzt am Himmel, und während Ora Mae dabei zusah, wie Buffalo Mountain Resort zum Leben erwachte, wurde ihr bewusst, dass sie sich das Gesicht des Mannes gar nicht richtig angesehen hatte. Zwar glaubte sie nicht, ihn zu kennen, aber sie bedauerte jetzt, ihn sich nicht näher angeschaut oder bei ihm nach einer Brieftasche oder einer Kreditkarte gesucht zu haben. So hätte sie zumindest seinen Namen erfahren.

Als Erstes wählte Ora Mae Sterlings Nummer. Kein anderer sollte ihm eine derart gute Nachricht überbringen.

Ärger. Ora Mae lächelte in sich hinein. Der Junge wusste ja gar nicht, was wahrer Ärger war.

Dann rief sie den Sheriff an.

Und dann den Expolizisten DreadfulWater.

STEPHEN LEACOCK

Das fürchterliche Schicksal des Melpomenus Jones

Einigen Leuten fällt es außerordentlich schwer, sich nach einem Nachmittagsklatsch oder nach einer Abendgesellschaft zu verabschieden. Die Zeit geht vorbei, und es kommt der Augenblick, wenn der Besucher sich berechtigt fühlt, nach Hause zu gehen. Er steht auf und sagt plötzlich: »So, jetzt aber, denke ich …« Dann sagen die andern: »Ach, müssen Sie denn schon? Es ist ja noch nicht spät!« Und ein Wortgefecht entwickelt sich.

Der traurigste Fall dieser Art, der mir je zu Ohren gekommen ist, ist derjenige meines armen Freundes Melpomenus Jones. Er war Pastor von Beruf – ein lieber, netter Mann, erst dreiundzwanzig Jahre alt. Er konnte sich einfach nie von den Leuten losreißen. Er war zu bescheiden, um zu lügen, und zu fromm, um grob zu werden. Nun geschah es, daß er – am ersten Nachmittag seiner Sommerferien – einige seiner Freunde besuchte. Sechs Wochen hatte er Ferien, konnte machen, was er wollte – er hatte überhaupt nichts zu tun. Man plauderte eine Weile; er trank zwei Tassen Tee, nahm sich schließlich ein Herz und sagte:

»So, also, ich glaube …«

Aber die Gastgeberin sagte: »Aber nein, Herr Jones, können Sie nicht noch ein bißchen bleiben?«

Jones war die Wahrheit selbst. »Sicher«, sagte er, »natürlich ich – ähm – kann schon noch bleiben.«

»Dann gehen Sie doch noch nicht.«

Er blieb. Er trank elf Tassen Tee. Die Nacht brach herein. Er erhob sich wieder.

»Nun also«, bemerkte er, »ich glaube wirklich …«

»Müssen Sie gehen?« sagte die Dame höflich. »Ich dachte, Sie könnten vielleicht zum Nachtessen bleiben …«

»Ach, ich könnte schon, wissen Sie«, sagte Jones, »aber …«

»Dann bleiben Sie doch bitte. Mein Mann wird sich sicher freuen.«

»Also gut«, sagte er schwach, »ich bleibe«, und sank in seinen Stuhl zurück, gefüllt bis zum Hals mit Tee und in elendester Verfassung.

Papa kam nach Hause. Man aß zu Nacht. Während des Nachtessens dachte Jones nur daran, daß er sich um halb neun bestimmt verabschieden würde. Unterdessen fragte sich die ganze Familie, ob Jones dumm sei und irgend etwas auf dem Magen habe, oder ob er nur dumm sei.

Nach dem Essen versuchte Mama, ihn aufzuheitern und zum Sprechen zu bringen. Sie zeigte ihm Photographien. Sie zeigte ihm das ganze Familienmuseum – Dutzende von Alben –, Photographien von Papas Onkel und dessen Frau, von Mamas Bruder und seinem kleinen Jungen, ein unerhört interessantes Bild von Papas Onkels Freund in bengalesischer Uniform, eine äußerst gut gelungene Aufnahme vom Hund von Papas Großvaters Geschäftsteilhaber, und eine kühne Photographie von Papa als Teufel bei einem Maskenball.

Um halb neun Uhr hatte Jones hunderteinundsiebzig Aufnahmen betrachtet. Etwa neunundsechzig waren übrig, die er noch nicht gesehen hatte. Jones erhob sich.

»Ich muß jetzt gute Nacht sagen«, bat er.

»Gute Nacht sagen!« riefen sie. »Es ist ja erst halb neun! Haben Sie denn noch etwas zu tun?«

»Nein, gar nichts«, gestand er. Er murmelte etwas von »sechs Wochen« und »bleiben« und brach in ein traurig-elendes Gelächter aus.

Es zeigte sich aber, daß der Familienliebling, ein liebes kleines Kerlchen, den Hut von Herrn Jones versteckt hatte; und so sagte Papa, daß er noch bleiben müsse. Man könne noch eine Pfeife rauchen und ein bißchen plaudern. Nur Papa rauchte und redete, aber Jones blieb. Er wollte sich mehrmals aufraffen, aber er fand die Energie nicht mehr. Mit der Zeit begann Jones Papa auf die Nerven zu gehen; er rutschte im Stuhl hin und her und sagte zuletzt mit offensichtlicher Ironie, daß Jones über Nacht bleiben solle, er könnte ja auf der Straße überfallen werden. Jones verstand die Ironie nicht und dankte ihm mit Tränen in den Augen. Papa führte Jones ins Gästezimmer und verfluchte ihn in allen Tonarten.

Nach dem Frühstück ging Papa in die Stadt zur Arbeit, während der verzweifelte Jones zurückblieb und mit dem Baby spielte. Seine Nerven waren am Ende. Den ganzen Tag wollte er weggehen, aber er fand den Mut nicht. Als Papa abends nach Hause kam, fand er zu seinem Erstaunen und Ärger, daß Jones noch immer da war. Er dachte, er könnte ihn mit einer witzigen Bemerkung loswerden, und sagte, er würde ihm in Bälde eine Rechnung für Unterkunft und Verpflegung ausstellen müssen, ha, ha! Der unglückselige junge Mann starrte einen Augenblick wild vor sich hin, ergriff dann Papas Hand, bezahlte ihm einen Monat Zimmer und Verköstigung im voraus, klappte zusammen und schluchzte wie ein Kind.

Während der folgenden Tage brütete er vor sich hin und sprach mit niemandem. Er hielt sich natürlich in der Stube auf, und seine Gesundheit litt unter dem Mangel an frischer Luft und Bewegung. Er verbrachte die Tage, indem er Tee trank und Photographien betrachtete. Stundenlang konnte er vor dem Bild von Papas Onkels Freund in bengalesischer Uniform stehen und sich laut mit ihm unterhalten – oder es beschimpfen. Mit seinen geistigen Kräften ging es abwärts.

Schließlich kam der Zusammenbruch. In wildem Fieberdelirium wurde er in sein Zimmer getragen. Die Krankheit, die nun folgte, war schrecklich. Er erkannte niemanden, nicht einmal Papas Onkels Freund in der bengalesischen Uniform. Von Zeit zu Zeit richtete er sich plötzlich im Bett auf und schrie: »So, jetzt aber, denke ich …«, aber nur, um mit einem grauenerregenden Gelächter wieder in die Kissen zurückzufallen. Manchmal sprang er auch aus dem Bett und schrie: »Noch eine Tasse Tee, noch mehr Photographien! Mehr Photographien! Hurra! Hurra!«

Schließlich, nach einem Monat schwersten Leidens, an seinem letzten Ferientag, gab er seinen Geist auf. Man erzählt sich, daß er sich kurz vor dem Ende noch einmal aufgerichtet und mit einem feinen Lächeln des Selbstvertrauens auf dem Gesicht gesagt habe: »So … die Engel rufen mich. Leider muß ich jetzt wirklich gehen. Adieu.«

Und seine Seele verließ ihr Gefängnis noch schneller als eine Katze, die, von einem Hund verfolgt, über die Hecke setzt.

NICOLAS VANIER

Das Schneekind

Halb sechs uhr morgens.

Obwohl der Regen aufs Zelt trommelt, höre ich am Eingang ein Kratzen.

Ich fahre in die Höhe und stecke den Kopf hinaus.

»Otchum!«

Der Teufelskerl sieht mich mit lachenden Augen an. Sie leuchten im fahlen Dämmerlicht.

»Wieso machst du dir Sorgen?« scheint er mir sagen zu wollen. »Ich bin dem dicken Teddy nur ein bißchen nachgerannt, um zu sehen, was er draufhat.«

»Du Racker! Du Strolch!« Und ich streichele ihm überglücklich die Schnauze. Diane hat mich gehört, und auch Montaine ist wach geworden. Sie ruft nach ihm. Otchum schiebt den Kopf ins Zelt und begrüßt alle mit seinem schönsten Lachen.

Ja, Otchum lacht. Ich bilde mir das nicht nur ein, auch wenn ich, wie ich gerne zugebe, einen Narren an diesem Hund gefressen habe.

Die Dämmerung erscheint uns schöner, das Gebirge weniger bedrohlich und der Regen fast erträglich. Von nun an ist der Regen unser ständiger Begleiter. Wir müssen mit ihm leben oder die Heimreise antreten …

Mit aufgestelltem Schwanz übernimmt Otchum die

Spitze unserer kleinen Karawane und trabt zügig in Richtung Tal. In der Ferne glitzert das silberne Band des Flusses, das sich in seiner Mitte schlängelt. Laut Karte folgt ein alter Pfad, zweifellos ein alter Trapper-Trail, auf den nächsten 50 Kilometern seinem Lauf. Wir erreichen problemlos die Baumgrenze. Auf der Suche nach einer Passage dringen wir in den Wald vor und nehmen mit einem Pfad vorlieb, den Wapitihirsche und Elche ausgetreten haben. Unter lautem Gegacker fliegen ein Kragenhuhn und seine Küken vor uns auf. Sie entkommen Otchum nur knapp.

Wir steigen ab, damit wir zwischen den Bäumen besser manövrieren können. Diane trägt die zwölf Kilo schwere Montaine auf dem Rücken, während ich mit drei Pferden vorausmarschiere. Montaine deutet mit dem Finger auf die Vögel und ruft:

»Piep! Piep!«

Otchum setzt einem Eichhörnchen nach. Schimpfend entwischt es ihm, und Montaine quietscht vor Vergnügen.

Der Pfad verschwindet, doch talwärts lichtet sich der Wald, und wir schwingen uns wieder in den Sattel. Gegen 13 Uhr erreichen wir den Fluß. Zeit für ein Nickerchen.

Der Regen, der vorübergehend nachgelassen hat, ohne aber ganz aufzuhören – wir geben uns keinen Illusionen hin –, wird wieder stärker. Und als Montaine wenig später friedlich unter einer Plane schläft, die wir zwischen den Bäumen gespannt haben, gießt es wie aus Kübeln. Die Eltern warten geduldig, die Pferde verschnaufen, von ihrer Last befreit, und Otchum träumt im Schutz einer Tanne von den Hühnern, die er jetzt fressen könnte.

Am Nachmittag vergeuden wir viel Zeit mit der Suche

nach einem Pfad, der nur auf der Karte existiert. Nach zwei Stunden geben wir es auf und schlagen uns, immer am Fluß entlang, durchs Weidengestrüpp. Gegen 17 Uhr sind wir es leid. Seit der Pause haben wir kaum drei Kilometer zurückgelegt.

Die Landschaft ist herrlich. Der Fluß schlängelt sich durch einen Birken- und Kiefernwald, den leuchtend hellgrüne Pappeln sprenkeln. Erlen und Weiden, die anmutig ihre Zweige neigen, säumen die Uferböschungen. Hier und da tut sich eine Bresche auf und gibt den Blick auf blühende Wiesen frei. Nicht einmal das Grau vermag die scharfen Kontraste zu verwischen und die Vielfalt der Farben zu schmälern.

Ich entzünde mit Birkenrinde ein Feuer und lege eine Unmenge dürres Holz nach. Bald schlagen die Flammen drei bis vier Meter hoch und bescheinen die umstehenden Bäume, an denen glitzernd das Wasser herunterrieselt. Regentropfen fangen das Licht des Feuers ein und funkeln. Diane backt ein köstliches Fladenbrot, und trotz des Regens, den wir mit Verachtung strafen, klingt der Tag versöhnlich aus.

Zwei Tage lang ziehen wir ohne nennenswerten Zwischenfall durch das grüne Tal, mal im Wald, mal am Fluß entlang oder, wenn am Ufer ein Fortkommen unmöglich ist, sogar in seinem flachen Bett. Montaine gewöhnt sich allmählich an den neuen Rhythmus. Da sie im Sattel ziemlich rasch ermüdet, bleibt sie meist brav in ihrem Rucksack und bestaunt von dort die Wunder dieser grandiosen Gebirgslandschaft.

Wir tun so, als schenkten wir dem Himmel keine Beachtung, der unablässig seine Wassermassen über uns auskippt. Längst haben die Flüsse ihre schöne blaugrüne oder kristallklare Farbe verloren. Schlammig braun wälzen sich die aufgewühlten Fluten nun zu Tal und führen eine Unmenge von Bäumen und anderen Pflanzen mit, die sie von den Ufern gerupft haben.

Das stimmt mich ein wenig bedenklich. Diesen Fluß hier könnten wir, obwohl er angeschwollen ist, noch ohne größere Probleme durchqueren. Doch in spätestens zwei Tagen müssen wir über den Pelly setzen, und der, so fürchte ich, wird es uns nicht so leicht machen. Stromabwärts stoßen wir immer häufiger auf Wildspuren: Wapitihirsche und Großohrhirsche – zweifellos die letzten, die wir zu sehen bekommen, denn wir stoßen an die Nordgrenze ihres Lebensraums –, Elche, Karibus in Rudeln von fünf bis zehn Tieren, meist Kühe mit Kälbern, und natürlich einige Bären, in erster Linie Schwarzbären. Otchum flitzt vergnügt von Fährte zu Fährte und bellt wie verrückt, wenn er ein Tier gestellt hat. Er bleibt dann zehn Meter vor ihm stehen, und erst wenn er 20 Minuten lang vergeblich auf uns gewartet hat, kehrt er etwas unwillig und mit zerknirschter Miene zu uns zurück.

Auf diese Weise legt er täglich gut 100 Kilometer zurück, und sobald wir von den Pferden steigen, sinkt er erschöpft zu Boden.

Eines Nachmittags, als wir einem Wildwechsel durchs Erlengestrüpp folgen, stoßen wir auf eine Schwarzbärin mit zwei Jungen, niedlichen Teddys, die man am liebsten auf den Arm nehmen möchte. Uns trennen höchstens 20

Meter, doch offenbar sind sie so damit beschäftigt, sich mit Himbeeren vollzustopfen, daß sie uns weder gehört noch gesehen haben. Wir beobachten die possierliche Szene eine Zeitlang, dann stoße ich einen Pfiff aus, damit die kleine Familie den Weg freimacht, ehe unsere Pferde wieder einen Schreck kriegen und durchgehen.

Montaine hat sich nichts von der Darbietung entgehen lassen und sagt den Bären ganz selbstverständlich »Auf Wiedersehen«, als handele es sich um drei Freunde, die gekommen sind, um uns eine gute Reise zu wünschen.

Die Begegnung mit dem Grizzly hat Otchum anscheinend tief beeindruckt. Jedenfalls hält er sich jetzt auffallend zurück und knurrt nur leise und aus sicherer Entfernung.

In den allermeisten Fällen zieht der Amerikanische Schwarzbär (Baribal) die Flucht dem Angriff vor, selbst in Begleitung von Jungen. Ganz anders sein Vetter, der Grizzly, auch wenn man in bezug auf ihn zu Übertreibungen neigt. Gewiß, er tötet nicht wenige Menschen, aber ihn deshalb als blutrünstige Bestie hinzustellen, geht doch zu weit, vor allem wenn man weiß, warum diese Menschen umgekommen sind. In 99 von 100 Fällen ist falsches Verhalten die Ursache. Die wichtigsten Grundregeln lauten: sich nie einer Mutter mit Jungen nähern, die Tiere nie bei der Mahlzeit stören, sie nie verletzen (was bei der Jagd häufig geschieht) oder ganz allgemein überraschen und ihnen dabei zu nahe kommen.

Als wir zu Pferd die amerikanischen Rocky Mountains überquerten und dabei durch unberührte Täler kamen, warnten uns die wenigen Bewohner dieser Landstriche vor Meister Petz und rieten uns dringend, uns Colts anzuschaffen, Lebensmittel stets an Bäumen aufzuhängen, die Pferde mit Glöckchen zu versehen und was weiß ich noch alles. Kurzum, obwohl wir nur einige Verhaltensmaßregeln beherzigten, kam es während unserer fünfmonatigen Expedition durch Grizzly-Land zu keinem Zwischenfall. Dieselbe Erfahrung machte ich in Sibirien, nördlich und südlich des Baikalsees, wo es von Bären wimmelt. Mit Glück hat das nichts zu tun, und das gilt für die meisten Gefahren des hohen Nordens. Was hat man uns nicht alles über Wölfe, die Kälte, Schneestürme erzählt? Einige berühmte Schriftsteller und Forscher sind daran nicht ganz unschuldig. Wer die Risiken dramatisiert, wertet die eigene Leistung auf. Ein alter Trick, der um so besser funktioniert, als der hohe Norden nicht gerade ein bevorzugtes Reiseziel von Urlaubern ist.

Der Grizzly ist also das einzige Tier – und in weit geringerem Maß auch der Vielfraß –, vor dem man auf der Hut sein muß. Aus diesem Grund habe ich auch Otchum mitgenommen, statt ihn bei der Meute im Jura zu lassen – von der Freude, die uns seine Gesellschaft bereitet, einmal ganz abgesehen.

Im übrigen erfüllt Otchum seine Aufgabe als Wachhund bestens. Er bezieht stets in der Nähe des Zeltes Posten und paßt auf, wenn sich etwas nähert, Pferde, Füchse oder was auch immer ... In dieser Hinsicht können wir beruhigt sein, zumal die geladene Winchester stets griffbereit liegt. Das Zelt ist eine Festung, in der sich eine Königin, wie meine Montaine, bedienen und verhätscheln läßt.

Ein Wunder! Heute morgen regnet es nicht. Es nieselt nur ganz leicht. Fast ist man versucht, die Sonnenbrillen hervorzukramen.

Wir beladen unsere vier Pferde in der Rekordzeit von 75 Minuten und brechen auf. Wenn meine Berechnungen stimmen, sind es noch acht Kilometer bis zum Pelly. In einem wolkenverhangenen Gebirgstal ist die Orientierung nicht gerade leicht. Nach einiger Zeit öffnet sich das Tal zu einem großen Sumpf, in dem wir zwei kapitale Elchbullen aufscheuchen. Einer hat ein mächtiges Geweih, der andere ist, obwohl schwerer, weniger gut bestückt, zweifellos ein alter Bulle, der seinen Zenit bereits überschritten hat. Wie bei Rothirsch oder Rehbock wird das Geweih auch beim Elch im hohen Alter zurückgesetzt.

Der Sumpf erleichtert das Fortkommen nicht, und wir müssen absteigen, um den Dicken zu schonen, der auf der leicht geschwollenen rechten Vorderhand lahmt. Wir reiten abwechselnd auf dem Jungen, und Montaine reist im Rucksack auf unserem Rücken.

Der Sumpf ist überflutet und in der Mitte unpassierbar. Wir ziehen an seinem Rand entlang, bis wir auf ein undurchdringliches, bis zu zwei Meter hohes Erlengestrüpp stoßen. Wir versuchen unser Glück im Wald, doch der ist ebenso dicht. Überall verkohlte Bäume von einem länger zurückliegenden Waldbrand, wie sie hier häufig entstehen, wenn am Ende eines heißen Sommers Gewitter niedergehen. Wenigstens in dieser Hinsicht haben wir nichts zu befürchten!

Es wird Abend, und der Pelly ist noch immer nicht in Sicht. Wir werden unruhig, zumal das leichte Nieseln vom

Morgen längst wieder in den gewohnten Landregen übergegangen ist. Doch dann, welch ein Anblick: Krickenten, Schellenten, Kragenenten, Reiherenten und Strandläufer kreisen über dem Sumpf, drehen plötzlich bei und stoßen in einen der schilfumsäumten Teiche hinab, in dem Biber ihrer Arbeit nachgehen und silberglänzende Spuren durchs gerippte Wasser ziehen.

Mitten in der Nacht hört der Regen auf – ob so der Fluß nicht weiter anschwellen wird? – und setzt am nächsten Morgen wieder ein. So ein Mist! Ich stehe auf und frage mich, warum ich so schlecht gelaunt bin – weil ich mir wegen der Regenpause falsche Hoffnungen gemacht habe oder weil im Schutz der Nacht die Pferde ausgerissen sind. Ich suche eine Stunde lang in einem weiten Halbkreis um unser Lager, ehe ich auf tiefe Hufabdrücke stoße, die in einen Birken- und Pappelwald führen. Am Fuß des Berges verliert sich die Spur auf dem steinigen Boden. Ich kehre ins Lager zurück, um festzustellen, ob Diane sie auf der anderen Seite des Sumpfes entdeckt hat. Es könnte ja sein, daß die Pferde am Fuß des Berges von alleine umgekehrt sind.

»Nichts«, sagt Diane, die Montaine auf dem Rücken trägt, »nur eine Elchkuh mit ihrem Kalb.«

»Warum hast du sie nicht mitgebracht? Wir hätten sie satteln können!«

Das fröhliche Gesicht von Montaine, die wie ein junger Vogel piepst, heitert mich etwas auf.

Wir trinken einen Liter Kaffee, dann nehme ich die Suche nach den Pferden wieder auf. Ich entdecke sie 100 Meter von der Stelle entfernt, wo ich vorhin umgekehrt bin. Aber finden allein genügt nicht. Der Alte nimmt Reißaus, und der Rest der Bande galoppiert hinterher. Trotz der Fesseln. Der Alte war ihnen ein guter Lehrer.

Zum Teufel mit den verwünschten Gäulen! Ich tobe, denn zu allem Überfluß sind sie auch noch den Berg hinaufgerannt. Ich muß durchs nasse Gestrüpp hinterher. Zwei oder drei Mal rutsche ich auf dem schlüpfrigen Hang aus und falle hin.

»Verdammt, diese Mistviecher!«

Ich koche vor Wut. Ich muß mich zusammenreißen, sonst verpasse ich ihnen noch eine Kugel, um sie Mores zu lehren …

Ich habe sie fast erreicht, da jagen sie im Galopp wieder den Hang runter. Der Dicke lahmt noch stärker und hat Mühe, ihnen zu folgen.

»Dämliches Vieh!«

Ich schlage einen weiten Bogen und pirsche mich von vorn an sie heran. Da sind sie. Sie grasen friedlich zwischen den Felsen und würdigen mich keines Blickes, als ich ihnen einen Strick um den Hals lege. Nur der Alte hebt kurz den Kopf und glotzt mich an, als wollte er sagen: »Ach, du bist es!« Ich weiß nicht, ob ich lachen oder heulen soll!

Ich werde Pferde nie verstehen, und das hat mentale Gründe, da kann Diane noch so oft behaupten, daß sie ein »gewisses Maß an Intelligenz« besäßen. Es sei mir gestattet, daran zu zweifeln, auch wenn ich mir damit den Zorn derer zuziehe, die eine Schwäche für diese Tiere haben, die ja durchaus ihre nützlichen Seiten haben. Tatsächlich würde ich mich nicht zu der Behauptung versteigen, daß ich Pferde nicht mag. Gut, sie gehen mir ziemlich oft auf die Nerven und jagen mir gelegentlich einen Schrecken ein, aber ich bin gern mit Pferden unterwegs, ehrlich. Manchmal gewinne ich sie sogar lieb. Einmal, auf einer Expedition in Kanada, habe ich ein schnuckliges kleines Klassepferd richtig ins Herz geschlossen.

Meine Wut verfliegt ebenso rasch, wie sie gekommen ist, und ich kehre versöhnt ins Lager zurück. Die Vorderhand des Dicken ist – wen wundert's? – noch dicker angeschwollen. Diane ist besorgt.

»Das sieht nicht gut aus. Der kann frühestens in einer Woche wieder normal laufen, wenn wir Glück haben.«

Da haben wir's. Einmal mehr muß ich bei einer Reise zu Pferd auf Schusters Rappen umsteigen.

Der Dicke lahmt tatsächlich immer schlimmer. Wir legen die vier Kilometer bis zum Pelly zurück, dann halten wir an. Wie soll es weitergehen? Sollen wir den Fluß durchqueren? Ebensogut könnten wir uns Mühlsteine um den Hals hängen und ins Wasser gehen.

»Was sollen wir tun?« Diane blickt beklommen in die reißende Strömung, in der ganze Baumstämme treiben.

»Keine Ahnung.«

Und das ist die Wahrheit!

JAKOB ARJOUNI

Magic Hoffmann

Am nächsten Abend führte Fred Moni zum Essen ins Le Parisien. Ob Annette da sein würde, war ihm egal. Es sollte sein letzter Abend in Berlin sein, und das Le Parisien war das feinste und teuerste Restaurant, das er kannte. Er bestellte Champagner, und Moni, in einer Art Fliegerkostüm aus dunkelrotem Filz und mit einer extra für diesen Anlaß vom Frisör toupierten Hochfrisur, die an eine spitz auslaufende Meeresschnecke erinnerte, übersetzte ihm die Speisekarte. Sie hatte vom Le Parisien als Inbegriff eines Berliner Künstlerrestaurants schon oft gehört, war aber noch nie hier gewesen. Wie Fred war sie von der Ausstattung begeistert. Die anderen Gäste nahmen beide kaum wahr.

Nachdem sie die Speisekarte einmal hoch und runter bestellt hatten und der Kellner – er erkannte Fred im Nadelstreifenanzug und mit neuer Frisur nicht wieder – gegangen war, sprachen sie über Freds Reise. Er wollte über die grüne Grenze nach Holland und in Rotterdam auf ein Frachtschiff, das Passagierkabinen nach Kanada hatte. Im September wollte Moni ihn besuchen.

»... Wenn du kommst, werde ich bestimmt schon ein Haus haben: mit Terrasse zum See und einem Holzsteg mit Boot und Wasserski.«

»Bist du schon mal Wasserski gefahren?«

»*Sure* … alter Matrosensport!«

Sie lachten und stießen erneut mit Champagner an. Bald war die erste Flasche leer, und Fred winkte nach der nächsten.

»… Ich stell mir vor, hinterm Haus fängt gleich die Apfelplantage an«, erklärte Fred und zeichnete mit dem Finger auf die Tischdecke, »so groß etwa. Da hinten ist dann die Fabrik, wo der Wein gegoren und in Flaschen abgefüllt wird. Und obendrauf in roten Neonbuchstaben: HOPEMAN'S APPLEWINE!«

»Wie schmeckt Apfelwein eigentlich?«

»Wie saurer Apfelsaft mit einem Schuß Alkohol.«

Moni verzog das Gesicht.

»Aber viel, viel besser!« sagte Fred schnell.

Als der Kellner den Champagner brachte, fragte Fred, ob es auch Apfelwein gebe, worauf der Kellner antwortete, sie hätten einen ausgezeichneten Cidre, doch Fred, der nicht wußte, was das war und ob der Kellner wieder irgendein Probierschlückchen-Spielchen mit ihm vorhatte, winkte ab.

Der Kellner verschwand, und Fred schloß: »Im September ist Ernte, dann wirst du genug probieren können.« Dann hob er den frischgefüllten Champagnerkelch. »Noch drei Monate …«

Moni hob ebenfalls den Kelch und lächelte: »Abgemacht ist abgemacht.«

Fred hielt einen Augenblick inne … Ja, abgemacht ist abgemacht – *what a sweet and wonderful princess!*

»Auf Kanada!« sagte Moni, und sie tranken.

Nach dem Essen bei Cognac und Kaffee sagte Moni zum

ersten Mal, daß sie sich in ihn verliebt habe, und Fred erinnerte sich an eine von Oma Ranunkels Weisheiten: Bei Abreisen werde das Wetter schön.

»... Und ich werde versuchen, in Kanada bei ein paar Ballettkompanien vorzutanzen.«

Fred war sprachlos. Er sah in Monis im Kerzenlicht glitzernde Augen und fühlte sich wie in warmer weicher Sahne versinken. Nach vier Jahren Knast und vier Wochen Enttäuschungen, nach Annette und Nickel, Polizei und Fahndung, nach dem ganzen Scheiß saß er nun im schicksten Restaurant, hatte Geld wie Heu, und die Frau, von der er geglaubt hatte, daß sie hundert tollere Männer als ihn kenne, wollte ihm nach Kanada folgen ... Er schüttelte kaum merklich den Kopf: *Magic Hoffmann goes lucky!*

»... Du wirst die größte Primaballadingsda von ganz Amerika werden!«

Moni lachte. Sie konnte es selbst noch kaum glauben, aber an dem Abend, an dem sie Freds Zimmer wegen seiner blöden Bemerkung über Ballettänzerinnen verlassen und seit langem mal wieder vor der Nähmaschine gesessen hatte, war ihr plötzlich klargeworden: Dieser merkwürdige Bauer mit den Glupschaugen hatte es ihr angetan. Sie wollte nicht, daß er fuhr, doch noch weniger, daß er von der Polizei erwischt wurde, blieb also nur eine Möglichkeit ... Moni war überrascht gewesen, wie schnell sie sich an den Gedanken gewöhnte, Berlin zu verlassen. Natürlich war es nur ein Gedanke, und der kostete nichts, aber Moni war keine Träumerin, und an sinnlose Gedanken verschwendete sie keine Zeit.

Zum Abschluß des Abends schlug Fred vor, in Ringos Stübchen noch einen letzten Schnaps zu trinken.

Der Wirt erkannte Fred wieder und freute sich offensichtlich, daß Fred verstanden hatte, daß man in seiner Kneipe keine Angst vor der Polizei haben mußte. Zwei der Greise waren ebenfalls da, und alle beglückwünschten Fred zu seiner charmanten Begleitung. Mehrere Runden Malt Whiskey gingen über die Theke, und bald waren Moni und Fred endgültig betrunken. Fred erklärte, was für eine großartige Stadt Berlin sei, er wurde gedrängt, bald wiederzukommen, und Moni mußte Rede und Antwort stehen, wieviel Kinder sie mit Fred haben wolle, und ob er sie behandeln würde, wie's ein so »hübsches, aufgewecktes Kindchen« verdiente.

Zum Abschied umarmten sich alle, dann wankten Fred und Moni nach Hause. Der Mond schien, und sie küßten sich in Hauseingängen.

»Vielleicht komme ich doch schon im August.«

»Oder im Juli?«

»Warum nicht gleich im Juni?«

»Ja, warum nicht?«

»Dann laß mich los, ich muß schnell nach Hause und packen.«

Sie lachten.

»Hauptsache, du kommst«, sagte Fred.

»Ich komme«, schwor Moni.

Die frische Luft machte sie wieder nüchtern. Sie erreichten das Hotel und stiegen hinauf in Monis Zimmer. Es war ihre letzte Nacht, und erst als die Vögel zu zwitschern begannen, schliefen sie erschöpft Arm in Arm ein.

Am nächsten Tag schien zum ersten Mal seit Freds Ankunft die Sonne, und ganz Berlin schien sich hübsch gemacht zu haben. An den Bäumen längs der Straße leuchtete das erste Grün, Fenster standen offen, Musik wehte heraus, Männer in bunten, leichten Hemden und Frauen mit luftigen Blusen bevölkerten die Bürgersteige, und die Cafés hatten Tische rausgestellt. Oma Ranunkels Weisheit stimmte also.

Das Taxi, das vorm Hoteleingang hielt, hatte die Fenster runtergekurbelt, und der Arm des Fahrers hing lässig in der Sonne. Fred warf seinen Koffer hinten rein und setzte sich mit Moni auf die Rückbank.

»Zum Bahnhof Zoo, bitte.«

Der Fahrer drehte sich um. »Soll das ’n Witz sein? Die paar Meter?«

Fred gab ihm einen Zwanzigmarkschein. Er war verkatert, und je näher die Abreise rückte, desto trauriger wurde er. Immer wieder hatte er überlegt, ein paar Tage länger zu bleiben, aber das Risiko, doch noch von der Polizei erwischt zu werden, war zu groß. Moni hatte ein Kopftuch umgebunden und ihr Gesicht hinter einer riesigen Sonnenbrille versteckt. Wegen der letzten zwei Abschiedstage war sie noch nicht dazu gekommen, mit den siebentausend Mark, die ihr Fred gegeben hatte, ihre Schulden zurückzuzahlen, und hatte Angst, ausgerechnet jetzt ihren Gläubigern zu begegnen. Selbst mit Geld würde das keine schöne Szene, und sowieso hatte sie an diesem Morgen Wichtigeres im Kopf.

»Du schreibst mir deine Adresse?«

Fred nickte. »Sobald ich eine habe.«

Moni beugte sich an sein Ohr: »Laß dir Zeit an der holländischen Grenze! Notfalls nimmst du dir ein Hotel und guckst dich erst mal um.«

»Das wird schon.«

»Und ruf mich an, wenn du in Rotterdam bist!«

»Natürlich.«

Das Taxi hielt vorm Bahnhofseingang, und sie stiegen aus. In der Bahnhofshalle blieb Moni mit Freds Koffer an einem Imbiß stehen.

»Bis gleich«, sagte Fred und wollte schon weiter, als Moni ihn festhielt und an sich zog. Die dabeistehenden Imbißgäste schmunzelten.

Nach einem langen Kuß lösten sie sich voneinander, und Fred ging schweren Herzens zum Fahrkartenschalter. Sein Zug fuhr in einer halben Stunde. Während er in der Schlange stand, verfluchte er das Café Budapest. Wie wunderbar wäre es, jetzt in Berlin bleiben zu können! Wo die Sonne schien, wo alles herrlich war! Er mußte sich zusammenreißen. Noch drei Monate, bis Moni ihre Schule beendet hatte ... Drei kleine, beschissene Monate ... Er würde alles vorbereiten: das Haus einrichten, einen großen Ballettsaal für Monis Training bauen, ein Segelboot kaufen ...

Plötzlich wurden die Türen zum Schalterraum aufgestoßen, und eine Gruppe Glatzen mit Springerstiefeln und Bomberjacken marschierte herein. Fred fuhr zusammen und wandte sich schnell ab. Dann guckte er unauffällig, ob es seine Bekannten aus der U-Bahn waren. Vielleicht, vielleicht nicht – bei ihrer Aufmachung waren Unterschiede schwer festzustellen. Jetzt nur keinen Ärger, dachte Fred. Und als hätten sie seinen stummen Ruf erhört, gingen die Glatzen freundlich lächelnd herum und verteilten Flugblätter mit der Überschrift: ›Damit später niemand sagen kann, er habe von nichts gewußt!‹

Dazu erhielten die Reisenden von den Glatzen, als eine Art Werbegeschenk, Baseballmützen mit der Aufschrift auf der Stirnseite! »Ob rot, ob schwarz, ob braun – Deutsche für deutschen Raum!‹ Das Flugblatt erklärte, daß, wissenschaftlich errechnet, im Jahre 2020 voraussichtlich zehn Milliarden Menschen auf der Erde leben würden und daß es nichts mit Nationalismus oder Rassismus zu tun hätte, wenn man sage, Deutschland sei soviel wert wie zum Beispiel Simbabwe. Alle Völker und Kulturen seien gleich, aber überleben täte in solcher Situation nun mal der Stärkere – und der Stärkere sei, wer zusammenhalte. ›Denken Sie an Ihre Kinder und Enkel, an Ihren Mann oder Freund, an Ihre Frau oder Freundin – denken Sie an die Menschen, die Sie lieben!‹

Fred nahm Flugblatt und Baseballmütze entgegen und atmete auf, als die Glatzen den Schalterraum wieder verließen. Um ihn herum wurden die Flugblätter gelesen, wurde getuschelt, gelacht und der Kopf geschüttelt. Die Baseballmützen wurden eilig in Taschen und Jacken gestopft. Einige guckten angestrengt empört in Richtung der zugeschlagenen Türen und schleuderten für alle gut sichtbar mit plötzlich aufkommender Verachtung Flugblatt wie Baseballmütze zu Boden. Nur ein paar Kinder setzten sich die Mützen tatsächlich auf.

Fred bezahlte seine Fahrkarte, trat aus dem Schalterraum und ging zu den Schließfächern. Er sah die Glatzen durch die Bahnhofshalle schwärmen. Mit einem Blick versicherte er sich, daß Moni noch am Imbiß stand.

Er steckte den Schlüssel ins Schließfachschloß und zog die Klappe auf. Bevor er den schwarzen Geldkoffer herausnahm, schaute er sich kurz um. Niemand beobachtete ihn. Aber etwas anderes ließ ihn innehalten: Eine zweite Gruppe Stiefelträger stürmte durch den Haupteingang in die Halle, stoppte auf Kommando und formierte sich mit Knüppeln und Ketten zu einem Angriffskeil. Im Unterschied zu den Glatzen trugen sie Lederjacken und bunte Himmelfahrtsfrisuren.

»Ach du Scheiße!« murmelte Fred, nahm schnell den Koffer und warf die Klappe zu.

Etwa zwanzig geballte Fäuste reckten sich in die Luft, und wie ein einziger greller Schrei tönte es durch die Bahnhofshalle: »Rotfront! Nazis raus!«

Die Parole verklang, und für einen Moment schien die Zeit anzuhalten. Der Keil stand provozierend, während Glatzen, Reisende und anderes Publikum verwirrt, furchtsam oder fassungslos verharrten. Stille legte sich über die Halle, nur die Zugansage war noch zu hören. Dann klatschten die ersten Flugblätter auf den Boden, und die Glatzen zogen Baseballschläger aus ihren Jacken. Der Imbiß, an dem Moni wartete, befand sich ziemlich genau in der Mitte zwischen den beiden Stiefelgruppen.

Fred rannte los. Als er Moni erreichte, marschierten die Glatzen »Rotfront verrecke!« skandierend auf den Keil zu. Die Umstehenden zogen sich hastig zurück, und in der Mitte der Bahnhofshalle bildete sich eine Art Kampfarena. Am Rand stand ein einzelner Polizist und flüsterte hektisch in sein Funkgerät.

»Schnell!« zischte Moni, die ihr Kopftuch abgestreift

hatte, und zog Fred zum Ausgang. Doch plötzlich brach der Keil auseinander und rannte mit Geheul auf die Glatzen zu. Ehe sich Moni und Fred versahen, befanden sie sich mitten im Kampfgeschehen. Um sie herum sausten Knüppel und Baseballschläger, wurden Ketten geschwungen, traten Stiefel, klatschten Fäuste, wurde vor Schmerzen und Haß gebrüllt, und überall warfen sich ihnen Kämpfende in den Weg. Ein ohrenbetäubendes, wütendes, viehisches Chaos. Die ersten Schläge konnte Fred, der Moni hinter seinen Rücken gezerrt hatte, mit dem Koffer noch abwehren, doch dann tauchte eine Glatze direkt vor ihnen auf, schrie »Rote Sau!« und schlug Fred den Koffer aus der Hand.

»Wir haben damit nichts zu tun! Wir sind nur Reisende!« rief Fred und wollte noch zum Beweis ihrer Neutralität die Hände heben, als er einen Tritt in den Magen bekam. Fred strauchelte, und einen Augenblick wurde ihm schwarz vor den Augen. Dann hörte er mitten im Getümmel ein seltsames, dumpfes Geräusch …

Als Fred sich umdrehte, lag Moni schon am Boden. Fred fuhr zusammen, dann blieb er wie versteinert stehen. Monis Gesicht war nur noch Blut. Ein zweiter Hieb mit dem Baseballschläger hatte ihren Schädel zertrümmert.

Freds Mund öffnete sich, aber es kam kein Ton raus. Während um ihn herum der Kampf weitertobte, plumpste er vor Moni auf die Knie, nahm ihren Kopf und hob ihn in seinen Schoß.

So saß er noch, als sämtliche Stiefelträger längst verschwunden waren, sich eine Gruppe Fassungsloser um ihn gebildet hatte und Polizei und Krankenwagen eintrafen.

Zwei Krankenpfleger beugten sich zu Fred und redeten ihm zu, Monis Kopf loszulassen, doch er schien nichts zu hören. Seine heraustretenden Augen guckten wie blind. Behutsam hob einer Freds Hände zur Seite, während der andere die Leiche unter den Schultern packte. Sie hoben sie auf eine Bahre und trugen sie weg.

Dann ging ein Polizist neben Fred in die Hocke, nahm seinen Arm und bat ihn aufzustehen. Fred gehorchte willenlos. Er ließ sich zum Imbiß führen und auf einen Hocker setzen. Der Polizist verschwand, um kurz darauf mit einer Flasche Schnaps wiederzukommen.

Nachdem er Fred einen Plastikbecher voll eingeflößt hatte, fragte er: »Tut mir leid, aber … könnten Sie uns vielleicht den Namen des Opfers sagen?«

Er hatte sich neben Fred auf einen weiteren Hocker gesetzt, und seine Hand ruhte auf Freds Schulter. Fred zu belästigen war ihm sichtlich unangenehm.

Nach einer Weile antwortete Fred tonlos: »Moni Sergejew.«

Der Polizist nahm die Hand von der Schulter und notierte in einen Block.

»Und Ihr Name?«

Fred reagierte nicht.

»… Bitte, verstehen Sie, wir brauchen Sie als Zeugen … Sie wollen doch auch, daß die Täter so schnell wie möglich gefaßt und verurteilt werden …?« Der Polizist hielt inne. »Na, lassen Sie mal«, sagte er und erhob sich vom Hocker, »das können wir selbstverständlich auch später machen.«

Doch er irrte. Während er Fred noch mal hilflos die Schulter drückte, kam ein zweiter Polizist, offenbar der

Vorgesetzte, und befahl: »Ihren Namen bitte!« Und als Fred wieder nichts sagte, drohte er: »Sonst nehmen wir Sie mit zur Wache! Es ist unsere Pflicht, die Namen der Zeugen festzustellen!«

Fred hob langsam den Blick und starrte den Vorgesetzten ausdruckslos an.

»... Hans-Jörg Heim.«

»Dürften wir bitte Ihren Ausweis sehen?«

Fred griff in seine Tasche und gab ihm die Plastikkarte. Zwei Minuten später erhielt der Polizist durchs Funkgerät den Bescheid: »Gestohlen.«

»Tja, Herr Heim! Da scheint wohl etwas nicht ganz korrekt zu sein! Wir müssen Sie leider zwecks genauerer Überprüfung mitnehmen.« Er deutete auf Freds Gepäck. »Sind das Ihre Sachen?«

Fred sah kurz zu dem schwarzen Aktenkoffer, in dem sein Geld lag, dann zuckte er leicht die Schultern und nickte.

GEORGE WATSKY

Stoßzahn

Mid-City ist ein Stadtteil von Los Angeles, der vor allem dafür bekannt ist, dass er zwischen anderen Stadtteilen liegt. Im Norden und Süden eingerahmt von je einem -wood (Holly- beziehungsweise Ingle-), im Osten von Downtown, im Westen von Santa Monica, liegt Mid-City, das Oklahoma von L.A., genau in der Mitte der Stadt. Ich wohnte dort nach der Uni ein Jahr lang mit ein paar Freunden zusammen in einer Gegend, die kurz zuvor durch eine Reihe brutaler Schießereien auf offener Straße bekannt geworden war und außerdem die weltweit höchste Dichte an Reifenhändlern aufwies. Falls ich jemals fürs städtische Tourismusbüro arbeiten sollte, hätte ich schon den passenden Slogan: »Mid-City: Nicht gerade familienfreundlich – bis auf die Mietpreise.«

Es muss aber tatsächlich Leute gegeben haben, die dort Kinder großzogen, denn bei uns um die Ecke – direkt gegenüber vom City Spa, einem heruntergekommenen Schwimmbad – gab es eine Kita namens Kinder Kids. Die hohe blaue Kita-Mauer war mit dichtgerolltem Stacheldraht gesichert, aber nicht etwa mit diesem stinknormalen, an dem man sich höchstens die Jeans aufreißt. Das hier war NATO-Kaliber: riesige, scharfkantige Stahlzacken, die einem das Bein abtrennen konnten und garantiert mit dem

Schweißbrenner aus dem Rumpf eines ausrangierten Kriegsmarineschiffs geschnitten worden waren. Sorgte jedenfalls dafür, dass die Bösen draußen blieben und die Kids drinnen.

Wir waren alle zusammen aus Boston hierher und in das einstöckige, fincamäßige Haus mit Ziegeldach eingezogen. Die alte Geschichte: vier Collegejungs, die gemeinsam Hollywood im Sturm erobern wollten. Vorerst war der Sturm leider noch nicht mal ein Lüftchen, und wir fühlten uns in Mid-City dem Entertainment-Biz kein Stück näher als in Boston. Von unserem Haus aus konnten wir zwar in der Ferne, jenseits von Kinder Kids, Hollywood sehen, das sich mit hohen Mauern und Stacheldraht ganz eigener Art abschottete, aber wir waren draußen und lebten in einer Art Zwischenzustand. Ich konnte immerhin einen Auftritt bei einem Poetry-Slam auf HBO vorweisen, doch der war schon ein paar Jahre her, und seitdem war ich meinem Karriereziel »Rapper und allseits beliebter A-Promi« noch nicht viel näher gekommen. Ab und zu flog ich ins echte Oklahoma und trat mit meinen Spoken-Word-Texten in irgendeiner Studentenkneipe auf, aber meistens hingen meine Freunde und ich auf der Couch ab, glotzten stundenlang die Doku-Serie *Der gefährlichste Job Alaskas,* suchten halbherzig nach einem Job, warteten darauf, dass das Telefon klingelte, und langweilten uns ansonsten zu Tode. Wir steckten fest zwischen *nicht mehr* und *noch nicht.*

An einem Augustabend saß ich mit meinem Mitbewohner Jackson, einem aufstrebenden Filmemacher, der keine Ahnung hatte, wie gut er eigentlich aussah, im Garten hinterm Haus. Wir tranken Bier und unterhielten uns über unsere Pläne für den Sommer. Jackson wollte in ein paar

Wochen zum hundertsten Geburtstag seiner Großtante June nach Denver fahren. Ich hatte sie nie kennengelernt, aber ihr legendärer Ruf eilte ihr voraus. Die alte Dame, erzählte mir Jackson, habe die verrücktesten Ideen, wie aus einem düsteren, blutrünstigen Märchen der Brüder Grimm entsprungen. Sie liebte alles, was exotisch, versteinert oder ausgestopft war. Tante June bezeichnete sich selbst als Mineralien-Freak, und so wie ein Deadhead keinen Auftritt der Grateful Dead verpasst, ließ sie keine Gesteinsbörse aus. Gemeinsam mit ihrem Sohn – Mitte siebzig und erzkonservativ – verbrachte sie ihre Freizeit auf Edelstein- und Fossilienschnäppchenjagd in Lagerhallen, die an den Wochenenden drauf für Rodeo- oder Monstertruckshows dienten. Wenn Tante June einen mochte, steckte sie einem einen kleinen Quarz zu, den man ab sofort als Glücksbringer mit sich herumzutragen hatte. Wenn man sie das nächste Mal traf, zog sie ihren eigenen Quarz aus der Tasche und rief: »Zeig her!« Konnte man seinen nicht vorweisen, schuldete man ihr fünf Cent. Hatte man ihn parat, bekam man fünf Cent von ihr. Tante June duldete keine Ausreden – wenn man was vorzuweisen hatte, schloss sie einen für immer ins Herz. Wenn man sie enttäuschte, war's das. Zweite Chance? Fehlanzeige.

Außerdem hatte June eine ganze spezielle Leidenschaft: Narwale. Um diesen arktischen Wal, einen Cousin des Belugas, ranken sich aufgrund seines riesigen Stoßzahns viele Legenden. Genau genommen handelt es sich dabei um einen übergroßen Eckzahn, der die Lippe des Wals durchstößt. Als ich Tante June endlich kennenlernte, stellte ich fest, dass ihr gesamtes Haus vom Keller bis zum Dach mit

Narwalen bevölkert war: Es gab bunte Origamiversionen, Glasfigürchen, und an der Kühlschranktür hing ein Foto von ihr, wie sie triumphierend über einem blutigen Narwalkadaver mit abgesägtem Horn steht. Das Foto war einige Jahre zuvor auf einer Kreuzfahrt mit ihrem Sohn durch die kanadische Arktis entstanden. Als das Tier ausgeweidet war, hatte sie den Stoßzahn ganz legal gekauft, es gibt nämlich eine Ausnahmeregelung im Gesetz für bedrohte Arten, die es den Inuit erlaubt, die Tiere weiterhin für den eigenen Bedarf zu jagen. So viel Krimskrams, Nippes und Plunder Tante June schon gesammelt hatte, der Stoßzahn war ihr absolutes Lieblingsstück.

Zu ihrem Leidwesen gelten Narwalstoßzähne aber als Elfenbein, und es ist somit illegal, sie in die USA einzuführen. Das Gesetz richtet sich eigentlich gegen afrikanische Elefantenwilderer, aber auch die Narwale verfangen sich in diesem rechtlichen Schleppnetz. Tante June sah sich also gezwungen, ihren geliebten Stoßzahn in Vancouver zurückzulassen, wo er die folgenden Jahre im Schrank der Tochter einer Nachbarin einstaubte. Sie hatte ihre Familie immer wieder angefleht, das gute Stück endlich zu ihr zu holen, aber bis jetzt war niemand dazu bereit gewesen.

Als Jackson mir das alles erzählt hatte, wurde uns schnell klar: Das war eine Geschichte, von der wir Teil werden wollten. Die Route Los Angeles – Vancouver – Denver – Los Angeles stellt ein gleichschenkliges Dreieck dar, jede Seite an die tausend Meilen lang. Tante June hatte in dreizehn Tagen Geburtstag. Wir hatten ein Auto. Mehr als genug Zeit. Und absolut nichts Besseres zu tun.

Ich war dank *Bambi* und *Wilbur und Charlotte* seit gut

zehn Jahren Vegetarier und hatte anfangs Bedenken. Wir wollten hier immerhin ein Stück von einem seltenen Meeressäuger über die Grenze schmuggeln, der gejagt, ausgeweidet, fürs Erinnerungsalbum fotografiert, in Einzelteile zerhackt und verkauft worden war. Und dann gab es ja auch noch dieses leidige Gesetz. Trotzdem. Nach zwanzig führen einem runde Geburtstage vor allem die eigene Sterblichkeit vor Augen: dreißig, vierzig, fünfzig, sechzig – alles potentiell bedrückende Momente im Leben eines Menschen. Hundert zu werden ist dagegen, als würde man dem Sensenmann beide Mittelfinger zeigen. Und wenn Tante June es nun so weit gebracht hatte, wer waren wir denn, ihr diesen Herzenswunsch abzuschlagen. Sie war in einer Zeit aufgewachsen, da diente Waltran als Lampenöl, Gitarren wurden mit Darmsaiten bespannt, und Schweinehirn galt als Delikatesse. Ihr jetzt als verwöhnter Millennial mit Moral zu kommen, das wäre ein Schlag ins Gesicht ihrer gesamten Generation.

Je länger Jackson und ich darüber redeten und je näher ich dem Boden meiner Bierflasche kam, desto einleuchtender erschien uns alles. Ich glaube sowieso, niemand nimmt sich bewusst vor, in den internationalen Elfenbeinschmuggel einzusteigen. Es passiert einfach eines Tages.

12. August

Wie viele rastlose Menschen fahre ich für mein Leben gern Auto. Autofahren gibt mir ein Ziel und einen Weg vor, und die immer neuen Landschaften, die draußen vorbeifliegen, erzeugen die angenehme Illusion, voranzukommen. In der zehnten Klasse hatte ich einmal eine besonders schlimme Phase mit Panikattacken und Schlafstörungen. Ich lag nachts im Bett und starrte zu dem Riss hoch, den das Loma-Prieta-Erdbeben von 89 in der Zimmerdecke hinterlassen hatte. Wenn ich das nicht mehr aushielt, rief ich einen Freund an, und wir machten eine Mitternachts-Spritztour im silbernen Volvo-Kombi meiner Mutter. Mal fuhren wir die fünfundsiebzig Meilen nach Santa Cruz, mal die hundertfünfzig bis Lake Tahoe und einmal sogar die sechshundertfünfzig Meilen bis nach Portland – und zurück. Am Ende drehten wir jedes Mal wieder um und fuhren nach Hause, ohne dass meine Eltern mein Verschwinden bemerkt hätten.

Aber mittlerweile besaß ich ein eigenes Auto, einen praktischen blauen Subaru Outback, der übrigens aus irgendeinem Grund mit Lesben in Verbindung gebracht wird. Das heißt wohl, dass Lesben unauffällige, verlässliche Autos mögen, die einen sicher von A nach B bringen, und wenn der Subaru Outback kein schlagendes Argument für die Stabilität gleichgeschlechtlicher Familien ist, dann weiß ich auch nicht. Mein Auto war vielleicht nicht sonderlich glamourös, aber Jacksons mintgrüner Toyota Camry von 1994 mit der kaputten Klimaanlage war nun wirklich keine Konkurrenz, und so wurde mein Outback zum Dienst eingezogen.

Unser Freund Zach wollte bis San Francisco mitfahren, und während wir nach Fort Tejon die Berge allmählich hinter uns ließen und uns den Erdbeerfeldern des Central Valley näherten, besprachen Jackson und ich unseren Plan.

Als wir bei der Harris Cattle Ranch wegen des Gestanks die Fenster schließen mussten, war bereits klar, wie unglaublich unvorbereitet wir waren. Ich hatte einfach Wechselklamotten für ein paar Tage in meinen lila Rucksack geworfen, und wir hatten mit Lydia in Vancouver telefoniert, der Hüterin des Stoßzahns. Über den kriminellen Aspekt unseres geplanten Verbrechens hatten wir dagegen noch gar nicht nachgedacht: Wie sollten wir hundertzwanzig Zentimeter illegales Elfenbein in meinem nicht abschließbaren Kofferraum vor den Grenzposten verstecken, deren Job es war, genau so was zu finden? Also fuhren wir in Modesto vom Highway 5 ab. Wir würden erst mal einen kleinen Abstecher zum Yosemite-Nationalpark machen und uns in Ruhe überlegen, wie wir vorgehen wollten.

Wir verstecken den Stoßzahn in der Innenverkleidung des Autos. Wir wickeln ihn in eine Decke und schnallen ihn auf den Dachgepäckträger. Wir nähen ihn in einen Sitzbezug ein oder binden ihn unten am Fahrgestell fest. Bei kreativen Prozessen ist es ja normal, dass man erst mal ein paar schlechte Ideen verwerfen muss, bevor man dann eine richtig gute hat. Wir hatten sehr viele schlechte Ideen. Am Ende einigten wir uns darauf, dass die einfachste Taktik die beste war: Wir würden den Stoßzahn im Kofferraum verstauen, irgendwas drüberlegen, hoffen, dass niemand den Wagen durchsuchte, und falls doch – uns einfach dumm stellen. Der Plan passte perfekt zu unserem Auto, fanden wir. Unspektakulär und solide. Solange es keine unangenehmen Überraschungen gab, würde alles glattgehen.

Die erste unangenehme Überraschung trat nach knapp vierzig Minuten auf dem Highway 132 auf. Keine Ahnung, wieso, aber Reifenpannen passieren ja gerne nach siebzehn Uhr, wenn alle Werkstätten schon zu sind. Als wir mitbekamen, dass ein Reifen Luft ließ, fuhren wir schon zu lange auf einer verschlungenen, einspurigen Straße, um noch umzukehren. Als wir endlich holpernd das verstaubte Bergarbeiterstädtchen Coulterville erreichten, hatte die Tankstelle mit angeschlossener Werkstatt und Mini-Markt wie erwartet bereits zu. Wir hielten am Straßenrand, untersuchten den Reifen und zogen einen langen Nagel heraus. Wir hatten keinen Handyempfang, waren meilenweit von der nächsten Pannenhilfe entfernt und erst seit ein paar Stunden unterwegs – aus der Ferne schien uns das Dickicht von Reifenläden in Mid-City gehässig auszulachen.

Irgendwann fanden wir dann doch noch raus, wie man den Wagenheber, der im Kofferraum lag, benutzt, und rollten etwas später nach Tuolumne Meadows – wegen des zu kleinen Ersatzrads mit etwas Schlagseite. Die riesigen Granitfelswände des Half Dome und des El Capitan ragten schräg über das Armaturenbrett. Im Dorf angekommen, aßen wir bei einer alten Freundin von mir aus San Francisco zu Abend, die jetzt als Ranger im Yosemite-Nationalpark arbeitete. Laura und ich waren seinerzeit gemeinsam dem Schulsport entkommen, indem wir stattdessen einen Salsakurs besucht hatten, der uns angerechnet wurde. Heute war sie die Hüterin des Yosemite-Archivs und entschied darüber, wem zu Forschungszwecken Einlass gewährt wurde und wem nicht. Von allen Menschen auf dem Planeten hat eine Nationalpark-Angestellte vermutlich mit am meisten Grund, Elfenbeinschmuggel scheiße zu finden. Meine alte Schulsportfluchtkomplizin konnte aber durchaus nachvollziehen, dass es in Sachen Moral auch mal Abwägungen gibt und Umweltschutz und Liebe nicht immer miteinander vereinbar sind. Wir verließen den Park zwar nach wie vor mit leichter Schieflage, aber wenigstens mit ihrem Segen. Vor dem nächsten Morgen würden wir keine Werkstatt finden, und so rumpelten wir, immer dicht am Seitenstreifen, die letzten drei Stunden nach San Francisco.

13. August

Durch einen kosmischen Zufall kamen wir genau rechtzeitig zur Geburtstagsparty meines Vaters in der Bay Area an. Nachdem wir Zach im Mission District abgesetzt und den Reifen gewechselt hatten, machten wir uns auf nach Inverness, einem Ort kurz hinter Point Reyes an der Küste von West Marin. Meine Eltern wohnen in San Francisco immer noch in dem Haus, in dem ich aufgewachsen bin, aber sie verbringen mittlerweile viel Zeit in dem Haus in Inverness, das der Familie meiner Mutter seit den Fünfzigern gehört. Früher war es fast immer an Fremde vermietet, aber jetzt, wo die Kinder aus dem Haus sind, nutzen Mom und Dad es häufig selbst. Auf der frischrenovierten Holzveranda, auf der sich meine Eltern dreißig Jahre zuvor das Ja-Wort gegeben hatten, standen alternde Beatpoeten aus Bolinas und eine Menge Psychologen herum (darunter Saul, der beste Freund meines Vaters) und aßen Fleisch vom Grill. Insgesamt waren vielleicht zwanzig Leute da, aber für meinen Vater war das schon eine Riesenmenge. Ich weiß nicht mehr, warum er seinen achtundsechzigsten Geburtstag so groß feierte, seinen siebzigsten dann aber mehr oder weniger unter den Tisch fallen ließ, aber er hat sich von runden Geburtstagen noch nie beeindrucken lassen.

Ich weiß ja eigentlich auch, dass sie nichts bedeuten, aber ich mag sie trotzdem. Wir Menschen messen den Vielfachen von zehn eine gewisse Bedeutung bei, weil wir nun mal zehn Finger haben. Hätten wir an jeder Hand sechs, würden wir es beim zwölften, vierundzwanzigsten, sechsunddreißigsten und achtundvierzigsten Geburtstag krachen lassen. Haben wir aber nicht. Schon als Kind hatte ich davon geträumt, mal bei einem dreistelligen Geburtstag dabei zu sein, was nicht unwesentlich zu meiner Lust beitrug, mich bei Tante Junes Feier einzuschleichen. Ich hatte zu meiner letzten noch lebenden Großmutter, der Mutter meines Vaters, nie ein besonders enges Verhältnis gehabt, und als sie im Alter von neunundneunzig Jahren und elf Monaten starb, trauerte ich um die verpasste Chance zum runden Geburtstag genauso sehr wie um die Verstorbene. Mein Vater selbst war erleichtert, seine herrschsüchtige und dominante Mutter los zu sein, die Ehre, hundert zu werden, hatte sie seiner Meinung nach sowieso nicht verdient. Grandma Syde besaß eine Härte, die ich in Jacksons Beschreibungen von Tante June wiedererkannte, zwischen den beiden gab es jedoch einen fundamentalen Unterschied im Stil: Wenn Tante June etwas wollte, egal, wie verrückt es war, dann bat sie schlicht und ergreifend darum. Syde hingegen zog subtile Manipulation vor. Dass mein Vater zu dem liebevollen, zurückhaltenden Mann wurde, der er heute ist, liegt vor allem daran, dass er sich schwor, nie so zu werden wie sie.

Zu seinem Geburtstag brachte ich meinem Vater lediglich neue Gründe mit, sich um mich zu sorgen. Er wusste nicht, was er von unserem geplanten Coup halten sollte. Einerseits war er ein gesetzestreuer, mehr oder weniger gläubiger Jude, der sich sowieso ständig Gedanken um die schlechten – und auch um manche von den guten – Entscheidungen machte, die ich im Laufe meines Lebens getroffen hatte. Andererseits versteht er auch was von Stoßzähnen. Er ist selbst ein halber Mineralien-Freak, hatte mir zum zehnten Geburtstag einen ausgestopften Leguan geschenkt, und in seinem Arbeitszimmer türmen sich komplette *National-Geographic*-Jahrgänge. Dad hatte um 1960 herum als Teenager mal ein Praktikum im American Museum of Natural History gemacht, und auf einem Familienausflug nach Manhattan führte er mich durch seine alte Wirkungsstätte, zeigte mir jeden einzelnen Schmetterlingskasten in den verschlungenen Gängen, in denen er sich Jahrzehnte nach seinem Praktikum immer noch bestens auskannte, und versuchte meine Begeisterung für die Evolution zu wecken, dafür, wie alles Leben eingeteilt und begriffen werden kann.

Er hatte dort unter einem Mann namens J. P. Chapin gearbeitet, einem passionierten Ornithologen und überzeugten Kolonialisten. Chapin, der Autor des 1932 erschienenen Buchs *Birds of the Belgian Congo,* konnte mit Stolz von sich behaupten, die Existenz des sagenumwobenen Kongopfaus bewiesen zu haben. Nicht ganz so stolz war er darauf, dass er das einzige jemals gesichtete Exemplar einer seltenen Unterart des Afrikanischen Scharlachgimpels abgeschossen hatte, womit er diese Spezies mit einem Schuss zugleich entdeckte und ausrottete. Chapin war der siebzehnte Präsident des berühmten Explorers Club, des angesehensten der damals so beliebten Weiße-Männer-entdecken-Dinge-die-es-schon-immer-gab-Klubs. Als Mitglieder des Klubs 1951 ein vollständig erhaltenes Wollhaarmammut im sibirischen Eis fanden, dessen Fleisch bestens konserviert war, war ihr erster Gedanke nicht etwa, es der Öffentlichkeit zugänglich zu machen. Nein, sie organisierten stattdessen mit diesem zehntausend Jahre lang ganz hinten im Gefrierfach der Natur vergessenen Fleischstück ein exklusives Mammut-Festmahl. Denn die drängendste Frage, die diese großartige Entdeckung für die Gelehrtenrunde aufwarf, lautete: Verdammt, wie *schmeckt* denn Mammutfleisch eigentlich? Als ich diese Geschichte im Alter von zehn Jahren hörte, leuchtete mir das vollkommen ein.

14.–15. August

Wir ließen San Francisco hinter uns und fuhren nun durch die nordkalifornischen Trinity Alps bis zur kleinen Hütte meines Onkels und meiner Tante in der Nähe von Hyampom. Jackson und ich verbrachten dort einen Tag, ließen Steine übers Wasser titschen und freuten uns über die Libellen und die Adler, die über uns hinwegflogen. Dann machten wir uns wieder auf nach Norden. Unser nächster Halt war Seattle, wo Jacksons Bruder als Wassertaxikapitän arbeitete und morgens um vier aufstehen musste, um Pendler vom Festland zu ihren Arbeitsstellen auf den kleinen Inseln vor der Küste zu schippern. In der Nacht verbrachten Jackson und ich die letzten Stunden vor Beginn unserer Schmugglerkarriere in Decken gekuschelt im dunklen Wohnzimmer und stellten uns den schlimmstmöglichen Ausgang unseres Unterfangens vor.

»Der Typ hatte in Mexiko Gras verkauft, und dann haben die dem zwei Morde angehängt.« Die Geschichte stammte aus *Horror Trips – Wenn Reisen zum Alptraum werden,* Jacksons Lieblings-Reality-Serie über Reisende, die Gesetze brachen und deren Reisen … na ja, zum Alptraum wurden. In jeder Folge, die Jackson nacherzählte, hatte der Missetäter am Ende ein byzantinisches Gerichtsverfahren am Hals, hockte ohne Kontaktmöglichkeit zu seiner Familie fest, musste trockenes Brot essen, das von Maden nur so wimmelte, und kratzte Nachrichten in die Steinwände seines Verlieses, das er sich mit einem sexuell unersättlichen Bodybuilder-Typ namens Tiny teilen musste.

Per Münzwurf bestimmten wir, dass Jackson uns nach Kanada fahren und ich den Rückweg übernehmen würde. Während wir uns, zwischen Wäldern und Bergen, allmählich der Grenze und der ersten tatsächlich riskanten Situation näherten, verlor das Abenteuer, dessen Helden wir hatten werden wollen, zusehends an Reiz. Wir können jederzeit einen Rückzieher machen, versicherten wir einander, das wäre keine Schande. Nur stimmte das leider nicht – es wäre eine entehrende, vernichtende Schande. Obwohl die Stimmung im Auto immer mehr sank, fuhren wir weiter und reihten uns in die Warteschlange am Grenzübertritt ein.

Schließlich waren wir dran.

»Ihren Reisepass, bitte. Was ist der Grund Ihres Aufenthalts in Kanada?«

»Wir besuchen eine Freundin der Familie.« Jackson übernahm das Reden und reichte dem Beamten unsere Pässe.

»Und was machen Sie da?«

»Wir gehen zusammen wandern«, gab Jackson an – das war das Alibi, das wir uns zurechtgelegt hatten.

»Ach ja? Wo denn?«

Weiter als bis zum Stichwort »wandern« waren wir bei unserer Geschichte nicht gekommen. Jackson schluckte. »Keine Ahnung.«

Der Beamte sah von den Pässen auf.

»Haben Sie irgendwelche Drogen, Waffen oder Alkohol dabei?«

»Nein.« Jackson klang nicht gerade überzeugend.

»Fahren Sie bitte rechts ran, stellen Sie den Motor ab, und warten Sie drüben im Zollbüro.«

Durchs Fenster des Zollbüros sahen wir zu, wie eine halbe Hundestaffel an den Autotüren herumschnüffelte und ein Beamter das Wageninnere durchwühlte, jeden einzelnen Gegenstand in die Hand nahm und untersuchte.

Jackson lehnte sich zu mir herüber. »Die finden doch nichts, oder?«, flüsterte er.

»Pssst!«, machte der Beamte am Schreibtisch.

Ich zuckte mit den Schultern. Eigentlich hatten wir jegliches Gefahrengut vor dem Grenzübertritt beseitigt. Nach einer hitzigen, aber ergebnislosen Debatte darüber, ob Hunde psychedelische Drogen riechen können, hatten wir sogar mein letztes Stück Shroom-Schokolade bei Jacksons Bruder in Seattle gelassen und somit ein reines Gewissen. Tatsächlich gab der Beamte irgendwann auf und kam zu uns in den Warteraum.

»Wer von Ihnen ist George?«

Ich hob die Hand und ging auf ihn zu, auf das Schlimmste gefasst.

»Sie sind also Musiker, hm?«

»So was Ähnliches, ja.«

»Und Sie gehen demnächst auf Tour?«

Der Beamte reichte mir mit ernstem Gesicht meinen Kalender und lächelte dann überraschend. »Viel Spaß!«

Obwohl wir kurz darauf den Stempel im Reisepass und das rosa Einreiseformular in der Tasche hatten, das uns offiziell in Kanada willkommen hieß, kam uns die Durchsuchung wie ein schlechtes Omen vor. Bestimmt standen wir jetzt auf irgendeiner internationalen Liste zwielichtiger Gestalten, die uns beim Verlassen des Landes eine weitere Durchsuchung einbringen würde.

Wir fuhren direkt nach Vancouver weiter und gaben uns große Mühe, dabei nichts Verdächtiges zu tun. Sobald unsere Handys sich ins internationale Roaming eingewählt hatten, riefen wir Lydia an und sagten ihr, dass wir bald da sein würden. Vor dem Fenster zog die gespenstisch fremde Landschaft mit ihren Tim-Hortons-Filialen, Entfernungsangaben in Kilometern und verschlafenen Seitenstraßen vorbei.

»Das findet ihr totenstill? Ihr hättet mal hier sein sollen, als die Canucks das Cup-Finale verloren haben«, begrüßte uns Lydia. »Da konnte man einzelne Herzen brechen hören.«

Ihre Wohnung war blitzblank und spärlich dekoriert. Ich wartete ungeduldig, während sie und Jackson über Leute aus Denver tratschten, die sie beide über Tante June kannten. Endlich führte sie uns ins Schlafzimmer. Der Stoßzahn lag schon auf ihrem Bett bereit, halb in die Decke eingesunken. Ein faszinierendes Meisterwerk der Natur: ein gewundener Speer, dessen Spiralringe unten weit waren und sich nach oben hin mit mathematischer Präzision immer mehr verengten. Der Stoßzahn war kompakt, tödlich und gleichzeitig wunderschön, ebenso geisterhaft wie greifbar. Jetzt konnte ich Tante Junes Besessenheit verstehen. Auch Lydia schien es nicht ganz leicht zu fallen, sich von ihm zu trennen. Sie wusste ja, dass wir gekommen waren, um ihn mitzunehmen, und half uns gern. Aber als Jackson ihr das schwarze Plastikrohr abnehmen wollte, in dem er steckte, flackerte in ihren Augen kurz eine Gollum-mäßige Gier auf. Dann ließ sie los, und der Stoßzahn gehörte uns.

In der Küche verpackte sie die Beute für den Transport. Dabei schüttete sie sich ein paar lose Elfenbeinstückchen aus dem Plastikrohr in die Hand, winzige Partikel, die von der Basis des Stoßzahns abgesplittert waren, dort, wo er einst mit dem Schädel verbunden gewesen war. Sie wollte sie gerade in den Mülleimer werfen, da durchzuckte mich der Gedanke, dass Narwalstoßzähne, und sei es in Form von Spänen, bestimmt irgendwelche geisterabwehrenden / potenzsteigernden / halluzinogenen oder sonst wie magischen Kräfte besaßen.

»Warte mal, die nehm ich als Souvenir mit.«

Sie schüttete die Stücke in einen kleinen Zip-Beutel und gab ihn mir. Dann gingen wir hinaus, um das Plastikrohr im Auto zu verstauen. Während ich es mit meiner Schmutzwäsche bedeckte, besprachen wir das weitere Vorgehen. Jackson und ich hielten es für das Klügste, erst spätnachts, im Schutze der Dunkelheit, zurück über die Grenze zu fahren. Das hieß, dass wir noch ein paar Stunden totzuschlagen hatten.

»Kommt doch einfach wirklich mit mir wandern«, schlug Lydia vor.

Am Stadtrand von Vancouver gibt es ein kleines Skigebiet namens Grouse Mountain, dessen Piste man im Sommer hochwandern kann. Der Spitzname der fast vertikalen Route, »der Todesaufstieg«, hat für die Heerscharen von Fitnessmasochisten in der Stadt offenbar einen verführerischen Klang. Lydia wollte an diesem Nachmittag ohnehin für einen bald anstehenden Triathlon trainieren, was für den Durchschnittskanadier gar nicht so ungewöhnlich ist, wie ich überrascht erfuhr. Wir hatten ja gewusst, dass sie wandern gehen wollte, das war schließlich die Basis unseres wackligen Alibis gewesen, und wodurch wird ein wackliges Alibi besser? Genau, indem man es wahr macht.

Also joggten wir gemeinsam mit zwei von Lydias Trainingsfreunden, die in teure Sportkleidung gehüllt waren, vom Parkplatz zum Fuß des Bergs, wo uns eine Parkwächterin gerade das schmiedeeiserne Tor vor der Nase zuschlagen wollte.

»Schluss für heute, wir machen zu!«, rief sie.

Lydia schob das Tor unbeeindruckt mit der Schulter ein Stück auf, und wir schlüpften schnell hindurch, bevor es hinter uns metallisch krachend ins Schloss fiel. Vor uns stand ein riesiges Warnschild: »WANDERN AUF EIGENE GEFAHR. ES WIRD KEINERLEI HAFTUNG ÜBERNOMMEN FÜR VERLETZUNGEN ODER TODESFÄLLE DURCH LAWINEN, STEINSCHLAG, SCHLUCHTEN, KLÜFTE, GLETSCHERSPALTEN,

WASSERFÄLLE, PLÖTZLICHE WETTERUMSCHWÜNGE, HAUS-, WILDTIERE ODER WEITERE GEFAHRENQUELLEN.« An einem Zaun ein paar Meter weiter warnte ein zweites Schild, dass hier vor kurzem Schwarzbären gesichtet worden waren. *Was ist eigentlich der Unterschied zwischen einer Schlucht und einer Kluft?*, überlegte ich. *Das ist doch eine unglaublich spitzfindige Unterscheidung.* Wahrscheinlich war das Formular für die Schlucht-Todesfälle irgendwann voll gewesen, und da hatten sie eben ein neues mit Kluft-Todesfällen angefangen. Die Parkwächterin rief uns noch einmal halbherzig etwas hinterher. Geistig war sie schon längst im Feierabend, wahrscheinlich wollte sie uns lediglich noch mal darauf hinweisen, dass im Falle des Falles niemand unsere Leichen vom Berghang runterholen würde.

»Wer als Erster oben ist!«

Lydia und ihre Freunde sprinteten los wie kleine Road Runner und waren Sekunden später in einer Staubwolke verschwunden.

Der »Todesaufstieg« ist so steil, dass Holzstufen – oder eher Leitersprossen – in den Berg gehauen werden mussten. Jackson und ich quälten uns hinauf und hatten nach einer Ewigkeit gerade mal den Stein erreicht, der das erste Viertel der Strecke markierte. Wir dachten über die Ironie des Schicksals nach: Hier, auf einem kanadischen Berg, würden wir sterben, bevor wir überhaupt dazu kamen, das Land zu berauben. Wir schleppten unsere Couch-Potato-Plauzen weiter keuchend den Berg hoch, wurden mit jedem schmerzhaften Schritt langsamer, und all unsere Ängste strömten zusammen und schäumten über. Wir hatten immer noch die Hälfte der Strecke vor uns, als Jackson plötzlich stehen blieb, hochrot im Gesicht und mit irrem Blick.

»Wir werden so was von im Gefängnis landen.«

Als wir endlich oben ankamen, erfuhren wir, dass die Seilbahn, die uns wieder ins Tal bringen sollte, eine Panne hatte. Das machte uns aber nicht mehr allzu viel aus. Wir rangen nach Atem, genossen den Ausblick über Vancouvers wunderschöne Skyline, die der Sonnenuntergang rosarot färbte, und waren einfach nur glücklich, nicht tot in einer Kluft zu liegen. Die Seilbahn wurde schließlich repariert, wir fuhren im Dämmerlicht den Berg wieder hinunter und fühlten uns auf einmal unverwundbar.

Wir verabschiedeten uns von Lydia und näherten uns um ein Uhr morgens der Grenze. Um diese Zeit, dachten wir, standen die Chancen am besten, dass die müden Grenzposten lieber weiter Diamond Mine spielten, als unsere Körperöffnungen zu durchsuchen. Wir fuhren schweigend. Jacksons Handy klingelte. Sein Dad rief aus West-Massachusetts an, wo es jetzt vier Uhr morgens war, und beschwor ihn umzukehren, es sei noch nicht zu spät. Unsere Entscheidung stand jedoch fest, erklärte ihm Jackson und legte auf. Dann rief er seine Freundin an.

»Falls du in zwanzig Minuten nicht von uns hörst, ist was schiefgegangen«, warnte er sie. Dann stellte er die Frage, die ihn schon den ganzen Abend umtrieb.

»Falls ich für fünf Jahre ins Gefängnis muss, wartest du dann auf mich?«

Wir sahen starr geradeaus. Der Grenzübergang kam immer näher. Dieses Mal mussten wir uns nicht in eine

Schlange einreihen. Dieses Mal war unser Alibi wasserdicht, wir hätten stundenlang in allen Details von unserer Wanderung erzählen können. Ich hielt an.

»Ihre Pässe, bitte.«

Ich händigte sie dem Mann so selbstbewusst wie möglich aus.

»Grund für Ihren Aufenthalt in Kanada?«

»Wir wollten den ›Todesaufstieg‹ hochwandern.«

Der Beamte überflog unsere Dokumente und gab uns die Pässe zurück.

»Schönen Abend noch.«

Ich wartete auf weitere Fragen, aber der Mann winkte uns einfach durch.

Das war's?

Ein paar letzte kanadische Straßenkurven, und dann gelangten wir schon auf die I-5 und waren in den USA. Wir lauschten auf Sirenen. Nichts.

Das war's.

Wir schalteten das Radio ein, drehten die Lautstärke auf, grölten mit und hielten Kurs auf Seattle. Bei der erstbesten Kneipe hielten wir an, knapp vor der letzten Runde, und stießen auf uns an. Jegliche Angst war vergessen. Wir waren zwei eiskalte Schmuggler, vor uns tausend Meilen offene Straße und hinter uns im Auto ein Meter zwanzig illegale Ware.

16. August

Es gibt im Wesentlichen zwei Routen von Vancouver nach Denver. Die südliche schneidet ein Stück von Oregon ab, macht einen Schlenker durch Utah, kriecht am unteren Ende von Wyoming entlang und führt dann hinunter nach Colorado. Die nördliche Route verläuft durch Montana, bevor sie Wyoming von oben nach unten durchquert, über Casper und Cheyenne. Ich weiß nicht mehr, warum, jedenfalls entschieden wir uns für die nördliche Route und fuhren auf dem Weg nach Billings, wo wir eine Nacht in einem kleinen günstigen Motel gebucht hatten, hunderte von Meilen lang im Sonnenlicht durch herrlich dichte immergrüne Wälder.

Als wir kurz nach Mitternacht in Billings ankamen, verpasste ich die Abzweigung zu unserem Motel. Außer uns war weit und breit niemand zu sehen, also wendete ich mitten auf der Straße, über die doppelte gelbe Linie hinweg.

»Was machst du denn da?!«, fauchte Jackson sofort.

»Alter, hier ist doch kein Mensch.«

Ich war genervt, aber eigentlich hatte er recht. Wir hatten genug Zeit, um nach Denver zu kommen. Unnötige Risiken einzugehen war einfach nur dumm. Also trafen wir folgende Abmachung: Wir würden uns von jetzt an streng an die Verkehrsregeln halten. Auf keinen Fall zu schnell fahren. Sooft wie möglich mit Tempomat.

Ich bog diesmal vorsichtig ab und stellte das Auto auf dem unasphaltierten Parkplatz neben einer Reihe von Sattelschleppern ab. Mottenwolken umschwebten die Motellampen und dämpften ihr Licht.

17. August

Ich dachte immer, die tatsächliche Höchstgeschwindigkeit läge zehn Meilen über der, die auf den Schildern steht. Ich kann Jackson also schlecht vorwerfen, dass er seine eigene Regel brach und den Tempomat in einer 75er-Zone auf 84 Meilen pro Stunde setzte. Aber am Vorabend von Tante Junes Geburtstag, nur noch eine Stunde von Colorado entfernt, hörten wir auf einmal Sirenengeheul, die Rocky Mountains vor uns flackerten blau und rot, und im Rückspiegel näherte sich ein Polizeiauto.

Wir kriegen höchstens einen Strafzettel, keine große Sache, beruhigten wir einander. Jackson fuhr rechts ran. Ein gut dreißigjähriger Streifenpolizist mit beginnender Glatze schlenderte auf uns zu.

Er beugte sich zum Fahrerfenster herunter. »Sie können sich denken, wieso ich Sie angehalten habe.«

»Tut mir wirklich leid, Sir, ich habe gerade nicht auf den Tacho geachtet«, sagte Jackson.

»Führerschein und Fahrzeugpapiere. Wo kommen die Herren denn her?«

»Eigentlich aus Los Angeles. Jetzt aus Vancouver. Wir wollen nach Denver.«

Der Polizist hob die buschigen Brauen. »Was habt ihr denn in Vancouver gemacht, Jungs?«

Jackson blinzelte nervös. »Familienbesuch.«

»Hm.« Der Polizist lehnte sich vor und sah ins Auto.

»Ihr habt doch sicher nichts dagegen, wenn ich euch getrennt voneinander ein paar Fragen stelle, oder?«

»Überhaupt nicht«, log Jackson.

Der Polizist ging mit ihm zu seinem Streifenwagen, um ihn als Ersten zu befragen, und ich versuchte, den Verlauf des Gesprächs anhand ihrer Gesten zu erahnen. Nachdem er mit Jackson fertig war, kam der Polizist zurück zu mir.

»Solange du die Wahrheit sagst, haben wir kein Problem«, versicherte er mir.

Da Jackson und ich keine Zeit gehabt hatten, unsere Geschichten abzugleichen, hielt ich mich an die Fakten: Wir waren von L.A. nach San Francisco gefahren, hatten dort mit meinem Vater Geburtstag gefeiert, dann Jacksons Bruder in Seattle besucht, dann eine Freundin in Vancouver, und jetzt waren wir auf dem Weg zum Geburtstag einer alten Dame in Denver.

»Habt ihr irgendwelche Drogen dabei?«

»Nein, Sir.«

»Dann ist ja gut. Ich frag nur, weil eure Strecke eine ziemlich beliebte Drogenroute ist.«

»Ach, wirklich?«

»Ja, wirklich. Ihr habt bestimmt nichts dagegen, wenn ich mir euer Auto mal ein bisschen näher angucke, oder?« Er sah mich prüfend an. »Riecht irgendwie komisch da drin.«

Ich hatte nicht den Eindruck, dass er sich auf eine Diskussion einlassen würde, also sagte ich ja. Der Polizist befahl Jackson und mir, am Straßenrand zu warten, rief Verstärkung und fing an, unser Auto zu durchsuchen. Ich klammerte mich an die Hoffnung, dass ein Streifenpolizist aus Wyoming wahrscheinlich nicht nach Narwalstoßzähnen Ausschau hielt und nicht einmal einen erkennen würde, wenn er ihn fand. Er drückte das Ohr gegen die Türverkleidung und klopfte gegen das Plastik. Dann entdeckte er etwas in der einen Sitztasche.

»Was ist *das* denn?«

»Kopfschmerztabletten«, antwortete Jackson.

Der Polizist öffnete die Packung. »Advil sind doch normalerweise rot«, murmelte er und stopfte sie zurück in meinen Kulturbeutel.

»Das sind diese neuen Gelkapseln.«

Er suchte immer verbissener weiter und arbeitete sich nach hinten durch, bis er beim Kofferraum ankam und in dem Klamottenberg wühlte, unter dem unser Geheimnis versteckt war. Dann nahm er sich meinen kleinen lila Rucksack vor und sah schließlich mit einem Grinsen auf.

»Und was haben wir hier Hübsches?«

Er hielt eine durchsichtige Tüte mit verdächtig aussehendem weißem Inhalt hoch. Wer hätte das gedacht – auf den ersten Blick sieht ein Zip-Beutel mit Stoßzahn-Bröseln einem Meth-Tütchen zum Verwechseln ähnlich.

»Das sind Muscheln«, sagte ich hastig, »vom Meer.«

Er betrachtete den Inhalt des Tütchens genauer und legte ihn enttäuscht zurück. Und dann war seine Hand direkt neben dem Stoßzahn. Meine Kiefer mahlten, mir schlug das Herz bis zum Hals, die Zeit schien stehenzubleiben. Da griff seine Hand nach etwas und er grinste wieder von einem Ohr zum anderen.

»Und wem gehört *das* hier?«

Jackson und ich sahen uns an. War schön, dich zu kennen. Dito.

»Ich dachte, ihr hättet keine Drogen dabei?«

Der Polizist hielt eine kleine Glaspfeife in der Hand. Nicht den riesigen Stoßzahn genau daneben. Nicht das Stück Shroom-Schokolade, das ich in Seattle wieder eingesammelt hatte. Nein, nur diese winzig kleine One-Hitter, die in irgendeiner Tasche meines lila Rucksacks gelegen hatte, mit verkrusteten Resten von vor einem halben Jahr im Pfeifenkopf, ein Gegenstand, von dem ich nicht mal mehr gewusst hatte, dass ich ihn überhaupt besaß, und der den kanadischen Grenzposten seltsamerweise nicht in die Hände gefallen war, obwohl die alles so gründlich durchsucht hatten, dass sie hinterher meine Tourdaten auswendig kannten. Ein Ding, das unsere Mission von Anfang an hätte scheitern lassen können, stattdessen aber lieber auf den allerunpassendsten Moment gewartet hatte.

»Wir mögen hier in Wyoming keine Lügner.«

Bevor ich's mich versah, stand ich mit den Händen auf dem Rücken am Streifenwagen, und Handschellen bissen mir in die Handgelenke wie Piranhas. Jackson, der ein schlechtes Gewissen hatte, weil er zu schnell gefahren war, flehte den Polizisten an, ihn an meiner Stelle mitzunehmen. Vergeblich. So fuhren wir noch ein Stück den Interstate 25 South entlang, gemeinsam, aber getrennt, Jackson am Steuer meines Subaru, ich auf dem Rücksitz des Streifenwagens, bis wir an der Ausfahrt 140 nach Douglas abbogen und Jackson am Horizont verschwand. Der Polizist, der mir durch das Gitter zwischen uns im Rückspiegel tadelnde Blicke zuwarf, hatte keine Ahnung, dass ihm gerade ein Elfenbeinschmuggel durch die Lappen ging, der ihm garantiert eine Beförderung eingebracht hätte. Jetzt war Jackson allein unterwegs nach Denver, unsere kostbare

Beute sicher im Kofferraum, und noch zweihundert Meilen und fünfzehn Stunden bis zur Feier.

Auf der stillen Polizeiwache von Converse County ging dann alles sehr schnell. Ich reichte dem Beamten meinen Führerschein mit dem gelangweilten Schlaubergergesicht, das ich mit achtzehn beim Fototermin in der Zulassungsstelle in San Francisco aufgesetzt hatte. Ein weiterer Grund für die Beamten, den Kopf über mich zu schütteln. Mein Handy und mein Portemonnaie wanderten in einen Klarsichtbeutel, und dann wurde ein erkennungsdienstliches Foto von mir gemacht. Diesmal bemühte ich mich um einen neutralen Gesichtsausdruck.

Meine Unterbringung war spartanisch. Ein Metallklo ohne Brille und Deckel. Eine flackernde Neonröhre, die die ganze Nacht anblieb. Eine dünne Matratze und eine Wolldecke, die, wenn ich sie diagonal drapierte – eine Ecke an meiner Schulter und die andere in Höhe meiner Knöchel –, etwa sechzig Prozent meines Körpers bedeckte. Ich bekam etwas zu essen: ein halbes Sandwich (graues Brot und unidentifizierbarer Fleischbelag) und dazu einen kleinen abgepackten Obstsalat. Sah immerhin besser aus als der Schulkantinenfraß früher. Ich rührte das Essen nicht an, war aber fasziniert von dem grellorangen Göffel, den es dazu gab. Gefängnisse mussten wahrscheinlich am Besteckbudget sparen (Gabel + Löffel = $$, Göffel = $), und die Neonfarbe sollte die Insassen wohl davon abhalten, sie auf den Gefängnishof zu schmuggeln und einander damit zu lynchen. Man musste schon *sehr* wütend sein, um jemanden mit einem Göffel abzustechen, ging mir im Halbschlaf durch den Kopf. Die lebhafteste Erinnerung an meine Nacht im Gefängnis ist die an meine eiskalten Füße. Nimm einem Mann die Socken weg, und er bereut sein Verbrechen sofort.

18. August

Am Morgen von Tante Junes hundertstem Geburtstag bekam ich einen orangen Einteiler, Sandalen und glücklicherweise auch ein Paar Socken in die Hand gedrückt. Ich fragte, ob ich den Göffel als Souvenir behalten dürfte.

»Vom Gefängnis gibt's keine Souvenirs.«

Die Zellentür wurde geschlossen, damit ich mich umziehen konnte, und ich zog den viel zu großen Einteiler an und steckte mir den Göffel heimlich in die Socke. Eine Minute später kam der Wärter zurück, legte mir Handschellen und Fußfesseln an, in denen ich nur winzige schlurfende Schritte machen konnte, schubste mich hinaus auf den Gang und führte mich in den kleinen holzgetäfelten Verhandlungsraum, in den wir zu viert gerade so hineinpassten: ich, der Gerichtsdiener, der junge Richter und der riesenhafte zweite Insasse, neben dem ich Platz nehmen sollte. Ich konnte es nicht fassen: Tiny!

Tiny hieß in Wirklichkeit Ralph Lumley. Er wog nach vorsichtiger Schätzung hundertfünfzig Kilo und sah in seinem orangen Overall aus wie ein Kürbis, hatte strähnige fettige Haare, braungefleckte Zähne und grüne, schartige Zehennägel. Wie ich bald erfuhr, war er festgenommen worden, weil er die Auflage nicht erfüllt hatte, sich als verurteilter Sexualstraftäter bei den Behörden zu melden, als er nach Wyoming kam. Er arbeitete als Aushilfe auf dem Jahrmarkt, der gerade in der Stadt war und den die Polizei zum Anlass genommen hatte, nach möglichen Sexualstraftätern zu fahnden. Das Stacheldraht-Dickicht bei Kinder Kids kam mir auf einmal sehr vernünftig vor.

Ralph und ich hatten eine »gemeinsame Anhörung«, das war, erklärte uns der Richter, in Wyoming so üblich. Unsere Ellbogen berührten sich, und meine Schulter drückte gegen Lumleys Oberarm, dessen Fett auf meine Seite der Bank hinüberquoll. Er war als Erster dran. Ich starrte auf seine Fußnägel, während der Richter die umfangreiche Liste seiner Vorstrafen verlas wie einen sehr langen Einkaufszettel: ein sexueller Übergriff in Oregon, ein exhibitionistischer Vorfall in Idaho ... Schließlich kam Mr. Lumley selbst zu Wort. Er schilderte seine traurige Kindheit, seine kaputte Familie und sein unstetes Leben, stritt aber nichts ab und beantwortete die Fragen des Richters mit der gelangweilten Miene eines Mannes, der das nicht zum ersten Mal tat. Das Gefängnis von Converse County, sagte der Richter am Ende mit einem Seufzen, werde wohl nur ein kurzer Zwischenstopp auf Ralph Lumleys langer Odyssee durch das Strafsystem von Wyoming sein.

»Okay.« Er drehte sich auf seinem Bürostuhl herum. »Jetzt zu Ihnen.«

Nach Lumleys Vorlage wirkte meine Geschichte mit dem verkrusteten Harzrest in der Pfeife so jämmerlich wie ein halb aufgeblasener Luftballon.

»Und dafür haben die Sie eine Nacht hierbehalten?!«

Ich solle mir in Kalifornien einen Ausweis zum Bezug von medizinischem Marihuana besorgen, riet mir der

Richter, verurteilte mich zu einem Jahr Bewährung ohne Auflagen und scheuchte mich aus seinem Verhandlungsraum, offensichtlich genervt von dieser Zeitverschwendung. Wyoming ist schon ein komischer Staat – erst wird man für einen winzigen Marihuanarückstand verhaftet, dann kriegt man Kiffertipps von einem Richter. Ich schlurfte einen Gang entlang, um meine Zivilklamotten wieder in Empfang zu nehmen, Ralph Lumley schlurfte in die andere Richtung.

Ich bekam mein Portemonnaie, Handy, Kleingeld und eine Quittung über die 1,77 Dollar ausgehändigt, die der Staat Wyoming für meine Festnahme einbehielt, und spazierte dann die Stufen des Gerichtsgebäudes hinunter in den strahlenden Sonnenschein. Während ich Jackson am Telefon auf den neusten Stand brachte, kniff ich die Augen zu und stellte fest, dass ein paar Straßen weiter tatsächlich der Jahrmarkt in vollem Gange war. Auf dem Rummel kaufte ich mir einen Cowboyhut, eine Portion Nachos und eine Limonade, hockte mich auf einen Zaun und sah einer Rodeoshow zu, erleichtert, dass mich die Gefängniszeit innerlich nicht völlig hatte abstumpfen lassen und ich immer noch die kleinen Freuden des Lebens genießen konnte, Jalapeños zum Beispiel. Kurz schoss mir durch den Kopf, dass einige der Jahrmarktleute hier vielleicht gern wüssten, wo ihr Freund Ralph steckte, ich verfolgte den Gedanken dann aber doch nicht weiter.

Eine Stunde später saßen Jackson, seine Eltern und ich gemeinsam in einem Mietwagen und fuhren exakt zwei Meilen unter der Geschwindigkeitsbegrenzung in Richtung Denver. Mein Subaru parkte dort vor unserem Hotel, in dem Jackson auch den Stoßzahn zwischengelagert hatte, bevor er sich mit seinen Eltern wieder auf den Weg machte, um mich abzuholen. Im Denver Hilton stritten Jackson und ich eine Weile um die Hemden und Krawatten, die uns seine Eltern mitgebracht hatten, bis ich schließlich nachgab und mir schmollend das übergroße, lachsfarbene Button-down-Hemd überzog, das keiner haben wollte.

Wir kamen eine halbe Stunde vor den ersten Gästen im Pinehurst Country Club an. Tante June stand auf dem Gang vor dem Speisesaal und war bereits wegen irgendetwas sauer. Sie war eine kleine Frau mit dichten grauen Locken und gebeugtem Rücken, eindeutig nicht mehr die Jüngste, aber sie entsprach auch nicht dem Bild, das ich von einer Hundertjährigen hatte. Tante June strotzte vor Lebenskraft und wirkte von den Feierlichkeiten eher genervt. Wozu das ganze Getue?, schien sie sich zu fragen.

»Tante June, wärst du so lieb und würdest mal kurz einen Blick hier drauf werfen?«, sagte Jackson höflich.

»Worum geht's denn?«, fragte sie mürrisch zurück.

Jackson schraubte den Deckel des schwarzen Plastikrohrs ab und reichte es ihr. Tante June zog den Inhalt vorsichtig heraus. Ein Zoll gewundenes Elfenbein nach dem anderen kam zum Vorschein, und ihre frostige Miene schmolz dahin.

»Ihr habt's geschafft …«, flüsterte sie erst noch ungläubig. Dann lauter: »Ihr habt's geschafft! Ihr habt's geschafft!« Schließlich brüllte sie: »IHR HABT'S WIRKLICH GESCHAFFT!«

Tante June hüpfte durch den Gang und reckte den Stoßzahn triumphierend in die Höhe wie Zeus seinen Blitz.

Ich hatte sie ja erst nach hundert Jahren kennengelernt, aber an ihrem großen Geburtstag waren Jackson und ich ihre besten Freunde. Nach und nach trafen die anderen Geburtstagsgäste ein, und sie packte uns jedes Mal am Arm, schob uns durch den Saal, stellte uns als ihre Helden vor und erkundigte sich alle paar Minuten, ob wir noch genug zu trinken hatten. Ihr Mineralien-Freak von einem Sohn – über die Glatze gekämmter Haarrest, bis zum Bauchnabel hochgezogene Khakihosen – schenkte uns lediglich ein schmallippiges Lächeln. Er wollte Kriminelle nicht beglückwünschen, konnte jedoch schlecht die Ehrengäste seiner Mutter beleidigen. Auf Bitten von Jacksons Vater verschwiegen wir Tante June meine Nacht im Gefängnis. Sie habe keinerlei Verständnis für Drogen, »waren eben früher andere Zeiten«, erklärte er. Ich glaube jedoch, sie hätte zu allem ihren Segen gegeben, was im Dienste des Stoßzahns geschah. Ich musste an einen Satz denken, den ich mal in einem Philosophieseminar gehört hatte: *Was aus Liebe getan wird, geschieht immer jenseits von Gut und Böse.*

Tante June bat uns, vor unserer Heimreise noch einmal bei ihr vorbeizuschauen. Sie schrieb jedem von uns in zittriger Altdamenschrift einen Scheck über tausend Dollar aus und zeigte uns dann stolz ihre Schätze: versteinerte Mammutbaumstücke, grapefruitgroße Geoden, in Bernstein eingeschlossene Insekten. Vor allem aber durften wir ihre Narwalsammlung bewundern: die gerahmten Aquarelle, die seltenen Bücher zum Thema und den Ehrenplatz mitten auf ihrem Esstisch, wo ihr neuester Schatz ausgestellt werden würde, das Herzstück der Sammlung. Bevor Jackson und ich wieder losfuhren, drückte sie jedem von uns noch einen kleinen Quarz in die Hand, den wir immer bei uns tragen sollten, allzeit bereit, ihn vorzuzeigen.

Zurück in Mid-City machten wir es uns erst mal wieder auf der Couch bequem. Den Scheck legte ich auf meinen Schreibtisch zu den anderen Souvenirs, meinem orangen Göffel, dem kleinen Quarz und dem Tütchen Stoßzahnsplitter. Im Laufe der nächsten Monate telefonierten wir noch ein paar Mal mit Tante June und plauderten über Lautsprecher mit ihr.

Kurz vor ihrem hundertundzweiten Geburtstag meldete sie sich wieder bei Jackson. Nachdem sie im *National Geographic* eine Fotostrecke über Mammutstoßzähne gesehen hatte, war sie nun absolut fasziniert davon und wollte wissen, ob uns die sibirische Tundra nicht reizen würde. Sie habe überlegt, dass man am besten im Winter eine Hütte dort mietete, um die Schneeschmelze im Frühjahr abzuwarten, wenn das russische Eis sein uraltes Elfenbein preisgab. Es würde sicher kein leichtes Unterfangen, aber zwei gutaussehende junge Männer wie wir könnten damit durchaus ein hübsches Sümmchen verdienen … Wir lachten. Und fingen an, darüber nachzudenken. Wie würde man das am besten machen? Auf Craigslist gab es keine Angebote für sibirische Hütten, so viel hatten wir bereits rausgefunden. Wir dachten sogar über genauere Daten nach, aber mittlerweile füllten sich unsere Kalender immer mehr mit Arbeit, und wir hatten für Verbrechen nicht mehr so viel Zeit wie früher. Trotzdem ein schöner Gedanke – endlose, verschneite Wälder bis zum Horizont, weit, weit weg von Mid-City.

MICHAEL MIROLLA

Sicherheit

Sie ist allein in der Wohnung und wartet auf ihren frischgebackenen Ehemann (zwei Tage!), als es klingelt. Das kann er nicht sein. Ist noch zu früh. Sie öffnet vorsichtig die Tür, lässt die Kette eingehakt. Ein lächelndes Gesicht mit dichtem Schnurrbart erklärt ihr, er sei da, um das Telefon zu reparieren. An ihrem Festnetz sei eine Störung festgestellt worden. Die wolle er beheben. Falls sie ihn hereinlässt, sagt er und schmunzelt. »Kleinen Augenblick«, antwortet sie. Sie tut so, als wolle sie die Kette lösen, und schlägt ihm die Tür vor der Nase zu.

»Mich legst du nicht rein«, schreit sie, zitternd vor Angst und Wut. »Oh, nein. Mich kannst du nicht reinlegen. Mit unserem Festnetz ist alles in Ordnung, weil wir nämlich gar keins haben. Also, hauen Sie ab, bevor mein Mann nach Hause kommt. Und ich rufe jetzt die 110 auf dem Handy an.«

»Tut mir leid, junge Frau«, sagt die gedämpfte, immer noch freundliche Stimme. »Dann ist das Problem wohl in der Wohnung nebenan. Manchmal nehmen es die Geräte nicht so genau. Tut mir wirklich leid. Ich wollte Sie nicht stören.«

»Schon gut«, flüstert sie und lauscht angestrengt, wie sich seine Schritte im Gang entfernen. Wie gut, dass der

Bluff mit dem Handy funktioniert hat. Sie hat zwar eins bestellt, aber noch nicht geschafft, es abzuholen. Vielleicht hat sie dem Mann ja unrecht getan. Vielleicht hat er sich einfach bloß geirrt. Sie war schon immer der Meinung, dass Telefontechniker nicht besonders helle sind.

Die nächsten zwanzig Minuten sitzt sie im Schneidersitz auf dem Fußboden, wie sie glaubt, genau in der Mitte des Wohnzimmers (die Möbel sind bestellt, aber noch nicht geliefert). Sie betrachtet die Wände und versucht, sich die fertig eingerichtete Wohnung vorzustellen – bunte, farblich abgestimmte Gardinen und Vorhänge, ein gemütliches Sofa, antike Kommoden, einen runden Eichentisch mit Stühlen, ein Himmelbett mit oder ohne Himmel. Fast hat sie sich einen Namen für das Baby überlegt, als sie ein Klopfen am Schlafzimmerfenster aus ihrem Tagtraum reißt. Sie kreischt erschrocken auf und beißt sich in die Hand. Draußen, umrahmt von den ersten Schneeflocken, hängt kopfüber das unrasierte Gesicht eines Mannes, der durch gelbe Zahnlücken grinst. In der Hand hält er einen dampfenden Lappen. Sie tritt aus seinem Blickwinkel, das Herz droht ihr aus der Brust zu springen und auf dem Boden hüpfend weiterzuschlagen. Wieder klopft es. Oh Gott, denkt sie, sind die Fenster zu? Wird er die Scheibe einschlagen und hindurchspringen, mit einer Glasscherbe in der Hand? Schon glaubt sie, seinen Atem zu riechen, spürt seine rauen, schwieligen Finger an ihrem Hals. Aber kein eingeschlagenes Fenster, kein Auftritt im Schlafzimmer. Nur das Klopfen. Zaghaft geht sie in die Küche und schaut hinaus. Oje, wie dumm von ihr! Wie sie sich aufgeführt hat! Der kopfüber hängende Mann schrubbt die verdreckten Fenster, über die sie sich beim Vermieter beschwert hatte. »Alles klar, junge Frau«, hatte der gesagt. »Wir putzen sie, bis sie funkeln.« Und dazu muss der Mann zwischen den 10 Zentimeter auseinanderstehenden, dicken Eisenstäben wischen. Auch die waren ihre Idee gewesen. Sie geht zurück ins Schlafzimmer und macht die zur Seite gesteckten provisorischen Vorhänge zu – eigentlich Bettlaken –, sehr zum gespielten Leidwesen des Mannes auf dem Gerüst, der eine Hand aufs Herz legt und mit der anderen eine eingebildete Träne wegwischt, bis sein Gesicht verschwindet. Sie lacht und linst noch ein letztes Mal durch die Vorhänge. Jetzt tut er, als wollte er herunterspringen, hüpft mit kleinen Sprüngen hin und her.

Sie summt leise vor sich hin und umfängt mit den Händen die Wärme, die sie in sich spürt. Ihr knurrt der Magen. Sie geht in die Küche, reißt den Kühlschrank auf und erinnert sich an den Schock, als beim ersten Mal ein paar fast erfrorene Kakerlaken herausgefallen waren. Aber nach einer halben Spraydose und stundenlangem Schrubben hatte sich auch das erledigt. Jetzt sind dort ordentliche Stapel mit Aufschnitt, Käse und Gemüse und daneben Apfelsaft mit Vitaminzusatz und eine Schachtel extragroße Eier Güteklasse A. Sie nimmt ein Stück Cheddar und eine Selleriestange heraus und schneidet beides in Streifen. Die legt sie abwechselnd fächerförmig auf einen Teller, auf dem ein Hüttensänger aus einer überreifen Feige aufsteigt. Es ist ein Geschenk ihrer Schwiegermutter, die noch im Alter den Feminismus für sich entdeckt hatte, samt der sexuellen Symbolik.

Sie legt einen Streifen Cheddar auf ein Stück Sellerie und

beißt zu. Weich auf knackig, eine befriedigende Kombination. Sie lehnt sich auf dem wackligen Stuhl zurück, der noch aus der Junggesellenzeit ihres Mannes stammt, und atmet tief durch. Das Schneetreiben ist heftiger geworden, und es ist schön zu beobachten, wie der Schnee nach und nach das Grau der Stadt überdeckt. Wenn auch natürlich nicht so schön wie auf dem Land, wo sie herkommt. Eines Tages vielleicht, wenn die Kinder erwachsen sind und sie ein bisschen Geld zur Seite gelegt haben, könnten sie in eine kleine Farm investieren. Schließlich ist ihr Mann ein Überflieger – das hat sogar sein Chef gesagt –, und Geld wäre dann kein Problem. Vielleicht verdient sie ja etwas dazu, macht noch einen Abschluss, um ihr Profil zu schärfen, wie es in den Hochglanzmagazinen heißt. Schon sieht sie sich in einem geräumigen Büro hinter einem großen Schreibtisch sitzen, ein Diktiergerät in der einen und ein Baby in der anderen Hand. »Stellen Sie bitte keine Anrufe durch«, sagt sie und gibt dem glucksenden Säugling die Brust. Die Sprechanlage summt. »Ich habe gesagt, keine Anrufe durchstellen!« Die Sprechanlage summt wieder, gefolgt von einem Klopfen.

Sie sackt auf dem Stuhl vornüber. Jetzt summt es zum dritten Mal. Es ist die Türklingel.

»Ja, wer ist da?«, fragt sie und legt das Ohr an die geschlossene Tür.

»Ihr freundlicher Postbote«, antwortet eine sonore Stimme. »Eine Eilsendung für Harold oder Jenny Jones.«

»Schieben Sie es bitte unter der Tür durch.« Sie reißt sich trockene Haut von der Lippe und kaut darauf herum.

»Junge Frau«, sagt der Postbote mit einer Stimme, die

klingt wie die Vernunft selbst. »Es ist ein Päckchen, kein Brief. Außerdem müssen Sie unterschreiben.«

»Einen Augenblick«, sagt sie und richtet sich wieder auf. Was jetzt? Schon seit ein paar Tagen erwartet sie ein Päckchen – ein Negligee im Babydoll-Stil aus dem Sears-Katalog. Eine Überraschung für ihren Mann. Nicht, dass sie es unbedingt braucht. Noch nicht. Aber es ist besser, für alle Fälle gewappnet zu sein.

»Junge Frau, ich würde ja gern den ganzen Tag hier stehen bleiben, aber ich habe noch andere Sendungen, die ich ausliefern muss. Sagen Sie einfach, wenn Sie es nicht wollen. Dann lasse ich eine Karte da, und Sie können es auf der Poststelle abholen.«

»Nein! Nein, schon gut. Ich mache auf.« Sie entriegelt die Tür und öffnet sie, bis die Türkette gespannt ist. Wieder begrüßt sie ein lächelndes Gesicht (Wer hat ihr bloß erzählt, dass städtische Angestellte immer mürrisch und schlecht gelaunt wären?) und meint, er könne ihre Vorsicht gut verstehen. »In der Stadt kann man nicht genug aufpassen. Es sind jede Menge Verrückte unterwegs.« Er schiebt das Päckchen durch die Öffnung. Es ist in Packpapier eingewickelt und mit einer ausgefransten Schleife zugebunden, die offenbar schon viele Male verwendet wurde. »Unterschreiben Sie bitte hier. An der Stelle mit dem X.« Der Postbote hält ihr Zettel und Kugelschreiber hin. Nur sein behaarter Arm und seine Hand sind zu sehen. Sie will nach dem Zettel greifen, da umfasst er ihr Handgelenk wie mit einem Schraubstock. »Erwischt«, sagt er sanft und zerrt sie zu sich heran. Sie schreit auf, lehnt sich unwillkürlich mit ihrem ganzen Gewicht gegen die Tür und klemmt ihm die

Finger ein. Jaulend lässt er ihr Handgelenk los und zieht die Hand zurück. Sie versucht, die Tür ganz zu schließen, aber es geht nicht. Er hat den Fuß dazwischen gesetzt. »Aber, aber, meine Gute«, sagt er schwer atmend und schlängelt den Arm noch einmal durch, um sie festzuhalten. »Mach es dir doch nicht so schwer. Hak die Kette auf. Du weißt, es ist bloß eine Frage der Zeit.« Er rammt mit der Schulter gegen die Tür. Die Kette hält, aber von der Wucht wird sie zu Boden geschleudert. Ein paar Sekunden liegt sie ausgestreckt da, hört sich seine immer schlimmer werdenden Beschimpfungen an, was er ihr antun werde, sobald er drinnen ist. Wieder rammt er gegen die Tür. Eine der Schrauben lockert sich.

Sie will schreien, aber es bleibt ihr im Hals stecken. Ruhig, ganz zart, zupft sie an ihren Haaren. Ein paar Büschel fallen aus und gleiten auf den Boden. Wo ist ihr Mann, wenn sie ihn braucht? Sie geht ins Schlafzimmer und versucht, das Fenster zu öffnen. Umsonst, es ist von frischer Farbe und der Eiseskälte verklebt. Der Mann auf dem Gerüst winkt ihr zu und fängt an zu steppen. Das Hämmern an der Tür und das schwere Atmen werden lauter. »Jetzt bin ich gleich drin, Süße. Gleich drin! Guck mal, ich ziehe mich schon mal aus, damit du nicht so lange warten musst, wenn ich drin bin.« Sie stürzt von Zimmer zu Zimmer und schaltet alle Lampen an. In der Küche stiert sie auf den Tisch – eigentlich zwei Bretter auf Sägeböcken. Darauf liegen abwechselnd Käse- und Selleriestreifen und – quer über einer Gabel – ein Tranchiermesser. Etwas in ihr zerspringt. Sie denkt zurück an damals auf der Farm, als sie damit dem Schwein mit einem glatten Schnitt die Kehle durchgeschnitten hatte, fast ohne eine Spur zu hinterlassen. An der Wohnungstür splittert das Holz. Sie ergreift das Messer mit beiden Händen, damit es nicht so zittert, und geht langsam zur Tür. Jetzt sind fast alle Schrauben an der Kette herausgefallen. Ein Wunder, dass sie noch hält. »Allerbeste Qualität«, hatte der Vermieter gesagt. »Erzählen Sie es nicht weiter, aber mein Bruder ist Schlosser.« Sie kniet sich unten vor die Tür und wartet, bis der Pseudo-Postbote wieder dagegen rammt. Dann sticht sie ihm in den Fuß. Beim ersten Mal trifft sie daneben und muss mit dem Messer hin und her schaukeln, um es aus der Diele zu ziehen. Wieder sticht sie zu und schlitzt diesmal am Rand das Leder auf. »Du Nutte!«, brüllt er und zieht den Fuß gerade noch rechtzeitig zurück, bevor sie zum drittem Mal zusticht. »Du Drecksnutte! Ich fasse es nicht, die will mich abstechen. Du nichtsnutzige Hure!« Er rüttelt wieder an der Tür, aber zu spät. Sie hat schon abgeschlossen.

»Oh nein, Mooooment«, sagt er auf einmal ganz leise, als würde er ihr direkt ins Ohr flüstern. »Moment mal. Du forderst es ja geradezu heraus. Oh, ja. Eigentlich wollte ich dir bloß ein paar Tricks zeigen. Und ich wette, es hätte dir gefallen. Ich wette, du hättest nach mehr gestöhnt. Aber jetzt bin ich sauer. Ich kann es nämlich gar nicht leiden, wenn man mich abstechen will. Also mach nur, schließ die Wohnungstür ab. Mach nur. Mach dir um mich keine Gedanken. Ich finde einen anderen Weg zu dir. Ich komme durch die Risse im Putz. Oder durch die Dachluke. Genau so mach ich das. Geh schon mal ins Bad, zieh dich aus und mach es dir gemütlich. Ich bin gleich da. Bis gleich.«

Sie schlottert so heftig, dass sie kaum stehen kann, und

zwingt sich trotzdem nachzusehen, ob alle Fenster Gitterstäbe davor haben. Draußen ist es jetzt dunkel. Der Mann auf dem Gerüst ist weg, nur sein Eimer baumelt noch bedrohlich. Sie zieht die Dachluke zu. Einen kurzen Augenblick lang hat sie Lust auf ein Bad, wie albern. Aber das geht vorbei. Die Türen zur Küche, zum Schlafzimmer und zum Bad schließt sie ab, um möglichst wenig offen zu lassen. Sie setzt sich ins Wohnzimmer, wieder genau in die Mitte, unter das Relief mit den beiden geschlechtslosen Engeln, an dem der billige Leuchter hängt. Sie drückt das Tranchiermesser an sich, spürt die kühle Klinge zwischen den Brüsten und nickt ein. Es ist kein erholsamer Schlaf, sondern macht sie nur noch müder. Als sie aufwacht, ist sie benebelt, so dass zuerst nicht sicher ist, woher das Klopfen kommt.

»Schatz, ich bin's. Mach doch bitte auf. Ich glaub, ich habe schon wieder meinen Schlüssel verloren.«

Ihr Mann! Sie springt hoch und läuft zur Tür, um zu öffnen. Doch dann stockt sie. Woher weiß sie, ob er es wirklich ist? Was, wenn …?

»Schatz, was ist denn? Klemmt die Tür?«

»Wie heißt du?«, fragt sie unvermittelt.

»Wie ich heiße? Was soll das, Schatz? Ich bin müde. Es war ein langer Tag. Lass mich rein.«

»Ja, wie du heißt. Und ich? Wie heißen wir beide?«

»Ach, herrje. Harold. Und Jenny. So, bitte. Machst du jetzt auf?«

Sie schließt auf, lässt aber die Kette eingehakt.

»Die Kette, du Dummerchen.« Er lacht – und da ist sie sicher, dass er es ist. Sie hakt die Kette aus und fällt ihm seufzend in die Arme.

»Schatz, ist irgendwas?«, fragt er, während er die Tür hinter sich abschließt.

Sie küsst sein seltsam kaltes Gesicht und erzählt ihm schluchzend ihre Geschichte: Wie schrecklich ihr Tag war, wie froh sie ist, ihn zu sehen, dass sie aus der Wohnung wegmüssen, nein, aus der Stadt, dass er sie nie wieder allein lassen darf, keinen einzigen Augenblick, dass sie unbedingt das Handy brauchen. Und zwar sofort.

»Versprich es mir«, fleht sie ihn an und drückt den Kopf an seine starke Brust.

»Was?«, fragt er mit einem grummelnden Bass an ihrem Ohr.

»Dass du mich nie mehr alleinlässt. Versprich es.«

»Versprochen«, sagt er und zieht langsam die lebensechte Maske ab.

Darunter ist ein freundliches Gesicht mit einem dichten Schnurrbart.

Ein unrasierter Mann mit gelben Zahnlücken.

Ein lächelnder Postbote.

Ihr frischgebackener Ehemann.

JOHN IRVING
Letzte Nacht in Twisted River

Das Haupthaus ließe sich ohne großen Aufwand winterfest machen«, fing Ketchum an. »Nach Einbau der Spülklos sollte man unbedingt zwei Abwassersysteme installieren – ein offizielles und ein kleineres, von dem keiner etwas zu wissen braucht. Vergesst die kleineren Hütten im Winter; die zu heizen wäre zu teuer. Bleibt einfach im Haupthaus. Ein wenig Heizstrom reicht aus, um zu verhindern, dass das Klo und die Spüle und deine große Badewanne, Charlotte, zufrieren. Man muss nur die zu der kleinen Klärgrube führenden Rohre gegen Kälte isolieren. So kann man im Klo nachspülen und das Spülwasser aus der Küche ablaufen lassen – und sogar die Wanne leeren. Man kann nur kein Wasser aus dem See hochpumpen oder Wasser erhitzen – jedenfalls nicht in einem mit Propangas betriebenen Boiler. Man muss ein Loch ins Eis schlagen und das Wasser mit Eimern nach oben tragen; das Badewasser erhitzt man auf dem Gasherd, genau wie das Geschirrspülwasser. Natürlich schläft man im Haupthaus – und die meiste Wärme kommt von dem Holzofen. In deinem Schreibschuppen brauchst du ebenfalls einen Holzofen, Danny, mehr aber auch nicht. Der hintere Teil der Bucht, der dem Festland am nächsten liegt, friert zuerst zu; die Lebensmittel schafft man auf einem Schlitten heran, den man an ein Schneemobil hängt, und genauso bringt man den Müll wieder in die Stadt. Verdammt, man könnte auf Schneeschuhen vom Festland rüberlaufen«, sagte Ketchum. »Von der Hauptfahrrinne nach Pointe au Baril Station sollte man sich aber tunlichst fernhalten. Ich schätze, die Rinne friert nicht fest genug zu.«

»Aber warum sollten wir im *Winter* hier rauskommen?«, fragte Danny den alten Waldarbeiter. Charlotte guckte Ketchum nur verständnislos an.

»Warum kommen wir nicht diesen Winter hierher, Danny?«, fragte Ketchum den Schriftsteller. »Dann zeige ich dir, warum es dir hier gefallen könnte.«

Ketchum meinte nicht Winter im engeren Sinn. Er meinte die Hirschsaison im November. Das erste Mal, dass sich Danny und Ketchum zur Hirschjagd in Pointe au Baril Station trafen, war das Eis noch nicht dick genug, dass sie die Bucht vom Festland nach Turner Island zu Fuß überqueren konnten; nicht einmal auf Schneeschuhen oder Langlaufskiern wäre das sicher gewesen, und Ketchums Schneemobil wäre unweigerlich gesunken. Neben dem Schneemobil und einer umfangreichen Schlechtwetterausrüstung hatte Ketchum die Gewehre dabei, aber Hero zu Hause gelassen – genauer gesagt bei Sixpack-Pam. Sixpack hatte selbst ebenfalls Hunde, die Hero »duldete«, wie Ketchum sagte. (Er sagte auch, die Hirschjagd sei für Hunde »unpassend«.)

Dass sie in diesem Winter nicht auf Charlottes Insel konnten, war unwichtig. Der Bauhandwerker würde mit all den Umbauten erst im darauffolgenden Sommer fertig werden; Ketchums kluge Optimierungen für den Winter mussten also auch so lange warten. Der Handwerker, Andy Grant, war ein »Kerl von hier«, wie Ketchum das liebevoll nannte. Charlotte war sogar mit ihm aufgewachsen – sie waren Sandkastenfreunde. Andy hatte nicht nur vor ein paar Jahren für Charlottes Eltern das Haupthaus renoviert, sondern auch erst kürzlich nach Charlottes Vorgaben die beiden Schlafhütten umgebaut.

Andy Grant erzählte Ketchum und Danny, wo es in der Gegend um Bayfield Hirsche gab, und Ketchum kannte bereits einen gewissen LeBlanc, der sich »Jagdführer« nannte. LeBlanc zeigte Ketchum und Danny ein Gebiet nördlich von Pointe au Baril, in der Nähe des Byng Inlet und des Still River. Doch Ketchum war egal, wo er jagte; hier gab es überall Hirsche.

Zuerst war Danny wegen der Waffe, die Ketchum für ihn ausgewählt hatte, ein wenig beleidigt gewesen, einer Winchester Ranger, die Mitte der Achtziger in New Haven, Connecticut, hergestellt wurde, kurz bevor man die Produktion einstellte. Es war ein sogenanntes Vorderschaftrepetiergewehr vom Kaliber 20, was Ketchum »eine Pumpgun« nannte. Anfangs kränkte es Danny, dass es sich bei der Flinte um ein *Jugend*modell handelte.

»Lass dir deswegen keine krummen Eier wachsen«, sagte Ketchum zu ihm. »Für einen Anfänger ist das ein prima Gewehr. Wenn man anfängt zu jagen, dann möglichst unkompliziert. Ich habe schon Kerle gesehen, die sich die Zehen abgeschossen haben.«

Vermutlich Dannys Zehen zuliebe wies Ketchum den Anfänger an, immer drei Schuss in der Winchester zu haben – einen in der Kammer und noch zwei in dem Röhrenmagazin. »Vergiss nie, wie viel Schuss du dabeihast«, schärfte ihm Ketchum ein.

Danny wusste, dass die ersten beiden Patronen mit Schrot gefüllt waren; die dritte war ein Flintenlaufgeschoss, das Ketchum den »Fangschuss« nannte. Es war unsinnig, mehr als drei Patronen zu laden, ganz gleich, wie viel Munition die Waffe aufnahm. »Wenn du einen vierten oder fünften Schuss brauchst, hast du dein Ziel schon verfehlt«, erklärte Ketchum Danny. »Dann ist der Hirsch längst über alle Berge.«

Abends fiel es Danny schwer, Ketchum aus der Bar von Larry's Tavern rauszuhalten. Larry's Tavern war auch ein Motel und lag südlich von Pointe au Baril Station, an der Route 69. Die Motelwände waren so dünn, dass man hören konnte, wenn im Nebenzimmer gevögelt wurde. »Irgend so 'n Truckerarschloch und 'ne Nutte«, verkündete Ketchum am ersten Abend.

»Ich glaube kaum, dass es in Pointe au Baril Nutten gibt«, sagte Danny.

»Dann ist es ein One-Night-Stand«, erwiderte Ketchum. »Die klingen jedenfalls nicht, als wären sie *verheiratet.*«

An einem anderen Abend vernahmen sie länger anhaltendes Geschrei und Gestöhne, offenkundig von einer Frau. »Die hört sich anders an als die von letzter Nacht und der Nacht davor«, stellte Ketchum fest.

Wer auch immer die Frau war, sie gab einfach keine Ruhe. »Ich komme! Ich komme!«, wiederholte sie permanent.

»Stoppst du mit, Danny? Könnte ein Rekordversuch sein«, sagte Ketchum, doch dann ging er nackt in den Flur und klopfte an die Tür, hinter der gerade der längste Orgasmus der Welt stattfand. »Hör zu, Kumpel«, sagte der alte Flößer. »Sie lügt, das steht fest.«

Der junge Mann, der die Tür öffnete, nahm eine drohende Haltung an und schien kampfbereit, doch der Kampf – wenn man ihn so nennen wollte – war in null Komma nichts vorbei. Ketchum nahm den Burschen in den Schwitzkasten, ehe der mehr als einen oder zwei Schläge austeilen konnte. »Ich hab nicht gelogen«, rief die Frau aus dem dunklen Zimmer, doch mittlerweile glaubte ihr nicht mal mehr der junge Mann.

So hatte sich Danny seinen Jagdausflug mit Ketchum nicht vorgestellt. Was die Hirsche betraf, für den ersten Hirsch, den Danny in Bayfield erlegte, brauchte er alle drei Schuss – auch den Fangschuss. »Tja, sterben ist manchmal nicht so leicht, Danny, das sollte ein Schriftsteller wissen«, war Ketchums einziger Kommentar.

Ketchum schoss seinen Hirschbullen beim Byng Inlet, mit einem Schuss aus seinem Gewehr, Kaliber 12. In der nächsten Hirschsaison in Ontario schossen sie noch zwei Bullen – beide am Still River –, und inzwischen waren auch die sogenannten Optimierungen auf Charlottes Insel fertig, und damit war alles winterfest gemacht. Ketchum und Danny kehrten Anfang Februar nach Pointe au Baril Station zurück, als das Eis auf der Bucht in Festlandnähe über einen halben Meter dick war. Sie folgten der Schneemobilpiste ab Payne's Road, aus Pointe au Baril hinaus, und fuhren über das Eis und die Schneeverwehungen zur hinteren Anlegestelle und zu Opas Hütte.

Die Hirschsaison war vorbei, aber Ketchum hatte sein Gewehr mitgebracht. »Nur für den Fall.«

»Für *welchen* Fall?«, fragte ihn Danny. »Wir wildern keine Hirsche, Ketchum.«

»Für den Fall, dass sich irgendein anderes *Viech* hier herumtreibt«, antwortete Ketchum.

Später sah Danny, dass Ketchum zwei Wildsteaks auf dem Grill briet, den Andy in Charlottes neuer vergitterter Veranda an das Propangas angeschlossen hatte. Im Winter war die Veranda mit Brettern vernagelt, damit kein Schnee hereingeweht wurde, weil dort die Sommermöbel und zwei Kanus lagerten. Danny ahnte nicht, dass Ketchum auch seinen Bogen mitgebracht hatte.

Danny hatte vergessen, dass Ketchum auch mit dem Bogen jagte und die Saison für Bogenschützen in New Hampshire drei Monate dauerte; Ketchum hatte also eine Menge Übung.

»Das ist Wilderei«, klärte Danny den Holzfäller auf.

»Die Mounties haben keine Schüsse gehört, oder?«, fragte Ketchum.

»Es ist und bleibt Wilderei, Ketchum.«

»Wenn man nichts hört, ist es eher nichts, Danny. Ich weiß, dass Cookie kein Fan von Wildbret ist, aber ich finde, so schmeckt es ziemlich gut.«

Danny mochte die Hirschjagd eigentlich gar nicht – jedenfalls nicht das Töten –, war aber gern mit Ketchum zusammen, und in jenem Februar 1986, als sie ein paar Nächte in dem Haupthaus auf Turner Island verbrachten, fand Danny heraus, wie herrlich der Winter in der Georgian Bay war.

Von seinem neuen Schreibschuppen aus sah Danny eine vom Wind gebeugte Kiefer; sie war so krumm, dass sie ab einer bestimmten Höhe fast waagrecht wuchs. Als Neuschnee fiel und man beinahe von einem »Whiteout« sprechen konnte – man also nicht mehr unterscheiden konnte, wo das Festland aufhörte und die zugefrorene Bucht anfing –, fiel Danny Angel auf, wie beharrlich sich das Bäumchen an sein unsicheres Überleben klammerte.

Gebannt saß Danny in seinem Schreibschuppen und ließ die windgebeugte Kiefer nicht aus den Augen; er stellte sich sogar vor, wie es wäre, einen ganzen Winter lang auf dieser Insel im Huron-See zu leben. (Natürlich war ihm klar, dass Charlotte es nicht länger als ein Wochenende ausgehalten hätte.)

Ketchum kam in den Schreibschuppen. Er hatte aus dem See Wasser geholt und es in ein paar Nudeltöpfen auf dem Gasherd zum Sieden gebracht. Er erkundigte sich, ob Danny das erste oder zweite Wannenbad nehmen wollte.

»Siehst du den Baum, Ketchum?«, fragte ihn Danny und zeigte auf die kleine Kiefer.

»Du meinst wohl den, den der Wind krumm und schief geweht hat«, sagte Ketchum.

»Ja, genau den«, antwortete Danny. »Woran erinnert der dich?«

»An deinen Dad«, sagte Ketchum, ohne zu zögern.

ALISTAIR MACLEOD

Die Insel

Auf der Insel regnete es den ganzen. Tag, und sie wartete. Manchmal traf der schräg fallende Regen mit hellem Klang auf das Fenster, war also fast schon Hagel, und dann sah man auf der Scheibe winzige Kügelchen, die sich auflösten und lautlos am Glas hinunterrollten, wobei jeder Tropfen eine feine Spur hinterließ. Dann wieder fiel der Regen senkrecht und ohne das Fenster zu berühren, aber er blieb da wie ein dünner Perlenvorhang vor der Tür.

Sie nahm den Schürhaken und drehte die halb verkohlten Scheite im Herdfeuer, damit sie gleichmäßiger abbrannten. Einige Scheite waren Teile alter Zaunpfähle oder Treibholz, das man vom Strand geholt und anschließend in passende Stücke für den Herd zersägt hatte. Manchmal steckten noch krumme, alte Nägel im Holz. Wenn das Feuer richtig heiß war, glühten sie kirschrot und ließen an die Werkstatt eines Hufschmieds denken oder vielleicht an den Tag, an dem sie geschmiedet wurden. Sie glühten in der starken Hitze, während das Holz ringsherum vom Feuer verzehrt wurde, und am nächsten Morgen wurden sie, schwarz und krumm, aber im Grau der Schütte immer noch sichtbar, gemeinsam mit der Asche weggekippt. An Tagen, wenn das Feuer nicht so gut brannte, weil das Holz feucht war oder der Herd schlechter zog, blieben die Nägel rostbraun, und das feuchte Holz knisterte und zischte, bevor es sie zögernd aus den Särgen entließ, in denen sie gefangen saßen. Heute war ein solcher Tag.

Sie ging zum Fenster und schaute wieder hinaus. Die drei schwarzweißen Hunde unter dem Tisch folgten ihr mit den Augen, rührten sich aber nicht. Im Laufe des Tages waren sie mehrmals draußen gewesen, und ihr nasses Fell verströmte den Geruch feuchter, zum Trocknen aufgehängter Wollwäsche. Wenn sie hereinkamen, schüttelten sie sich kräftig neben dem Herd, und die auf das heiße Metall sprühenden Wassertropfen sorgten für zusätzliches Knistern und Zischen.

Durch das Fenster und die Perlenschnüre des Regens meinte sie, die grauen Umrisse von *tir mòr* zu erkennen, dem mehr als zwei Meilen entfernten Festland. Wegen ihres nachlassenden Augenlichts, zumal bei solchem Wetter, war sie jedoch nicht sicher, ob sie es auch wirklich sah. Aber sie hatte es bei jedem Wetter über Jahrzehnte hinweg gesehen, dass ihr das Bild klar vor Augen stand, und ob sie es jetzt tatsächlich sah oder sich nur daran erinnerte, war irgendwie nicht wichtig.

Das Festland war auch nur eine große Insel, obwohl die meisten Menschen es nicht so empfanden. Manche meinten, es sei größer als die Provinz der Prince-Edward-Insel, größer gar als manches europäische Land, und es gebe dort geteerte Straßen und Autos und inzwischen auch Einkaufszentren und eine stattliche Bevölkerung.

An so regnerischen oder nebligen Abenden wie diesem war das Festland fast völlig verdeckt und man konnte es sich nur mit Mühe vorstellen, doch an sonnigen Tagen war es deutlich sichtbar, mit seinen weißen Häusern, den roten oder grauen Scheunen, den Feldern und Rasenflächen, die die Häuser umgaben, und dahinter die von dunkelgrünen Fichten bestandenen Berge. Nachts schienen die einzelnen Häuser und Ortschaften von den Lichtern wie vergrößert. Fixierte man bei Tag einen bestimmten Punkt, dann konnte es passieren, dass man nur ein Haus und eventuell noch eine Scheune sah, nachts hingegen leuchteten womöglich mehrere Lichter in den Fenstern eines Hauses, und vielleicht brannte auch in der Scheune eine Lampe, und an den Strommasten im Hof, auf dem Zufahrtsweg oder entlang der Straße leuchteten weitere Lichtquellen. Zudem gab es noch die sich bewegenden Lichter der Autoscheinwerfer. Nachts wirkte alles viel beeindruckender, vielleicht wegen der Dinge, die man nicht sah, was dazu führte, dass der Anblick bei Tag enttäuschte.

Sie war vor so langer Zeit auf der Insel geboren worden, dass sich niemand mehr daran erinnerte. Ihre Geburt war ein Ereignis, an das keiner mehr dachte, und es gab auch keine Urkunde, die den genauen Tag angegeben hätte. Sie war einen Monat zu früh auf die Welt gekommen, zu Beginn der Frühjahrsschmelze, als es unmöglich war, von der Insel aufs Festland zu gelangen.

Früher hatte ihre Mutter vor jeder Geburt versucht, auf das Festland zu kommen, manchmal schon einen guten Monat vor der erwarteten Niederkunft, denn auf Wetter und Wasser konnte man sich nur im Sommer verlassen. Alle anderen Jahreszeiten waren unberechenbar. Auch damals hatte sie auf das Festland gewollt, aber das winterliche Eis auf der Meerenge begann früher zu schmelzen als sonst.

Es hätte das Gewicht eines Pferdeschlittens, ja selbst das eines Fußgängers nicht mehr getragen, und überall sah man offene Kanäle, die sich wie reißende Flüsse durch die weißgraue Landschaft aus angetautem Eis zogen. Für eine Überquerung zu Fuß war es also zu spät, und für eine Überfahrt mit dem Boot zu früh, denn es gab noch nicht genug offenes Wasser. Und dann kam sie auch noch einen Monat früher zur Welt als erwartet. Dies alles erfuhr sie natürlich erst viel später. Außerdem erfuhr sie, dass ihre Eltern zu Beginn des Winters nichts von der Schwangerschaft geahnt hatten. Ihr Vater war damals sechzig, ihre Mutter fast fünfzig, und sie waren schon Großeltern. Seit fünf Jahren hatten sie keine eigenen Kinder mehr gehabt und deshalb geglaubt, sie könnten keine mehr bekommen, und die üblichen Anzeichen gab es nicht mehr oder jedenfalls machten sie sich erst wieder im Winter bemerkbar. Ihre Geburt kam also, wie ihr Vater sagte, in mehrerer Hinsicht »unerwartet«.

Seit Menschengedenken war sie das erste Kind, das auf der Insel das Licht der Welt erblickte.

Zur Taufe wurde sie später auf das Festland gebracht. Und noch später, als der Pfarrer die Taufscheine in die Hauptstadt der Provinz schickte, legte er ihren zu denen der Kinder vom Festland. Zudem hatte der Pfarrer, vielleicht um die Sache zu vereinfachen, bei ihr denselben Geburtsort eingetragen wie bei den anderen Kindern und ihren Geschwistern. Oder aber, falls dies nicht der Fall war, hatte er ihren wahren Geburtsort schlichtweg vergessen. Außerdem trug er ein falsches Geburtsdatum ein, und man nahm an, dass er die Eltern nicht gefragt oder ihre Angaben vergessen hatte und dass sie, als er die Taufscheine abschicken wollte, bereits zur Insel zurückgekehrt waren und nicht mehr gefragt werden konnten. Also hatte er einfach ein Geburtsdatum gewählt, das ein paar Tage vor der Taufe lag. Und auch ihr zweiter Vorname stimmte nicht. Ihre Eltern hatten sie Agnes genannt, er aber hatte rätselhafterweise Angus eingetragen. Vielleicht hatte er den Namen ebenfalls vergessen oder er war einfach zu beschäftigt, zumal er damals schon sehr alt war, wie seine zittrige, krakelige Handschrift zeigte. Außerdem hieß er selbst mit zweitem Vornamen Angus. All dies erfuhr sie erst Jahre später, als sie in Erwartung ihrer Heirat den Taufschein anforderte. Alle fragten sich erstaunt, wie ein einziges Dokument so viele Fehler enthalten konnte, aber zu diesem Zeitpunkt war der alte Pfarrer längst tot.

Sie mochte die einzige Geburt auf der Insel gewesen sein, Todesfälle hingegen gab es dort mehrere. Den ihres Großvaters etwa, der an einem Novembertag »einem Stechen in der Seite« erlag, nachdem er sein Boot an Land geholt hatte, um es winterfest zu machen – in der Annahme, es erst wieder im Frühjahr zu brauchen. Er war erst vierzig Jahre alt, als es passierte, er starb zwei Wochen nach seinem Geburtstag. Seine Witwe und die Kinder wussten nicht, was sie tun sollten, denn es gab keine vernünftige Funkverbindung und sie waren nicht stark genug, um das Boot, das er gerade an Land geholt hatte, wieder ins Wasser zu schaffen. Zwei Tage lang warteten sie und hofften, die mürrischen grauen Wellen würden sich beruhigen; sie bahrten den Leichnam auf dem Küchentisch auf und bedeckten ihn mit weißen Laken, und aus Angst, die Wärme könnte die Verwesung beschleunigen, heizten sie möglichst sparsam.

Am dritten Tag ließen sie ein kleines Skiff zu Wasser und versuchten, zum Festland zu rudern. Da sie nicht wussten, ob ihre Kraft dafür reichen würde, sammelten sie auf einer der Inselmarschen große Mengen getrockneter Rohrkolben und Schilfgras, legten sie in eine Blechwanne und tränkten sie in dem Öl, das sie für die Lampe im Leuchtturm benutzten. Die Wanne stellten sie an den Bug des Skiffs, und als sie sich aus dem Schatten der Insel lösten, zündeten sie den Inhalt der Wanne an, in der Hoffnung, er möge Signal und Zeichen sein. Auf dem Festland sah jemand die grauschwarze Rauchfahne, die lodernden Flammen darunter und schließlich das ungleichmäßig schlingernde Skiff, von den verzweifelten Händen der Frau und ihrer Kinder gerudert. Auch auf dem Festland hatte man die meisten Boote bereits an Land geholt und winterfest gemacht, eines aber ließ man zu Wasser, und die Männer fuhren dem scheinbar brennenden Skiff entgegen, warfen ihm eine Leine zu und schleppten es zum Anleger, nachdem sie zunächst die Frau und ihre Kinder an Bord genommen, sie getröstet und sich ihre Geschichte angehört hatten. Später fuhren die Männer zur Insel und holten den Leichnam aufs Festland, sodass der Mann, obwohl er auf der Insel gestorben war, dort nicht beerdigt wurde. Und noch später an jenem Abend fuhr jemand hinüber und entzündete die Lampe im Leuchtturm, damit sie nächtlichen Seereisenden ihre Warnung zublitzen konnte. Bei aller Trauer befürchtete sowohl die Frau wie auch ihre Familie, sie könnte ihre Arbeit verlieren, wenn die Regierung vom Tod des Leuchtturmwärters erfuhr. Und da sie bereits die Vorräte für den Winter gekauft hatten und es zu spät war, um anderswo hinzuziehen, beschlossen sie, den Tod bis zum Frühling geheim zu halten, und kehrten nach dem Begräbnis gemeinsam mit dem Bruder der Frau zur Insel zurück.

Der Tod hatte die Familie ursprünglich auf die Insel gezogen oder vielmehr: Man wollte helfen, die Zahl der Toten zu verringern. Man hatte den Leuchtturm im letzten Jahrhundert erbaut, weil die Insel bei Dunkelheit oder schlechtem Wetter eine Gefahr für die Schiffe darstellte. Man glaubte, das Licht würde Schiffsreisende vor der gefährlichen Insel warnen oder, umgekehrt, einen Hoffnungsschimmer für jene darstellen, die schon Schiffbruch erlitten hatten und verzweifelt die felsige Küste zu erreichen versuchten. Vor dem Bau des Leuchtturms hatte es mehrere Schiffbrüche gegeben, die sich vielleicht oder vielleicht auch nicht hätten vermeiden lassen, wenn es das Licht gegeben hätte. Fest stand jedenfalls, dass sich einige Überlebende auf die Insel retten konnten und dort an Kälte und Hunger starben, weil niemand von ihrer Anwesenheit wusste. Ihre Skelette wurden im Frühling zufällig von Fischern entdeckt, dicht zusammengedrängt, wie sie gestorben waren, unter Bäumen oder Felsvorsprüngen. Manche hatten noch die Reste ihrer Arme umeinander geschlungen. Manchen flatterten die Kleider noch lose um die Knochen, obwohl das Fleisch zwischen Stoff und Knochen längst vermodert war.

Als die Familie auf die Insel zog, bestand ihr Auftrag darin, sich um das Licht zu kümmern und denen zu helfen, die sich an Land retten konnten. Die Regierung ließ für sie Häuser bauen, die besser waren als die ihrer Verwandten auf dem Festland, und unterstützte sie anfangs beim Kauf von Vorräten und Vieh. Viele fanden, dass sie ein gutes Auskommen hatten, eine Anstellung bei der Regierung. Und was die Einsamkeit betraf, so redeten sie sich ein, dass sie sich daran gewöhnen würden. Sie sagten sich, dass sie eigentlich längst daran gewöhnt waren, da sie aus dem hohen Norden Schottlands stammten, wo die Menschen seit Generationen an das Meer und den Wind, an das Eis und die Felsausläufer gewöhnt waren. Gewöhnt an die langen Nächte, in denen niemand sprach, und an das isolierte Leben auf Inseln. Daran gewöhnt, dass die Männer fortgingen, um für die Hudson's Bay Company und die North West Company zu arbeiten, und erst nach Jahren wieder heimkehrten. Daran gewöhnt, dass ihre Männer zu den Prärien von Montana oder Wyoming aufbrachen, die so öde und weit wie das Meer waren, um dort als Schafhirten zu arbeiten. Daran, Monate zu verbringen, die sich manchmal zu Jahren dehnten, und nur mit Hunden oder sich selbst oder einem eingebildeten Gegenüber zu reden, das geisterhafte Züge annahm. Daran gewöhnt zu erschrecken, wenn man plötzlich im Lager oder im Laden oder beim Handelsposten erschien und eine Antwort auf die eigenen Worte vernahm. Daran, dass man als Schafhirte begehrt war, weil alle Welt glaubte und weil man ihnen eingeredet hatte, dass ihnen die Isolation nichts ausmache. »Natürlich habe ich mit Geistern geredet«, sagte ein Mann angeblich bei seiner Rückkehr. »Was würdest du denn tun, wenn du sonst niemanden hättest?«

Anfangs, als es noch keine vernünftige Funkverbindung gab, entfachten sie im Notfall, wenn sie auf der Insel festsaßen, Feuer am Ufer und hofften, auf dem Festland würde man diese Signale bemerken. Sie hofften, dass sie, die auf die Insel gekommen waren, um Menschenleben zu retten, selbst gerettet würden. Wie es hieß, wussten sie wochenlang nichts vom Ausbruch des Ersten Weltkriegs und erfuhren erst während eines Besuches bei Verwandten auf dem Festland davon. Sie kamen auf das Festland und betraten eine Welt, die nie mehr dieselbe sein würde.

Im Lauf der Jahre verbanden sich ihr Familienname und ihre Identität mit der Insel. Und obwohl die Insel auf zivilen und militärischen Seekarten einen offiziellen Namen trug, kannte man sie nur noch als die MacPhedrans-Insel und ihre Bewohner nicht mehr als die MacPhedrans, sondern als die Leute »von der Insel«. Man nannte sie »Insel-John«, »Insel-James«, »Mary von der Insel«, »Theresa von der Insel«. Als hätten sie der Insel ihren Familiennamen gegeben und im Gegenzug deren anonyme Benennung erhalten.

Dies alles war bei ihrer Geburt schon Geschichte, und sie konnte nichts davon beeinflussen. Sie suchte sich nicht aus, dass sie auf der Insel zur Welt kam (auch wenn die Dokumente dem widersprachen), und sie suchte sich auch nicht die ziemlich überraschten Menschen aus, die ihre Eltern wurden, obwohl sie bereits Großeltern waren. Denn als sie geboren wurde, war ihre Familiengeschichte schon eng mit der Geschichte der Insel verbunden. Und als man ihr später von dem Mann erzählte, der einem Stechen in der Seite erlegen war, kam ihr alles weit weg vor, im Gegensatz zu ihrem Vater, der eines der Kinder in dem Skiff gewesen war und auf Geheiß seiner Mutter mit seinen kleinen, eiskalten Händen verzweifelt gerudert hatte. Den von der

Regierung gebauten Kai, der besser als alle Kais auf dem Festland war, gab es schon in ihren frühesten Erinnerungen. Man hatte ihn gebaut, um den Leuchtturm versorgen zu können, aber seine Vorzüge lockten auch Fischer vom Festland an. Vor allem im Mai und im Juni, den Monaten der Hummersaison, kamen Männer und richteten sich in den am Ufer erbauten Baracken und Hütten ein. Um vier Uhr früh verließen sie ihre Hütten und kehrten zeitig am Nachmittag zurück, um ihren Fang den Käufern anzubieten, die in großen Booten von weit her kamen. Samstags fuhren sie zurück auf das Festland, und sonntags kamen sie wieder, am späten Nachmittag oder frühen Abend, der wöchentliche Vorrat an Brot und Proviant lag in Jutesäcken verstaut im Laderaum ihrer Boote. Manchmal lagen auch einjährige Kälber in den Booten, mit gefesselten Beinen und vor Angst aufgerissenen Augen. Sie weideten im Sommer auf der Insel, und in den kalten, grauen Herbstmonaten wurden die halb verwilderten Tiere wieder abgeholt. Auf dieselbe Art brachte man später im Sommer die kräftigen Schafböcke, um in rein männlicher Gesellschaft ein paar asketische und frustrierende Monate auf der Insel zu verbringen, ehe man sie zur herbstlichen Paarungsorgie wieder auf das Festland holte.

Im Sommer, als er auf die Insel kam, war sie siebzehn. Er kam vor den Schafböcken und dem Jungvieh und den Booten der Hummerkäufer. Er kam Ende April, als noch weiße Eisschollen auf dem Meer trieben und die Hunde noch zum Kai rannten, um die kommenden Boote anzubellen und die Männer anzuknurren, die ihnen entstiegen. In der Zeit bevor solche Boote und Männer zu vertrauten Anblicken und

Geräuschen und Gerüchen wurden. Doch als sein Boot am Kai anlegte, tobten die Hunde nicht wie sonst, und was immer er sagte, beruhigte sie und ließ sie verstummen. Sie sah alles vom Küchenfenster aus. Sie trocknete gerade Geschirr für ihre Mutter ab und wand sich das feuchte Geschirrtuch um die Hand, als wäre es ein Verband, dann wickelte sie es rasch wieder ab. Als er sich bückte, um die Schlinge des Ankertaus auf den Kai zu werfen, fiel ihm die Mütze vom Kopf, und sie sah sein rotes Haar. In der Aprilsonne glitzerte und blitzte es, als stecke die Kraft des Frühlings darin. Wie die meisten ihrer Angehörigen hatte sie dunkle Haare, und dunkle Augen hatte sie auch.

Sie erfuhr, dass er gekommen war, um in dieser Saison mit einem der Männer vom Festland zu fischen. Die Frau des Mannes war seine Tante, und er stammte aus der Gegend hinter den Bergen, gut fünfundzwanzig Meilen weit entfernt, damals eine große Entfernung. Er war etwas früher gekommen, um alles für die Saison vorzubereiten. Um die Schäden auszubessern, die im Winter an der Hütte entstanden waren, um die Hummerkörbe zu reparieren und ein paar neue zu bauen. Dies alles erzählte er ihnen am Abend, als er zum Leuchtturm hochkam, um Öl für seine Lampe zu holen. Er brachte auch ein paar Neuigkeiten vom Festland mit, obwohl sie eigentlich kaum gemeinsame Bekannte hatten. Er sprach Gälisch und Englisch, wenn auch mit anderem Akzent. Er war etwa zwanzig Jahre alt, und seine Augen waren sehr blau.

Sie sahen sich häufig an. Sie waren die Jüngsten im Raum.

In der ersten hektischen Phase der Hummersaison sprachen sie nicht miteinander, sahen sich aber fast jeden Tag.

Oft waren die Männer schon um drei Uhr morgens wach und kochten im flackernden Schein der Lampen ihren Tee, und wenn sie sich im Halbdunkel bewegten, fielen ihre Schatten groß und unheimlich auf die Wände der Hütten. Abends schliefen sie manchmal schon um acht Uhr ein. Gelegentlich saßen sie noch auf dem Stuhl, und ihre Köpfe fielen auf die Brust oder in den Nacken, und ihre Münder klappten auf. Sie ging ihrer Mutter zur Hand, half ihr im Garten und pflanzte Kartoffeln. Abends ging sie manchmal unten bei den Hütten spazieren, aber nicht sehr oft. Ihre Eltern hatten es ihr zwar nicht ausdrücklich verboten, aber sie fühlte sich unwohl, wenn sie so dicht an so vielen Männern vorbeiging. Manchmal nickten sie ihr zu oder lächelten, denn alle kannten ihren Namen und wussten, wer sie war, da einige von ihnen entfernt mit ihr verwandt waren. Aber manchmal fühlte sie sich beklommen, auch wenn sie nur Fetzen der Bemerkungen und Kommentare aufschnappte, die sie einander zuwarfen, während sie in den Türen standen oder auf selbst gezimmerten Stühlen oder umgedrehten Hummerkästen saßen. Die Bemerkungen zielten hauptsächlich auf die Männer selbst ab, sie wollten sich damit ihre Schlagfertigkeit und Männlichkeit beweisen. Als wären sie Schuljungen und nicht, wie in den meisten Fällen, über die besten Jahre hinaus. Manchmal erinnerten sie die Männer an die Schafböcke im Spätsommer, die verspielt und gutmütig waren und meist zufrieden auf dem *achadh nan caoraich* grasten, auf dem Feld der Schafe, die jedoch hin und wieder, wenn jemand in ihr Territorium eindrang, unvermittelt durchdrehten und ihre aufgestaute Wut aneinander ausließen. Dann stiegen sie und rannten gegeneinander an, bis ihre Schädel wie auseinanderberstende Eisberge im Frühling krachten und ihr zurückgehaltener Samen sich in spritzenden Fontänen entlud, ehe sie wie betäubt und wackelig auf den Beinen dastanden.

Sie und ihre Mutter waren die einzigen Frauen auf der Insel.

Eines Abends ging sie zur anderen Seite der Insel, zu dem Ufer, das nicht zum Festland blickte, sondern aufs offene Meer. Dort gab es eine kleine Bucht, sie hieß *bagh na long bhriseadh,* Bucht des Schiffbruchs, weil man dort vor langer Zeit, noch vor dem Bau des Leuchtturms, Wrackträmmer gefunden hatte. Sie saß auf *creig a bhoird,* dem Felsentisch, der wegen seiner Form so genannt wurde, und schaute auf das scheinbar endlose Meer. Und dann stand er neben ihr Er war lautlos gekommen, und der Hund, den sie mitgenommen hatte, zeigte ihr sein Kommen nicht an.

»Oh«, sagte sie, als ihr seine unerwartete Nähe bewusst wurde, und sie stand rasch auf.

»Kommst du oft hierher?«, fragte er.

»Nein«, erwiderte sie. »Das heißt – ja. Manchmal.«

Das Meer dehnte sich glatt und weit vor ihnen aus.

»Bist du hier geboren?«, fragte er.

»Ja«, erwiderte sie. »Das kann man so sagen.«

»Und du bleibst die ganze Zeit hier? Auch im Winter?«

»Ja«, sagte sie. »Meistens schon.«

Wenn es um die Insel ging, war sie ebenso abweisend wie der Rest ihrer Familie. Sie wussten, dass man sie häufig für etwas exzentrisch hielt, weil sie auf der Insel lebten. Und sie erwarteten immer, dass man sie auf die Einsamkeit ansprach.

»Manche Menschen sind einsam, ganz gleich, wo sie leben«, sagte er, als würde er ihre Gedanken lesen.

»Oh«, sagte sie. So etwas hatte sie noch nie jemanden sagen hören.

»Würdest du gern anderswo leben?«, fragte er.

»Ich weiß nicht«, erwiderte sie. »Vielleicht.«

»Ich muss jetzt gehen«, sagte er. »Bis später. Ich komme wieder.«

Und dann war er weg. So plötzlich, wie er gekommen war. Er schien zwischen Felsentisch und Ufer verschwunden zu sein. Sie wartete kurz, setzte sich wieder auf den Felsen, um sich zu beruhigen, und ging schließlich hinauf zum Leuchtturm. Später, als sie durch das Küchenfenster auf die Hütten blickte, sah sie, wie er Latten an einen kaputten Hummerkorb nagelte und die Ködereimer für den nächsten Morgen fertig machte. Er hatte die Mütze in den Nacken geschoben, und in der Abendsonne glänzte sein Haar golden. Einmal blickte er auf, und ihre Hand legte sich fest um das Tuch, das sie hielt. Ihre Mutter fragte, ob sie einen Tee haben möchte.

Erst in der nächsten Woche ging sie wieder bei den Hütten spazieren. Er saß auf einer Hummerkiste und verspleißte Taue. Im Vorbeigehen meinte sie ihn sagen zu hören: *Áite na cruinneachadh.* Sie ging schneller, weil sie merkte, wie ihr das Blut zu Kopf stieg, und weil sie hoffte oder sich vielleicht nur einbildete, er hätte tatsächlich »der Treffpunkt« gesagt. Sofort machte sie sich auf den Weg dorthin, sie ging zur Bucht des Schiffbruchs und zum Felsentisch und wartete. Ihr Gesicht war dem Meer zugewandt, und sie blieb so sitzen, damit sie nicht sehen musste, dass er *nicht* kam, sofern dies der Fall sein sollte. So kam es ihr richtig vor. Der Hund saß zu ihren Füßen, und keiner von beiden rührte sich, als er schließlich neben ihnen stand.

»Ich hab dir gesagt, dass ich wiederkomme«, sagte er.

»Oh«, sagte sie. »O ja. Das hast du.«

In den folgenden Wochen gingen sie öfter zum Treffpunkt. Erst standen sie da und schauten auf die endlose Weite der See, und später setzten sie sich. Sie unterhielten sich länger, und manchmal lachten sie, und im Nachhinein wusste sie nicht mehr, wann er sie gefragt hatte, ob sie ihn heiraten wolle. Sie wusste nur noch, dass sie in Tränen ausgebrochen war, als sie »O ja« gesagt hatte, und dass sie auf dem Felsentisch, in dem noch die Wärme der sinkenden Sonne steckte, ihre Hände ineinandergeschoben hatten. »O ja«, hatte sie gesagt. »O ja. Ich will.«

Nach der Hummersaison wollte er in einem Sägewerk arbeiten. Und im Herbst oder Anfang Winter, wenn es schneite und der Boden gefroren war, wollte er in den Winterwäldern von Maine arbeiten. Im nächsten Frühling wollte er dann mit demselben Mann wieder zum Fischen auf die Insel kommen, und im Sommer konnten sie heiraten. Und danach würden sie, sagte er, »irgendwo anders leben«.

»O ja«, sagte sie. »O ja, das machen wir.«

Im Spätherbst, in einer Nacht nach einem Tag, an dem der Wind kalten Regen über die Insel gepeitscht hatte, wurde sie vom Hund geweckt, der an den schweren Decken auf ihrem Bett zerrte. Sie richtete sich auf, und weil sie zitterte, zog sie sich die Decken über die Schultern und versuchte, ihre Augen an die Dunkelheit im Zimmer zu gewöhnen.

Der schräg fallende Regen traf mit hellem Klang auf das Fenster, war also fast schon Hagel, und selbst im Dunkeln konnte sie kurz die fast weißen Körnchen sehen, ehe sie an der Scheibe schmolzen. Die Augen des Hundes schienen im Dunkeln zu glühen, und als sie die Hand ausstreckte, fühlte sie seine kalte, feuchte Nase. Sie roch sein feuchtes Fell, und als sie ihm über Kopf und Nacken strich, hatte sie Wasser an der Hand. Da stand sie auf, zog an, was sie im dunklen Zimmer finden konnte, und folgte dem Hund, der mit klackernden Krallen durch den Flur lief, vorbei an der geschlossenen Tür, hinter der ihre Eltern schnarchten. Manchmal schnarchten sie regelmäßig, dann wieder trat eine plötzliche Unterbrechung ein. Sie ging die Treppe hinunter, durch die Küche und durch die kleinen Pfützen, die durch den schräg zur offenen Haustür hereinfallenden Regen entstanden. Draußen war es windig und nass, aber nicht richtig stürmisch, und sie folgte dem Hund auf dem dunklen Pfad. In einem einzigen weißen Augenblick sah sie den Schemen des Bootes, das am Kai auf den Wellen tanzte, und an der Ecke der Hütten seine aufrechte, tropfnasse Gestalt.

Die Tür der Hütte gab dem vertrauten Druck seiner Schulter knarrend nach. Innen roch es leicht muffig, obwohl der Wind durch ein paar unversiegelte Ritzen drang. Ihre Augen gewöhnten sich an das Dunkel, und sie konnten die wenigen zurückgelassenen Möbel erkennen. Die primitive Matratze hatte man weggepackt, um sie vor Mäusen und der Feuchtigkeit des Meeres zu schützen. Sie hatten es so eilig, dass sie einander umschlangen, sich auf den Fußboden legten und einander aus der hinderlichen Kleidung halfen. Seine nasse Kleidung war schwer, aber sein Körper kam ihr leicht vor.

»Oh«, sagte sie und grub ihre Finger in seinen feuchten Nacken, »wenn wir verheiratet sind, können wir das immer tun.«

Auf dem Höhepunkt wurde ihr Atem zu einem gemeinsamen Keuchen und schließlich fast zu einem Schrei.

Daran dachte sie, als sie später an der Schlafzimmertür ihrer Eltern vorbeikam. Sie dachte daran, wie ihr Atem mit dem seinen verschmolzen war und wie anders das unregelmäßige Schnarchen hinter der Tür ihrer Eltern klang. Sie konnte sich nicht vorstellen, dass die beiden jemals jung gewesen waren.

Das Wunder wiederholte sich am nächsten Morgen, als sie ihrem Vater zusah, wie er, noch im Unterhemd, das Feuer entfachte und später das dicke Glas der Leuchtturmlampe polieren ging. Dann sah sie ihrer Mutter zu, die abwusch und später nach den Stricknadeln und dem stets bereitliegenden Wollknäuel griff.

Sie verließ das Haus und spazierte hinunter zu den Hütten. Die Tür war fest zugezogen und ließ sich nur schwer öffnen. Innen wirkte alles ganz anders, vermutlich, dachte sie, weil heller Tag war. Sie suchte die grauen Dielen nach den Umrissen ihrer Körper oder einem feuchten Fleck ab, fand aber nichts. Sie ging wieder hinaus und zum Kai, zu der Stelle, wo das dunkle Boot gelegen hatte, aber auch dort fand sie nichts. Er hatte das Boot des Mannes »geborgt«, mit dem er fischen ging, und vor der Dämmerung zurückbringen müssen.

Es fing an zu stürmen und wurde kälter. Der hagelartige

Regen war stechend kaltem Schnee gewichen, und die Erde begann zu überfrieren. Sie berührte ihren Körper, um sich zu vergewissern, dass es kein Traum gewesen war.

Zu Beginn des Winters lebte sie nur mit der Aussicht auf die Heirat. Sie forderte ihren Taufschein an, ohne einen Grund dafür anzugeben, und half ihrer Mutter beim Stricken. Je länger der Winter dauerte, desto öfter schaute sie auf den Kalender.

Als das Eis im Frühling zu schmelzen und aufzubrechen begann, sah sie immer häufiger aus dem Fenster. Sie hatte das Gefühl, als wäre der Frühling längst überfällig, aber ihr Vater meinte, alles sei wie immer. Am einen Tag war die Meerenge offen, am nächsten war sie wieder zugefroren. Ständig drehte sich der Wind. Sie konnten sehen – oder bildeten es sich jedenfalls ein –, wie Männer auf dem Festland herumliefen und die Ausrüstung für die Saison vorbereiteten. Wegen des Eises wagten sie es noch nicht, die Boote zu Wasser zu lassen. Alle wirkten sehr klein und weit entfernt.

Als schließlich die ersten Boote kamen, rannten die Hunde bellend und knurrend zum Kai, und auch ihr Vater ging hinunter, rief die Hunde zurück und begrüßte die Männer und sagte, sie bräuchten keine Angst zu haben. Sie schaute aus dem Fenster, sah ihn aber weder auf den Booten noch auf dem Kai und auch nicht zwischen den vertrauten Hütten. Und auch den Mann vom Festland, mit dem er gefischt hatte, sah sie nicht, ebenso wenig wie sein Boot.

Als ihr Vater zurückkam, steckte er voll Neuigkeiten und brachte frische Vorräte, ein Bündel Zeitungen und einen Sack Post mit.

Aufgrund der vielen Neuigkeiten dauerte es eine Weile,

ehe er den Namen des Fischers vom Festland erwähnte und, wie als Nachsatz, hinzufügte: »Der junge Mann, der letztes Jahr mit ihm gefischt hat, ist diesen Winter im Wald ums Leben gekommen. Ist in Maine auf einer Holzrutsche umgekommen. Er sucht jetzt einen neuen Helfer.«

Beim Sprechen blätterte ihr Vater, der schon seine Brille aufgesetzt hatte, in einem Katalog für Schiffsbedarf. Den Katalog senkend, sah er sie beide über die Brille hinweg an. »Ihr wisst schon«, sagte er gleichmütig, »der junge Kerl mit den roten Haaren.«

»Oh, der arme Junge«, sagte ihre Mutter. »Gott sei seiner Seele gnädig.«

»Oh«, war alles, was sie hervorbrachte. Ihre Hände legten sich so fest um die metallenen Stricknadeln, dass sich eine der Spitzen in ihren Handballen bohrte.

»Deine Hand blutet ja«, sagte ihre Mutter. »Was ist denn los? Du musst besser aufpassen, sonst wird das Strickzeug blutig, und alles ist ruiniert. Was ist denn los?«, fragte sie wieder. »Du musst besser aufpassen.«

»Nichts«, erwiderte sie, erhob sich rasch und ging zur Tür. »Gar nichts. Ja, ich muss besser aufpassen.«

Sie ging nach draußen und blickte hinunter zu den Hütten, wo sich die frisch eingetroffenen Männer auf die neue Frühjahrssaison vorbereiteten. Ihre Stimmen schienen auf dem Windstrom zu treiben. Manchmal hörte sie einzelne Wörter, dann wieder klangen sie fremd und verloren. Das Mädchen konnte das Ausmaß und die Plötzlichkeit der Veränderung einfach nicht fassen. Konnte nicht glauben, auf welchem Weg sie die Neuigkeit erfahren hatte und was sie bedeutete. Konnte nicht glauben, dass eine Neuigkeit, die so folgenschwere Konsequenzen hatte, auf eine so oberflächliche Art und Weise eintreffen konnte und ihren Nächsten so wenig bedeutete.

Sie betrachtete ihre blutige Hand. »Warum hat er mir nicht geschrieben?«, fragte sie sich und überlegte kurz, ins Haus zu gehen und den Postsack zu durchsuchen. Aber dann kam ihr der Gedanke, dass alles zwischen ihnen gesagt war und dass es im Augenblick seines Todes zu spät war, um zu schreiben. Sie wusste nicht einmal, ob er überhaupt lesen und schreiben konnte. Sie hatte ihn nie danach gefragt. Damals hatte es keine Rolle gespielt. Das Blut auf ihrer Handfläche und zwischen den Fingern wurde langsam dunkel und trocken. Und mit einem Mal schien der letzte Winter, obwohl er gerade erst vorbei war, sehr lange zurückzuliegen. Sie presste ihre Hand auf den Bauch und wandte ihr Gesicht von Festland und Meer ab.

Als nicht mehr zu übersehen war, dass sie ein Kind erwartete, wunderten sich alle darüber. Sie selbst war ziemlich überrascht, dass niemand sie zusammen gesehen hatte. Sicher, sie war immer »über« die Insel gegangen, während er »rundherum« gelaufen war und es aussah, als käme er plötzlich und unerwartet aus dem Meer zu ihrem Treffpunkt, dem Felsentisch. Doch die Insel war klein und bot, besonders während der Fangsaison, kaum eine Möglichkeit, ungestört zu sein. Vielleicht, dachte sie, waren sie in mancher Hinsicht erfolgreicher gewesen als geplant. Es sah fast so aus, als wäre er für alle unsichtbar gewesen, nur nicht für sie. Dieser Gedanke verfestigte sich in ihr, und sie versuchte immer wieder, ihre letzte, nächtliche Begegnung zu durchleben. Aber das einzige Bild, das sie vor Augen hatte, war seine Silhouette im Leuchtturmlicht. Der Rest bestand aus Berührungen im Dunkeln. Sie erinnerte sich an die Leichtigkeit seines Körpers in den dunklen, nassen Kleidern, aber es war eher eine Erinnerung an Gefühle und nicht an Bilder. Nackt hatte sie ihn nie gesehen. Hatte nie mit ihm in einem Bett geschlafen. Sie besaß kein Foto, das ihrem Erlebnis eine gewisse Wirklichkeit verlieh. Es war, als wäre er, indem er aus ihrer Zukunft verschwunden war, auch aus ihrer Vergangenheit gewichen. Fast wie ein Geist, und im weiteren Verlauf ihrer Schwangerschaft gefiel ihr diese seltsame Vorstellung immer besser.

»Nein«, erwiderte sie immer wieder auf die drängenden Fragen der Eltern. »Ich weiß es nicht. Ich kann es nicht sagen. Nein, ich kann euch nicht sagen, wie er aussah.«

Sie schwankte nur zweimal. Zuerst eine Woche vor der Geburt, als der ungefähre Zeitpunkt der Empfängnis offenbar wurde. Sie war mit ihren Eltern auf dem Festland, und die Hitze des späten August lag in flimmernden Schichten über dem klaren, tiefen Wasser. Hinter der Meerenge ragte der Umriss der Insel auf, grau und blau und grün, und obwohl sie sich immer gewünscht hatte, von dort wegzugehen, wäre sie nun am liebsten wieder dorthin zurückgekehrt. Sie waren bei ihrer Tante, und dort sollte sie bis nach der Geburt des Kindes bleiben. Sie und ihre Tante hatten sich nie gemocht, und es gefiel ihr nicht, in dieser Situation von ihr abhängig zu sein. Bevor ihre Eltern sich wieder zur Insel aufmachten, kamen sie mit der Tante in ihr Zimmer, und die Tante wandte sich ihrem Vater zu und sagte: »Nun mach schon. Sag ihr, was sich die Leute erzählen.«

Sie erschrak, als sie die gequälte Verlegenheit in seinem

Gesicht sah, während er die Mütze in den Händen drehte und aus dem Fenster in Richtung der Insel blickte.

»Es liegt einfach daran, wie wir leben«, sagte er. »Einige behaupten, es hätte keinen anderen Mann gegeben.«

Sie erinnerte sich an das unregelmäßige Schnarchen, das oft aus dem Zimmer ihrer Eltern drang, und wie wenig sie sich vorstellen konnte, dass die beiden einmal jung waren.

»Oh«, sagte sie. »Das tut mir leid.«

»Mehr fällt dir dazu nicht ein?«, fragte ihre Tante.

Sie schwankte kurz. »Nein«, sagte sie. »Mehr nicht. Mehr fällt mir nicht dazu ein.«

Nach der Geburt ihrer Tochter mit den pechschwarzen Haaren stattete ihr der Pfarrer einen Besuch ab. Er war ein alter Mann, wenn auch vermutlich nicht so alt wie jener Geistliche, der vor nunmehr sehr langer Zeit, wie ihr schien, die Angaben auf ihrem Taufschein verwechselt hatte.

Damals lag es in der Macht eines Pfarrers, einem Kind die Taufe zu verweigern, wenn er nicht die Identität beider Eltern kannte. In Fällen wie ihrem konnte man die Namen vertraulich behandeln.

»Nun«, sagte er, »kannst du mir sagen, wer der Vater ist?«

»Nein«, erwiderte sie. »Das kann ich nicht.«

Er sah sie an, als hörte er dergleichen nicht zum ersten Mal. Und als wäre es ein Teil seiner Arbeit, der ihm nicht besonders gefiel. Er sah ihre Tochter an und dann wieder sie. »Wir wollen doch nicht, dass Unschuldige nur wegen der Verstocktheit anderer in die Hölle kommen«, sagte er.

Sie erschrak und sah ängstlich zum Fenster.

»Ich möchte nur eines wissen«, sagte er ruhig. »Ist es dein Vater?«

Sie dachte kurz an ihre eigene, unerwartete Geburt und daran, wie ihr Vater auch diesmal gestaunt hatte, obwohl die Situation eine völlig andere war.

»Nein«, sagte sie mit fester Stimme. »Er ist es nicht.«

Der Pfarrer wirkte zutiefst erleichtert. »Gut«, sagte er. »So etwas hätte ich ihm auch nie zugetraut. Ich werde dafür sorgen, dass die Gerüchte aufhören.«

Er ging zur Tür, als würde ihm diese eine Antwort genügen, doch dann blieb er stehen, eine Hand auf dem Türknauf. »Und ich möchte noch etwas wissen«, sagte er. »Kenne ich ihn? Ist er von hier?«

»Nein«, sagte sie, denn seine Hand auf dem Türknauf gab ihr Selbstvertrauen. »Er ist wirklich nicht von hier.«

Sie blieb bis weit in den Herbst auf dem Festland. Immer wieder wurde ihre Tochter krank, und jedes Mal, wenn die Rückfahrt geplant war, kam eine neue Krankheit dazwischen. Ihre Eltern schienen plötzlich alt zu werden, aber das lag vielleicht nur daran, dass sie sie inzwischen mit anderen Augen sah. Sicher, sie hatte sie schon immer als alt empfunden und oft gedacht, dass sie Großeltern anstelle von Eltern hatte. Aber jetzt hatten sie offenbar zum ersten Mal beinahe Angst vor der Insel und dem kommenden Winter. Seit ihrem ersten Ehejahr war dort immer ein Kind in ihrer Nähe gewesen. Als ihr Vater schließlich von der Leiter stürzte, die zur Leuchtturmlampe führte, hatte sie fast den Eindruck, als hätten alle mit dem Sturz und dem gebrochenen Arm gerechnet.

Seit ihr Großvater an einem »Stechen in der Seite« gestorben war, hatte die Regierung die Familie weitgehend in Ruhe gelassen. Es war, als wäre es den Beamten peinlich gewesen, dass die Witwe den Tod ihres Mannes nicht melden mochte, aus Angst, sie könnte zusätzlich zu ihrem Mann auch noch den einzigen Verdienst der Familie verlieren. Allem Anschein nach hatten die Beamten begriffen, dass es immer »irgendeinen MacPhedran« auf der Insel geben würde und man sich weitere Fragen ersparen konnte. Die Schecks kamen immer an, und immer leuchtete das Licht.

Doch der Unfall ihres Vaters warf ein ernstes Problem auf. Er konnte weder zur Lampe hinaufklettern noch das Boot über die Meerenge steuern, und er war auch nicht mehr imstande, sich um das Haus, die Gebäude und die Tiere zu kümmern. Wie es aussah, war es am besten, wenn die ganze Familie den Winter auf dem Festland verbrachte.

Ihr Bruder kam widerwillig aus Halifax zurück und kümmerte sich bis spät in den Herbst um das Licht. Er war alleinstehend, ein Quartalssäufer, der bei Baukolonnen arbeitete und zu schweren Depressionen neigte. Er fühlte sich nicht wohl auf der Insel, obwohl er das Leben dort gut kannte und alle ihn für einen »erstklassigen Mann« auf dem Boot hielten. Als sein Vater zu Beginn des Winters auf das Festland fahren wollte, sagte er: »Ich will hier nicht bleiben. Hier will ich ganz bestimmt nicht bleiben.«

»Oh«, sagte sein Vater, »du wirst dich schon daran gewöhnen.« Ein Satz, den sie immer zueinander gesagt hatten.

Aber er schien sich nicht daran zu gewöhnen. Während der Schneestürme im Februar überquerte einer der Hunde das Eis und fand auf dem Festland eine vertraute Tür. Drei Tage lang konnte man wegen der Kälte und des starken

Schneetreibens draußen weder gehen noch etwas erkennen. Niemand konnte sich im Wind aufrecht halten oder, wie man gemeinhin sagte, »die Hand vor Augen sehen«. Sobald der Sturm nachließ, machten sich vier Männer auf den Weg durch die weite weiße Eislandschaft. Sie spürten, wie die unbedeckten Teile ihres Gesichts vor Kälte erstarrten, ihr feuchter Atem gefror auf den Augenbrauen, und ihre Lider wurden vom Eis nach unten gezogen. Als sie sich dem Kai der Insel näherten, sahen sie, dass er fast vollständig unter riesigen Eisschollen begraben war. Einige Schollen waren so weit auf das Ufer gedrückt worden, dass sie fast die Türen der Hütten berührten. Aus dem Schornstein des Hauses stieg kein Rauch auf. Anfangs kamen die Hunde herunter und umkreisten knurrend die Männer, aber der Hund, der das Eis zum Festland überquert hatte, war mit zurückgekehrt und beruhigte die übrigen. Die Haustür stand offen, und der Ofen war kalt. Das Wasser in der Teekanne war gefroren und hatte das Gefäß kaum wahrnehmbar in zwei Hälften gesprengt. Alle Zimmer waren leer, und die Rufe der Männer blieben unbeantwortet. Draußen standen die Scheunentüren offen und wurden vom Wind hin und her geworfen. Sämtliche Tiere waren tot, sie lagen noch angebunden und erfroren in ihren Boxen. Bei einigen hatten die Hunde das gefrorene Fleisch angenagt.

Sein Mantel, die Mütze und die Winterhandschuhe fehlten, mehr nicht. Auf der Veranda hingen ein geladenes Gewehr und eine Schrotflinte. Die Männer machten Feuer im Herd und kochten sich eine Mahlzeit aus den Wintervorräten. Später gingen sie wieder nach draußen. Zwei liefen quer über die Insel und zwei umrundeten sie, aber sie stießen nur auf ihre eigenen Spuren. In der Hoffnung, irgendein Zeichen oder Signal zu erhalten, sahen sie die Hunde an. Sie redeten sogar mit ihnen und stellten ihnen Fragen – keine Reaktion. Er war verschwunden, genau wie seine Spuren unter dem Winterschnee.

Die Männer blieben über Nacht und kehrten am nächsten Tag zum Festland zurück. Sie berichteten, was sie gefunden und nicht gefunden hatten. Die Sonne schien, und obwohl es nur die schwache Februarsonne war, strahlte sie schon stärker als eine Woche zuvor. Sie schmolz das Eis auf den Fensterscheiben, und jemand bemerkte, dass die Tage nun länger würden und der schlimmste Winter überstanden war.

Unter den gegebenen Umständen beschloss die Familie, auf die Insel zurückzukehren, das Baby aber bei der Tante zu lassen.

»Ein Grund mehr, um jetzt zurückzugehen«, sagte ihr Vater und sah durch das schmelzende Eis an den Fenstern. Sein gebrochener Arm war geheilt, auch wenn er wusste, dass er nie wieder wie früher sein würde.

Später fragte sie sich oft, wieso sie auf die Insel zurückging, obwohl sie die Entscheidung damals nicht wirklich bewusst fällte. Ihre Eltern mochten die Insel zwar ihrem Sohn anvertrauen, aber sie waren nicht bereit, sie einem Fremden zu überlassen. Sie hatten festgestellt, dass das Leben auf dem Festland längst nicht so reizvoll war, wie es manchmal von der Insel aus schien. Zudem plagten sie diffuse Schuldgefühle wegen ihres verschollenen Sohnes und ihrer halsstarrigen Tochter, und wenngleich diese Schuldgefühle auch auf der Insel vorhanden wären, gab es dort niemanden, der sie darauf ansprach und bloßstellte. Sie selbst, das Kind aus den späten Jahren dieser Ehe, war plötzlich bereit, sich ebenfalls als alt zu betrachten und, da ihre Zukunft keinen anderen Weg zu bieten schien, sich mit der Vergangenheit zu identifizieren.

Sie kehrte mit einer beinahe bitteren Freude zurück. Sie war froh, ihre zänkische Tante und die Festland-Familie los zu sein, auch wenn es sie bedrückte, dass sie ihre kränkliche Tochter in deren Obhut zurücklassen musste. Trotzdem hatten sie recht, wenn sie sagten, die Insel sei im Winter nicht der richtige Ort für ein krankes Kind, und außerdem glaubte sie, dass ihre Eltern ohne sie nicht zurechtkämen.

»Wer kümmert sich dann um das Licht?«, fragte ihr Vater schlicht. Die Eltern sahen in der Jugend ihrer Tochter die unmittelbare Rettung für sich und sie betrachteten sie eher als ihr Kind und nicht als Mutter eines eigenen Kindes.

Es schien lange her zu sein, seit der rothaarige Mann sie gefragt hatte, ob sie ihn heiraten und gemeinsam mit ihm in die magische Region eines »irgendwo anders« ziehen möchte. Durch ihre hartnäckige Weigerung, seinen Namen preiszugeben, hatte sie ihn so weit in die letzten Winkel ihrer Gedanken verbannt, dass er noch geisterhafter wirkte als früher. Manchmal dachte sie an seinen Körper im Dunkeln, an seinen Schatten am Meer. Das Geheimnis seines Alters faszinierte sie, denn sofern er eines hatte, war es stehengeblieben und er war einer Art Zeitlosigkeit anheimgefallen, ganz anders als ihr Vater, dessen Zustand sich vor ihren Augen zunehmend verschlechterte.

In der Kälte des Februar kehrten sie mit einiger Erleichterung zurück, für die jeder eigene Gründe hegte. Da sie jung war, erledigte sie die meisten Arbeiten; sie trug die derben, formlosen Kleider ihres Vaters und hielt mühelos die Gewohnheiten und Abläufe ein, die sie seit ihrer Kindheit kannte. Ihre Eltern saßen immer öfter vor dem Ofen, unterhielten sich auf Gälisch und spielten manchmal Karten oder starrten einfach ins Feuer oder aus den frostbedeckten Fenstern.

Als der März mit seinen heulenden Schneestürmen hereinbrach, wurde deutlich, dass die launische Februarsonne ihr Versprechen nicht gehalten hatte; es war wie bei ihrem Vater, der zwar einen starken Willen besaß, dessen alternder Körper ihn jedoch Stück für Stück im Stich ließ. Er war fast achtzig, und täglich schien eine andere Körperfunktion zu versagen. So als wäre sein Körper plötzlich müde geworden und würde immer mehr vergessen.

Eines Tages, als der Sturm kurzzeitig abflaute, kamen ein paar Verwandte mit einem Pferdeschlitten über das Eis. Sie waren entsetzt über seinen Zustand und Anblick, über die »plötzliche« Veränderung, die sich in den wenigen Wochen seiner Abwesenheit vollzogen hatte, eine Veränderung, die Frau und Tochter nur schrittweise miterlebt hatten. Sie bestanden darauf, ihn mitzunehmen, solange das Wetter noch gut und das Eis fest war. Zögernd stimmte er zu, aber nur unter der Bedingung, dass seine Frau ihn begleitete.

Nach den vielen Jahren statischer Isolation war er sich der Fragwürdigkeit der plötzlichen Bewegung sehr bewusst.

»So ist das Leben manchmal«, sagte er zu seiner Tochter, als er kurz vor der Abfahrt dick vermummt im Schlitten saß. »Bis zu einem bestimmten Punkt geht es immer weiter, und dann kommt ein Jahr, in dem sich alles ändert.«

Eine Windbö fuhr plötzlich zwischen sie und peitschte ihnen feine, scharfe Schneekristalle ins Gesicht. Und im selben Moment wusste sie, dass sie ihn nie mehr wiedersehen würde. Sie wollte ihm noch etwas sagen, wollte sich bei ihm bedanken oder ihm, in diesem letzten gemeinsamen Augenblick, endlich ein Geständnis ablegen. Das Geheimnis ihrer eigenen Einsamkeit drückte schwer auf ihre Schultern, und sie berührte seinen vermummten Körper und sein in Schals gehülltes Gesicht, von dem nur noch die Augen zu sehen waren, und in den Augen stand Wasser, das zu Eis wurde.

»Es war«, sagte sie, »der rothaarige Mann.«

»O ja«, erwiderte er, aber sie wusste nicht, ob er sie wirklich verstanden hatte. Und dann fuhr der Schlitten an, und die Kufen quietschten über den Schnee.

Auf den Tod ihres Vaters war sie vorbereitet, doch mit dem Verlust ihrer Mutter, die zehn Tage später starb, hatte sie nicht gerechnet. Für diesen Tod gab es keine physische Erklärung, und er ließ an Tiere denken, die ohne ihren Partner verenden oder die nicht willens oder unfähig sind, sich einer neuen Umgebung anzupassen. So wie wilde Vögel in der Gefangenschaft sterben oder Vögel, die man aus dem Käfig entlässt, am Schock ihrer unerwarteten Freiheit oder dem Fehlen der vertrauten Grenzen zugrunde gehen.

Wegen der Frühjahrsschmelze konnte sie an keinem der Begräbnisse teilnehmen, an den jeweiligen Tagen schaute sie über die hohen, grauen Wellen und die grotesk geformten Eisberge. Vom Ufer der Insel aus sah sie die lange Beerdigungsprozession, die auf der matschigen Straße den von Pferden gezogenen Särgen zum Friedhof neben der Kirche folgte. Sie drehte ihr Gesicht in den Wind und stieg zum Leuchtturm hinauf.

Im Frühling und im Sommer kümmerte sie sich weiter um den Leuchtturm, aber sie hatte kaum Kontakt mit den Fischern vom Festland und ging nie zu den Hütten. Sie gewöhnte sich an, die Bestellungen für den von der Regierung gelieferten Proviant mit »A. MacPhedran« zu unterzeichnen, weil ihre Initialen mit denen ihres Vaters übereinstimmten. Nach einer Weile waren auch die Schecks an »A. MacPhedran« gerichtet, und sie hatte nie Probleme beim Einlösen. Niemand erschien, um den Leuchtturmwärter zu kontrollieren, und ob A. MacPhedran Mann oder Frau war, schien so unwichtig zu sein, dass es fast schon verdächtig war. Immerhin, sagte sie sich leicht ironisch, stand in ihrer offiziellen Geburtsurkunde der Name Angus.

Bei Herbstbeginn beschloss sie, auch im Winter auf der Insel zu bleiben. Einige ihrer Verwandten begrüßten die Entscheidung, weil sie wollten, dass »irgendein MacPhedran« auf der Insel blieb, und als Argument führten sie auch ihre Jugend an und die Tatsache, dass sie »daran gewöhnt« war. Sie wollten »die Tradition erhalten«, solange sie sie nur nicht selbst erhalten mussten. Andere missbilligten die Entscheidung, und ihnen gegenüber hegte sie insgeheim den tiefsten Groll. Ihre Tante und die Familie ihrer Tante hatten ihre Tochter lieb gewonnen, hatten sich, wie sie sagten, »an sie gewöhnt« und betrachteten sie inzwischen als ihr eigenes Kind. Wenn sie zu Besuch kam, schlug ihr eine ängstliche Feindseligkeit entgegen, als befürchte man, sie würde sich das Kind schnappen und damit verschwinden, sobald sie mit ihm allein wäre.

Die meisten Verwandten unterstützten sie jedoch mehr oder weniger bereitwillig bei ihrem Leben auf der Insel, indem sie ihr Vorräte besorgten, ihr einen Teil der schweren Arbeiten im Herbst abnahmen oder sie gelegentlich besuchten. Sie richtete sich bewusst und entschlossen in ihrem Leben ein, eingedenk der Tatsache, dass sie noch immer auf ein Ereignis wartete, das die große Veränderung bringen würde.

Zwei Jahre später, an einem heißen Sommernachmittag, als sie gerade im Leuchtturm war, sah sie ein Boot näher kommen. Den ganzen Tag war sie unruhig gewesen, hatte die Insel zweimal der Länge und Breite nach abgelaufen, bis an den äußersten Rand, als wolle sie die Grenzen testen, ähnlich einem rastlosen Tier, das die Gitterstäbe seines Käfigs erforscht. Sie war ins kalte Salzwasser gewatet und spürte, wie es langsam stieg, wie es durch und unter die Hosenbeine des Overalls ihres Vaters drang, der inzwischen wie eine Uniform für sie war. Sie ging weiter hinaus, das Wasser wurde immer tiefer, und sie spürte, wie sich die Steine unter ihren Füßen drehten. Als sie den Blick senkte, sah sie ihre im grünen Wasser verzerrten, von der Sonne gesprenkelten Beine. Sie schienen ihr nicht mehr zu gehören, sondern körperlos zu sein und fast waagerecht von ihr fortzuströmen. Wenn sie die Augen schloss, konnte sie ihre Beine deutlich spüren, schaute sie aber hin, dann sahen sie nicht so aus, wie sie sich anfühlten. Die Hunde lagen am Ufer, dicht hinter dem Spülsaum, und beobachteten sie. Sie hechelten in der Sommerhitze, von ihren roten Zungen fielen Wassertropfen.

Tropfnass watete sie ans Ufer und ging zu den Hütten. Die Hummersaison war vorbei, und die Fischer hatten kaum Spuren hinterlassen. Sie streifte zwischen den leeren Hütten umher und betrachtete die wenigen weggeworfenen Dinge, berührte sie und drehte sie manchmal mit den Zehen um: eine verschlissene Wollsocke, ein gespleißtes, verschlungenes Stück Tau, ein rostiges Messer mit abgebrochener Klinge, alte Tabakpackungen mit verblasster Aufschrift, ein Gummistiefel mit Loch. Es war, als liefe sie durch die männlichen Überreste einer aufgegebenen und untergegangenen Kultur. Sie ging zurück zum Haus, um sich einen trockenen Overall anzuziehen und den nassen draußen auf die Leine zu hängen. Als sie zum Leuchtturm gehen wollte, warf sie einen Blick über die Schulter und war gebannt vom Anblick des aufgehängten Overalls. Die herabhängenden Hosenbeine rieben sanft aneinander, und die Nässe hatte die Farbe bis zur Hüfte verändert. Tropfen fielen in das Sommergras, das wiederum vom schwankenden Schatten der Hosenbeine verzerrt wurde.

Im Boot befanden sich vier Männer, und sie begriff, dass sie Makrelen fischten und die Insel nicht unbedingt ihr Ziel war. Das Boot fuhr im Zickzack auf dem stillen, blaugrünen Wasser hin und her und hielt immer wieder an, damit die Männer die mit Gewichten beschwerten Leinen über Bord werfen konnten. In der Hoffnung, die Fische durch die Bewegung anzulocken, rissen sie die Leinen in einem bestimmten Rhythmus auf und ab. Manchmal tauchten sie die Hände in Kübel oder Wannen mit *gruth,* getrockenetem Hüttenkäse, und warfen dann Hände voll Weiß auf das Wasser, wartend und hoffend, dass die unsichtbaren Fische anbissen. Sie wandte den Blick zur anderen Seite der Insel. Vom hohen Leuchtturm aus sah sie – oder meinte zu sehen –, wie Makrelenschwärme das Wasser durchbrachen, unmittelbar hinter dem Treffpunkt und dem Felsentisch und der Bucht des Schiffbruchs. Sie glichen beweglichen, schwimmenden Inseln und verwandelten die klare, ruhige Oberfläche in wilde Wirbel, die an kochendes Wasser erinnerten.

Hastig stieg sie vom Leuchtturm und rief gestikulierend die Männer im Boot. Doch sie waren noch zu weit vom Ufer entfernt, und vielleicht sahen sie sie, konnten ihre Worte aber nicht verstehen. Sie steuerten das Boot in Richtung Insel. Als die Männer näher kamen, wurde ihr bewusst, dass ihre Armbewegung, mit der sie auf die andere Seite der Insel weisen wollte, einer lockenden Geste glich und von den Männern womöglich auch so gedeutet wurde.

Als sie in Hörweite waren, rief sie ihnen zu: »Die Makrelen. Auf der anderen Seite. Fahrt um die Insel herum.«

Sie stoppten das Boot und beugten sich vor, um sie besser zu verstehen. Einer der jüngeren Männer, vermutlich der mit dem besten Gehör, begriff als Erster und gab die Botschaft an die anderen weiter.

»Hinter der Insel?«, rief der älteste Mann mit um den Mund gelegten Händen.

»Ja«, rief sie zurück. »Bei der Bucht des Schiffbruchs.«

Fast hätte sie hinzugefügt: »Beim Treffpunkt«, aber ihr fiel ein, dass diese Bemerkung den Männern nichts sagen würde.

»Danke«, rief der älteste Mann. Er zog zum Gruß die Mütze in ihre Richtung, und sie konnte sein weißes Haar sehen. »Danke«, wiederholte er. »Wir fahren um die Insel.«

Sie änderten den Kurs und fuhren langsam um die Insel.

Sie rannte zum Haus, zog den Overall aus und schlüpfte in ein Sommerkleid, das sie hinten in einem Schrank fand. Begleitet von den Hunden ging sie über die Insel zum Treffpunkt, setzte sich auf den Felsentisch und wartete. Der Stein war noch heiß von der Sonne, und sie verbrannte sich ihre Schenkel und Waden. Vor der Bucht sah sie schwimmende Inseln von aufgeregten Makrelen. Sie waren mitten in der Laichzeit, und sie hoffte, dass sie noch da wären, wenn die Männer mit dem Boot kamen.

»Das dauert aber sehr lange«, sagte sie ins Leere. Und dann sah sie den Bug des Bootes um das hintere Ende der Insel biegen.

Sie erhob sich und zeigte auf die brodelnden, blubbernden Makrelen, aber die Männer hatten sie schon entdeckt, und noch während sie zurückwinkten, machten sie alle verfügbaren Leinen fertig. Lautlos glitt das Boot auf die Fische zu, und als der erste anbiss, stand es still. Die Makrelen schienen das Boot zu umschwärmen, und ihre Dichte färbte das Wasser schwarz. Ihre gierigen Mäuler schnappten nach allem, was ihnen zugeworfen wurde, und wenn die Männer die Leinen hochrissen, hingen manchmal zwei oder drei an einem Haken. Manchmal durchbrachen die Fische die Wasseroberfläche, als wollten sie ins Boot springen, und dann wieder drängten sie sich so dicht, dass die Haken in ihren Bäuchen oder Augen, Rücken oder Schwanzflossen hängen blieben. Der Geruch ihres eigenen, im Wasser sich ausbreitenden Blutes steigerte ihre Ekstase noch weiter, und sie fielen über ihre verstümmelten Artgenossen her und rissen ihnen das lebendige Fleisch von den

Knochen. Auch die Männer bewegten sich wie in Ekstase, denn schließlich wollten sie mithalten. Haken bohrten sich in ihre Daumen, und die sirrenden, zischenden Leinen verbrannten ihnen die Hornhaut an den Händen. Die Fische füllten den Laderaum des Bootes und türmten sich allmählich als blaugrüner, zuckender, schnappender Haufen bis zu den Knien der Männer. Und dann waren sie plötzlich fort. Die Haken holten nur noch klare Wassertropfen und Seetangfetzen herauf. Nirgendwo eine Spur von den Makrelen, weder auf der Oberfläche noch darunter. Es war, als hätte es sie nie gegeben. Nur die schwere Last, die das Boot so tief ins Wasser drückte, zeugte noch von ihnen. Mit geschwollenen Händen wischten sich die Männer den Schweiß von der Stirn und ließen dabei andere Streifen zurück. Manche dieser Streifen waren eine Mischung aus ihrem eigenen Blut und Fischblut.

Die Männer schauten zum Ufer und sahen, wie sie sich vom Felsentisch erhob und bis zum Rand des Wassers auf sie zuging. Sie lenkten das Boot über das gläsern wirkende Meer, bis der Bug mit dumpfem Knirschen auf dem Kiesstrand auflief. Dann warfen sie ihr die Vorleine zu, und sie fing sie willig auf.

Den ganzen Nachmittag lagen sie auf dem Felsentisch. Zuerst schienen sie von der Ekstase all dessen getrieben, was ihnen widerfahren und nicht widerfahren war. Von der Hitze und der Einsamkeit und dem Warten und den vielen verschiedenen Ereignissen, die diesen Tag ausmachten. Die Kleidung der Männer war bespritzt mit Blut, das sich langsam schwarz färbte, mit dem goldenen Laich der weiblichen und dem milchigen Samen der männlichen Fische.

Sie hatte noch nie sexuell erregte Männer gesehen, denn sie hatte ja nur einmal einen Mann erlebt und das auch nur in jener feuchten Dunkelheit und mehr durch Fühlen als durch Sehen.

Den ältesten Mann mit dem weißen Haar behielt sie bis an ihr Lebensende in Erinnerung: Wie er die Mütze abnahm und dann den schweren, marineblauen Pullover über die Schultern zog, ordentlich faltete und neben ihr auf den Felsen legte. Sie erinnerte sich daran, wie weiß seine Haut an Körper und Armen war, im Gegensatz zur bräunlichen Röte seines Gesichts und Nackens und der Röte seiner blutenden und geschwollenen Hände. Als wäre sein nackter Oberkörper in zwei Gewänder aus verschiedenem Material gehüllt. Sein Haar und seine Haut waren zwar weiß, und doch ganz unterschiedlich. Nachdem er den Pullover zusammengefaltet hatte, legte er die Mütze darauf. Es wirkte wie eine alte Gewohnheit, die er ausführte, wenn er sich zu seiner Frau legte. Sie erwartete fast, dass er sich die Zähne putzte.

Nach der ersten Ekstase wurden sie ruhiger und lagen ausgestreckt in der Sonne. Ab und zu stand einer der jüngeren Männer auf und ließ flache Steine über das Wasser springen. Die Hunde lagen hechelnd oberhalb des Spülsaums und beobachteten alles. Später sollte sie daran denken, wie oft sie ihnen bei der Ekstase der Paarung zugesehen hatte. Und wie sie gesehen hatte, dass man die überflüssigen Welpen in Jutesäcke steckte und mit Steinen beschwert vom Boot ins Meer warf.

Die Sonne begann unterzugehen, und die Ebbe setzte ein. Langsam wich das Wasser vom schweren Boot zurück, und es bestand die Gefahr, dass es strandete. Die Männer standen auf und richteten ihre Kleider. Einige entfernten sich ein Stück, um zu pinkeln. Sie kamen zurück, und alle vier stemmten ihre Schulter gegen den Bug, um das Boot ins Wasser zu schieben.

»Eins, zwei, drei – los!«, sagten sie, und bei der letzten Silbe setzten sie sich gemeinsam in Bewegung. Beim Schieben waren ihre Körper fast waagerecht ausgestreckt, und die Spitzen ihrer Gummistiefel stießen in die losen Strandkiesel. Das Boot bewegte sich, erst etwas schwerfällig, aber dann immer rascher, als das Wasser das Gewicht trug. Die Männer, nass bis zur Hüfte, kletterten am Bug und über die Seiten an Bord. Dann packten sie die Ruder und schoben das Boot weiter hinaus, bis sie genug Platz hatten, um es in Richtung Heimat zu drehen.

Sie stand am Ufer und beobachtete, wie sie abfuhren. Als das Boot aus der Bucht fuhr, sah sie ihre Unterwäsche, die zerknüllt am Rand des Felsentisches lag. Das Boot fuhr aufs Meer hinaus, immer weiter fuhr es, und die Männer winkten ihr zu. Sie ertappte sich dabei, dass sie die Geste fast unbewusst erwiderte. Der Mann mit dem weißen Haar zog seine Mütze. Und plötzlich wusste sie intuitiv, dass sie niemandem jemals etwas erzählen würden und die Ereignisse dieses Tages auch zwischen ihnen kein Thema wären. Sie wusste auch, dass sie nie wiederkommen würden. Als das Boot außer Sicht war, hob sie ihre Unterwäsche auf und warf sie ins Meer. Dann ging sie zum Leuchtturm. Sie berührte ihren Körper. Er war klebrig von Blut und Laich und menschlichem Samen. »Diesmal muss es passieren«, dachte sie, »denn es war so viel und ging so lange.« Sie verglich den Nachmittag mit ihrer kurzen Begegnung im Dunkeln.

Als sie den Leuchtturm erreichte, hörte sie die Schreie der räuberischen Möwen. Sie blickte in die Richtung, aus der das Geschrei kam, und sah, wie das Boot auf dem Weg zum Festland einen Keil ins ruhige Wasser schnitt. Die Männer standen tief gebückt an Deck und warfen die toten Makrelen mit Fischgabeln zurück ins Meer. Wie eine weiße Wolke kreisten die kreischenden Möwen über ihnen.

Zwei Jahre später war sie in einem Laden auf dem Festland, um Proviant für die Insel zu kaufen. Normalerweise half ihr einer ihrer Verwandten, die Vorräte vom Laden zum Ufer zu tragen und dann zur Insel zu bringen, doch an diesem Tag konnte sie den jungen Mann nicht finden. Sie hatte unter anderem einen Sack Mehl gekauft. Als sie die Rechnung bezahlte und besorgt zur Tür schaute, sah sie aus den Augenwinkeln den weißhaarigen Mann im marineblauen Pullover.

»Der ist doch zu schwer für Sie«, sagte er. »Ich helfe Ihnen«, und er bückte sich, packte den hundert Pfund schweren Mehlsack und warf ihn mühelos über seine Schulter. Als der Sack landete, pufftе etwas vom Mehl heraus und bepuderte seinen blauen Pullover und die Mütze und das Haar. Sie erinnerte sich an seine weiße Haut unter dem blauen Pullover und an den ekstatischen Nachmittag unter der Sommersonne. Sie gingen gerade zur Tür hinaus, da trafen sie ihren jungen Verwandten.

»Moment, das mach ich schon«, sagte er und nahm dem Mann den Mehlsack ab.

»Vielen Dank«, sagte sie zu dem Mann.

»Keine Ursache«, sagte er und zog die Mütze in ihre Richtung. Mehlstaub rieselte von der Mütze und fiel zwischen ihnen auf die Erde.

»Ein wirklich netter Kerl«, sagte ihr junger Verwandter, als sie zum Ufer gingen. »Aber du kennst ihn natürlich nicht so gut wie wir.«

»Nein«, sagte sie. »Natürlich nicht.« Sie blickte über die Meerenge zur stillen Insel. Ihr erwünschtes Kind war nie gekommen.

Die nächsten zehn Jahre vergingen in einer verschwommenen Monotonie des Immergleichen. Sie merkte, dass sie ihre äußere Erscheinung vernachlässigte und man diese Vernachlässigung als einen weiteren Beweis für ihre Exzentrizität auslegte. Sie fuhr immer seltener auf das Festland und zog es vor, die Welt mit Hilfe des Radios zu verstehen. Ihre Tochter, inzwischen ein Teenager, behandelte sie hochmütig und wie eine Fremde und schien sich für ihre Mutter zu schämen. Die Familie ihrer Tante bezweifelte, ob es richtig war, das Mädchen großzuziehen, und eines Tages, als sie zu Besuch war, fragten sie das Mädchen, ob sie nicht mit ihrer »richtigen Mutter« auf der Insel leben wolle. Das Mädchen lachte nur und ging aus dem Zimmer.

Im Laufe der nächsten Jahre veränderten sich die Dinge weiter, aber so unmerklich, dass sie im Rückblick bestimmte Ereignisse keinen bestimmten Jahren zuordnen konnte. Vieles hatte mit Veränderungen auf dem Festland zu tun. Die Regierung ließ einen großartigen neuen Kai bauen, und im Frühling kamen keine Fischer mehr, um in den Hütten zu wohnen. Mit der Zeit verfielen sie, die Türen schlugen im Wind, und die Schindeln flogen von den Dächern. Manchmal studierte sie die Initialen, die die Männer früher in die Wände der Hütten geritzt hatten, auch wenn sie wusste, dass die seinen nicht darunter waren.

Man richtete gemeinsame Weideflächen ein, die von Hirten betreut wurden, und das lebendige Jungvieh und die lüsternen Schafböcke, die im Sommer auf der Insel gegrast hatten, blieben ebenfalls aus. Die huschenden Lichter der Autos wurden ein fester Bestandteil ihres nächtlichen Ausblicks, und sie glichen dem Strahl ihres einsamen Leuchtturms. Eines Abends stieg ihre Tochter nach einem Streit mit der Familie ihrer Tante in ein solches Auto und verschwand im rätselhaften Toronto. Sie erfuhr erst Wochen später davon, als sie auf dem Festland Vorräte einkaufte.

Der Kai auf der Insel begann zu verfallen, und Besuch kam nur selten. Wenn sie bei ihren Verwandten um Hilfe bat, hatte sie es jetzt häufig mit Mitgliedern der jüngeren Generation zu tun. Viele von ihnen waren mürrisch und zeigten wenig Interesse, die Inseltradition aufrechtzuerhalten, und wenn sie es taten, dann nur, weil ihre Eltern darauf beharrten.

Doch das Leuchtturmlicht schien immer noch, und die verschiedenen Briefe von und an »A. MacPhedran« wurden weiterhin von der Post befördert. Allerdings veränderte sich allmählich auch der Inhalt dieser Briefe. Die erste Generation ihrer Familie war in der Zeit der Segelschifffahrt auf die Insel gekommen, als die Kapitäne noch auf Gedeih und Verderb den Winden ausgeliefert waren. Sie selbst hatte das Aufkommen größerer Schiffe und die ständige Verbesserung der Technik erlebt. In all ihren Jahren auf der Insel hatte es weder einen Schiffbruch gegeben, noch hatten eisbedeckte, frierende Seemänner um Mitternacht an die Tür geklopft. Der Erste-Hilfe-Kasten mit seinem Proviantvorrat blieb von einer Inspektion zur nächsten unberührt.

Eines Sommers merkte sie erschrocken, dass sie aus dem Alter war, in dem man Kinder bekommen konnte, und dass dieser Teil ihres Lebens unwiederbringlich vorüber war.

Bootsunternehmer vom Festland warben jetzt um Touristen und boten »Rundfahrten um die Insel« an. Wegen der begrenzten Zeit solcher Fahrten legten die Boote nicht an, sondern fuhren nur um die Insel herum oder gingen kurz vor der Küste vor Anker. Wenn sich die Boote näherten, bellten die Hunde, und dann trat sie vor die Tür oder ging manchmal zum Strand. Anfangs war sie sich nicht bewusst, welches Bild sie den Touristen mit ihren Ferngläsern oder Kameras bot. Und sie war sich auch nicht bewusst, was die Fremdenführer auf den Booten über sie erzählten. Erst später begriff sie, dass sie, wenn sie da in ihren alten Männerkleidern und umgeben von knurrenden Hunden am Ufer stand, als legendäre Gestalt galt. Ohne es zu merken, war sie »die Verrückte auf der Insel« geworden.

Einige Jahre später, an einem heißen Sommertag, blickte sie auf das Gebell der Hunde hin aus dem Fenster und sah ein großes Boot kommen. Die Männer an Bord trugen hellbraune Uniformen, am Mast wehte die kanadische Flagge. Sie machten das Boot an der Ruine des Kais fest, und als sie die Hunde zurückpfiff, stiegen sie zum Haus hinauf. Man habe beschlossen, teilten sie ihr ruhig mit, während sie in der Küche saßen, den alten Leuchtturm umzurüsten. Sein Licht sollte weiter scheinen, allerdings betrieben von »moderner Technik«. Er würde automatisch funktionieren und zu bestimmten Zeiten im Jahr von Versorgungsschiffen oder, wie sie hinzufügten, im Notfall von Hubschraubern kontrolliert werden. Auf die derzeitige Art wollte man ihn noch ungefähr anderthalb Jahre betreiben. Danach, sagten sie, müsse sie »irgendwo anders leben«. Sie brachen wieder auf und dankten ihr für die jahrzehntelangen guten Dienste.

Nachdem sie verschwunden waren, lief sie kreuz und quer über die Insel. Sie wiederholte alle Ortsnamen, viele davon auf Gälisch, und wunderte sich darüber, dass die Orte bleiben, die Namen aber verschwinden würden. Wer würde dann noch wissen, überlegte sie, dass diese Stelle früher *achadh nan caoraich* hieß und jene *creig a bhoird*? Und wer, dachte sie, und dabei spürte sie einen Stich im Herzen, würde etwas von *Áite na cruinneachadh* wissen und von alldem, was dort geschehen war? Sie betrachtete die Landschaft und wiederholte die Ortsnamen, als wären es die von Kindern, die man aussetzen wollte, ohne dass sie ihre Namen kannten. Sie hatte das Gefühl, als müsste sie ihnen die Namen ins Ohr flüstern, damit sie sie nicht vergaßen.

Mit einem gewissen Schock wurde ihr bewusst, dass sie zwar seit Generationen als Leute »von der Insel« galten, ihnen rein rechtlich aber nie etwas davon gehört hatte. Genau genommen konnten sie keinen Stein auf der Insel ihr Eigen nennen.

Im folgenden Herbst und Winter verloren die gewohnten Rituale für sie jeden Sinn. Sie brauchte weniger Vorräte, denn die Zukunft war absehbar, und sie erledigte jede Winterarbeit in dem Bewusstsein, es zum letzten Mal zu tun. Als der Frühling näher rückte, erfüllte sie eine Sehnsucht, die ihren verwirrten Gefühlen entsprang. Sie, die fortgehen und zurückkehren und bleiben wollte, spürte den wachsenden Schmerz derer, die etwas Vertrautes aufgeben müssen. Vielleicht empfand sie wie jemand, der einen schlimmen Ort oder eine schwierige Situation oder eine schlechte Ehe hinter sich lässt. Wie jemand, der ein letztes Mal über die Schulter blickt und sich leise sagt: »Ach, in diese Sache habe ich so viel von meinem Leben gesteckt, aber so war es eben, so war ich eben. Und ganz gleich, wohin ich gehe, ich werde nie mehr dieselbe sein.«

Als das Eis im April aufbrach – zum letzten Mal für sie –, trocknete sie das Geschirr ab und sah aus dem Fenster. Wegen ihrer schlechten Augen sah sie das Boot erst, als es vor der Ruine des Kais lag, und ungewöhnlicherweise schlugen die Hunde nicht an. Sie beobachtete, wie sich der Mann bückte, um das Tau am Kai festzumachen, und als ihm dabei die Mütze vom Kopf rutschte, sah sie sein rotes Haar. In der Aprilsonne blitzte und glänzte es, als stecke die Kraft des Frühlings darin. Sie schlang das feuchte Geschirrtuch wie einen Verband um die Hand, und wickelte es dann ebenso rasch wieder ab.

Er ging auf dem Pfad auf das Haus zu, und die Hunde rannten fröhlich neben ihm her. Unsicher stand sie in der Tür. Als er näher kam, hörte sie ihn mit den Hunden sprechen; sein Akzent klang etwas fremdartig. Er war ungefähr zwanzig Jahre alt, und seine Augen waren sehr blau. Außerdem trug er einen Ohrring.

»Hallo«, sagte er und hielt ihr die Hand hin. »Ich weiß nicht, ob du mich erkennst.«

Es war so lange her, und in der Zwischenzeit war so

viel passiert, dass ihr die Worte fehlten. Ihre Hände umkrampften das Tuch, das sie immer noch hielt. Sie trat zur Seite, damit er ins Haus gehen konnte, und sah zu, wie er sich auf einen Stuhl setzte.

»Lebst du immer hier?«, fragte er und sah sich in der Küche um. »Auch im Winter?«

»Ja«, sagte sie. »Meistens.«

»Bist du hier geboren worden?«

»Ja«, sagte sie. »Ich glaube schon.«

»Ist bestimmt sehr einsam«, sagte er, »aber manche Menschen sind einsam, ganz gleich, wo sie leben.«

Sie sah ihn an, als wäre er ein Geist.

»Möchtest du gerne irgendwo anders leben?«, fragte er.

»Ich weiß nicht«, sagte sie. »Vielleicht.«

Er fasste mit einer Hand an den Ohrring, als wollte er prüfen, ob er noch da war. Sein Blick glitt durch die Küche und schien auf jedem vertrauten Gegenstand kurz zu verweilen. Ihr wurde bewusst, dass sich die Küche seit jenem anderen Besuch im April kaum verändert hatte. Sie wusste nicht, was sie sagen sollte.

»Möchtest du Tee?«, fragte sie nach einem verlegenen Schweigen.

»Nein, danke«, sagte er. »Ich bin in Eile. Vielleicht später.«

Sie nickte, obwohl sie nicht genau wusste, was er damit meinte. Die Hunde lagen unter dem Tisch und klopften in Abständen mit dem Schwanz auf den Fußboden. Durch das Fenster sah sie die weißen Möwen über dem Meer schweben, auf dem immer noch Eisschollen trieben.

Er betrachtete sie genau, als würde er sich an etwas erinnern, und lächelte dann. Sie wirkten beide ziemlich unschlüssig.

»Gut«, sagte er und stand plötzlich auf. »Ich muss jetzt los. Wir sehen uns später. Ich komme wieder.«

»Warte«, sagte sie und erhob sich ebenso schnell, »bitte geh nicht.« Fast hätte sie das Wort »wieder« hinzugefügt.

»Ich komme zurück«, sagte er, »im Herbst. Und dann nehme ich dich mit. Wir werden dann irgendwo anders leben.«

»Ja«, sagte sie und fügte wie als Nachsatz hinzu: »Wo bist du gewesen?«

»In Toronto«, sagte er. »Dort bin ich geboren. Auf dem Festland haben sie mir erzählt, dass du meine Großmutter bist.«

Sie starrte ihn an, als wäre er ein genetisches Wunder, und das war er wohl auch.

»Oh«, sagte sie.

»Ich muss jetzt los«, wiederholte er. »Aber ich komme wieder. Wir sehen uns später.«

»O ja«, sagte sie. »O ja, das werden wir.«

Und dann war er fort. Wie gebannt saß sie da und wagte nicht, sich zu rühren. Ein Teil von ihr wollte ihm nachlaufen und ihn zurückrufen, und ein anderer Teil hatte Angst vor dem, was sie sehen könnte. Schließlich trat sie ans Fenster. Auf halbem Weg zum Festland war ein Boot mit einem Mann zu sehen, aber sie konnte ihn nicht richtig erkennen. Sie erzählte niemandem von diesem Besuch. Sie wusste nicht, wie sie das Thema taktvoll anschneiden sollte. Nach all den Jahren der Verschwiegenheit schien es gefährlich, ausgerechnet jetzt den rothaarigen Mann zu erwähnen.

Hatte ihn denn außer ihr jemand gesehen? Sie wollte ihrem Ruf als »die Verrückte auf der Insel« nicht noch weiteren Zündstoff liefern. Sorgfältig las sie in den Gesichtern ihrer Verwandten, entdeckte aber nichts Verdächtiges. Vielleicht hatte er sie besucht, dachte sie, und sie hatten ihm davon abgeraten, zu ihr auf die Insel zu fahren. Vielleicht meinten sie auch, es sei besser, eine verwirrte Frau nicht noch weiter zu verwirren.

Während draußen der Oktoberregen fiel, legte sie noch ein Scheit ins Feuer. Der schwindende Vorrat an Schürholz störte sie nicht mehr, denn im Winter würde sie es nicht brauchen. Der Regen fiel und wurde allmählich zu Hagel, das konnte sie hören und auch noch sehen. Sie wandte den Blick von der Tür ab, wie damals, vor so vielen Jahren, das erste Mal beim Felsentisch. Als sie den Blick bewusst von der Richtung abwandte, aus der er zu erwarten war, damit sie nicht sehen musste, dass er *nicht* kam, sofern dies der Fall sein sollte. Sie wartete, horchte auf den regelmäßig fallenden Regen, und fragte sich, ob sie womöglich gleich einschlief. Plötzlich wurde die Tür aufgeweht und der hagelartige Regen prasselte auf den Fußboden. Die nassen Hunde krochen unter dem Tisch hervor, sie hörte es eher, als dass sie es sah. Vielleicht, überlegte sie, sollte sie den nassen Fußboden wischen, aber dann fiel ihr ein, dass sie das Haus ohnehin abreißen wollten und Reinlichkeit wohl nicht mehr so wichtig war. Der Wind trieb das Wasser in kleinen, rollenden Wellen über den Fußboden. Ein Hund kam zur Tür herein, seine Krallen klackerten auf dem Boden, und unter seinen tapsenden Pfoten spritzte Wasser hervor. Er kam zu ihr und legte den Kopf auf ihren Schoß.

Sie stand auf und wagte kaum daran zu glauben. Draußen war es nass und windig, und sie folgte dem Hund auf dem dunklen Pfad. Und dann, im kreisenden Licht des hohen Leuchtturms, sah sie einen kurzen, weißen Moment lang den dunklen Umriss des Bootes, das am Kai auf den Wellen tanzte, und an der Ecke der Hütten seine aufrechte und tropfnasse Gestalt.

Sie gingen aufeinander zu.

»Oh«, sagte sie und grub die Fingernägel in seinen feuchten Nacken.

»Ich hab doch gesagt, dass ich wiederkomme«, sagte er.

»Oh«, stieß sie hervor. »O ja. Das hast du.«

Im Dunkeln fuhr sie ihm mit den Fingern über das Gesicht, und als das Licht erneut blinkte, sah sie das Blau seiner Augen und sein rotes, regendunkles Haar. Diesmal trug er keinen Ohrring.

»Wie alt bist du?«, fragte sie, peinlich berührt von dieser mädchenhaften, trivialen Frage, über die sie jahrelang nachgedacht hatte.

»Einundzwanzig. Hatte ich dir das nicht erzählt?«

Er nahm sie bei den Händen und ging, das Gesicht ihr zugewandt, in der Dunkelheit rückwärts zu dem auf den Wellen tanzenden Boot und dem aufgewühlten Meer.

»Komm«, sagte er. »Komm mit mir. Es wird Zeit, dass wir irgendwo anders leben.«

»O ja«, sagte sie. »O ja, das werden wir.«

Sie grub die Fingernägel in seine Handflächen, als er sie über die gischtbedeckten Felsen führte.

»Ich muss das Boot«, sagte er, »noch vor der Dämmerung zurückbringen.«

Der Wind wurde stärker und es wurde kälter. Der hagelartige Regen war stechendem Schnee gewichen, und der Boden hinter ihnen begann zu überfrieren.

Ein Hund bellte kurz. Und als das Licht kreiste, fand sein verlassener Strahl keine MacPhedrans mehr, weder auf der Insel noch auf dem Meer.

Nachweis

Der Verlag dankt den folgenden Rechteinhabern für die Genehmigung zum Abdruck:

Arjouni, Jakob (1964, Frankfurt am Main–2013, Berlin)
Magic Hoffmann. Ausschnitt aus dem gleichnamigen Roman. Copyright © 1996, Diogenes Verlag AG Zürich.

Atwood, Margaret (*1939, Ottawa)
Das Labrador-Fiasko. Aus: dies., *Moralische Unordnung*. Copyright © 2008 Berlin Verlag in der Piper Verlag GmbH, Berlin. Aus dem kanadischen Englischen von Malte Friedrich.

Boyden, Joseph (*1966, Toronto)
Spinne im Zimmer. Aus: ders., *Durch dunkle Wälder.* Roman. Copyright © 2008 by Joseph Boyden. Die Rechte an der Nutzung der deutschen Übersetzung von Ingo Herzke liegen beim Albrecht Knaus Verlag in der Verlagsgruppe Random House GmbH, München. Aus dem kanadischen Englischen von Ingo Herzke.

Cohen, Leonard (1934, Montreal–2016, Los Angeles)
Das Lieblingsspiel. Ausschnitt aus dem gleichnamigen Roman. Originaltitel *The Favorite Game*. Copyright © 1963, copyright renewed 1991 by Leonard Cohen. Used by permission of Vintage Books, an imprint of the Knopf Doubleday Publishing Group, a division of Penguin Random House LLC. All rights reserved. Copyright der deutschsprachigen Übersetzung © 2009

by Gregor Hens. Aus dem kanadischen Englischen von Gregor Hens.

Irving, John (*1942, Exeter)

Letzte Nacht in Twisted River. Ausschnitt aus dem gleichnamigen Roman. Copyright © 2009 by Garp Enterprises, Ltd. Copyright der deutschsprachigen Ausgabe © 2010, Diogenes Verlag AG Zürich. Aus dem Amerikanischen von Hans M. Herzog.

King, Thomas (*1943, Sacramento)

DreadfulWater kreuzt auf. Ausschnitt aus dem gleichnamigen Roman. Copyright © 2003 by Dead Dog Café Productions. Copyright der deutschsprachigen Ausgabe © 2005 Unionsverlag, Zürich. Aus dem Amerikanischen von Monika Blaich und Klaus Kamberger.

Leacock, Stephen (1869, Swanmore–1944, Toronto)

Das fürchterliche Schicksal des Melpomenus Jones. Aus: Armin Arnold und Walter Riedel (Hgg.), *Kanadische Erzähler der Gegenwart.* Manesse Verlag, Zürich, 1967. Copyright der deutschsprachigen Übersetzung © by Erben Armin Arnold. Aus dem kanadischen Englisch von Armin Arnold.

MacLeod, Alistair (1936, North Battleford–2014, Windsor)

Die Insel. Aus der gleichnamigen Erzählsammlung. Copyright © 2003, S. Fischer Verlag GmbH, Frankfurt am Main. Aus dem kanadischen Englisch von Brigitte Jakobeit.

Martel, Yann (*1963, Salamanca)

Schiffbruch mit Tiger. Ausschnitt aus dem gleichnamigen Roman. Copyright © 2003, S. Fischer Verlag GmbH, Frankfurt am Main. Aus dem Englischen von Manfred Allié und Gabriele Kempf-Allié.

Mirolla, Michael (*1948, Italien)

Sicherheit. In dieser Anthologie erstmals auf Deutsch. Copyright © 2015 by Michael Mirolla. Copyright der deutschsprachigen Übersetzung © 2020, Diogenes Verlag AG Zürich. Aus dem kanadischen Englisch von Ina Pfitzner.

Moore, Brian (1921, Belfast–1999, Malibu)

Schwarzrock. Ausschnitt aus dem gleichnamigen Roman. Copyright © 1985 by Brian Moore. Copyright der deutschsprachigen Ausgabe © 1987, Diogenes Verlag AG Zürich. Aus dem Englischen von Otto Bayer.

Munro, Alice (*1931, Wingham)

Das gefundene Boot. Aus: dies., *Was ich dir schon immer sagen wollte. Dreizehn Erzählungen.* Copyright © 2012 Dörlemann Verlag AG, Zürich. Aus dem kanadischen Englisch von Heidi Zerning.

Oates, Joyce Carol (*1938, New York)

Hochwasser. Aus: dies., *Grenzüberschreitungen. Erzählungen.* Copyright © 1976 by Joyce Carol Oates. Copyright der deutschsprachigen Übersetzung © by Helga Pfetsch. Aus dem Amerikanischen von Helga Pfetsch.

O'Nan, Stewart (*1961, Pittsburgh)

Wahrscheinlichkeit, dass ein amerikanischer Tourist die Niagarafälle besucht: 1: 195 Aus: ders., *Die Chance.* Copyright © 2014, Rowohlt Verlag GmbH, Hamburg. Aus dem Amerikanischen von Thomas Gunkel.

Vanier, Nicolas (*1962, Dakar)

Das Schneekind. Aus dem gleichnamigen Roman. Copyright © 2001 Piper Verlag GmbH, München. Aus dem Französischen von Reiner Pfleiderer.

Watsky, George (*1962, Dakar)

Stoßzahn. Aus: ders., *Wie man es vermasselt.* Copyright © 2016 by George Watsky. Copyright der deutschsprachigen Ausgabe © 2017, Diogenes Verlag AG Zürich. Aus dem Amerikanischen von Jenny Merling.